Cahier d'exercices

# DEUX MONDES

## A Communicative Approach

**Fifth Edition**

**Tracy D. Terrell**
Late, University of California, San Diego

**Betsy J. Kerr**
University of Minnesota, Minneapolis

**Mary B. Rogers**
Friends University

**Françoise Santore**
University of California, San Diego

**Sanford Schane**
University of California, San Diego

D0220425

McGraw Hill

Boston    Burr Ridge, IL    Dubuque, IA    Madison, WI    New York    San Francisco    St. Louis
Bangkok    Bogotá    Caracas    Kuala Lumpur    Lisbon    London    Madrid    Mexico City
Milan    Montreal    New Delhi    Santiago    Seoul    Singapore    Sydney    Taipei    Toronto

This is an EBI book.

*Cahier d'exercices*
*Deux mondes: A Communicative Approach*

Published by McGraw-Hill, an imprint of The McGraw-Hill Companies, Inc., 1221 Avenue of the Americas, New York, NY 10020. Copyright © 2005, 2002, 1997, 1993, 1988 by The McGraw-Hill Companies, Inc. All rights reserved. No part of this publication may be reproduced or distributed in any form or by any means, or stored in a database or retrieval system, without the prior written consent of The McGraw-Hill Companies, Inc., including, but not limited to, in any network or other electronic storage or transmission, or broadcast for distance learning.

This book is printed on acid-free paper.

3 4 5 6 7 8 9 0 QPD/QPD 0 9 8 7 6

ISBN-13: 978-0-07-295933-8
ISBN-10: 0-07-295933-9

Editor-in-chief: *Emily G. Barrosse*
Publisher: *William R. Glass*
Development editor: *Michelle-Noelle Magallanez*
Director of development: *Susan Blatty*
Executive marketing manager: *Nick Agnew*
Lead project manager: *David M. Staloch*
Senior supplements producer: *Louis Swaim*
Compositor: *The GTS Companies/York, PA Campus*
Typeface: *10/12 Palatino*
Printer and binder: *Quebecor World Dubuque*

**Grateful acknowledgement is given for use of the following:**
**Page 38** "La fourmi." Extract from *Chantefables et Chantefleurs: Contes et poèmes de toujours* by Robert Desnos, © Editions Gründ, Paris; **p. 46** © *Le Figaro* 1993 by Météo France; **p. 57** *Paris Match*; **p. 78** *Francoscopie*; **p. 133** Text: *L'Événement de Jeudi.* Illustration: Serge Block; **p. 155** *Femme Actuelle,* no. 836, Christine Drouard; **p. 159** *Francoscopie 1999*, Gérard Mermet (Paris: Librairie Larousse, 1999); **p. 184** *Strasbourg Magazine*; **p. 186** From "Légende africaine" by Tchicaya U Tam'si, in *Legende Africaines,* © Seghers, 1996; **p. 195** *Francoscopie 1991*, Gérard Mermet (Paris: Librairie Larousse, 1991); **p. 228** From *La salaire* by Birago Diop (Paris: Présence Africaine, 1965); **p. 238** Text: © *L'Express* 1996; Photos: *L'Express*, 8 février 1996; **p. 281** Text: *L'Événement de Jeudi.* Illustration: Serge Block; **p. 285** Cartoon by Wolinski, *Paris Match*, 1992; **p. 304** From *Climbé* by Bernard Dadié

# Contents

---

Specific information is provided here about the contents of the sections **La prononciation et l'orthographe** and **Le verbe français** to facilitate their use for reference and review.

# Preface

## To the Instructor

The purpose of the *Cahier d'exercices* to accompany *Deux mondes* is to give students opportunities to interact with French in meaningful ways outside of class. Its structure mirrors that of the main text: two preliminary chapters (**Première étape; Deuxième étape**), followed by fourteen regular chapters (**Chapitres 1–14**). Additionally, within each *Cahier* chapter, the individual sections of **Thèmes et grammaire** correspond exactly to those of **Activités et lectures** (the "white pages") in the main text. The *Cahier d'exercices* is a rich and easy-to-use resource that will greatly speed your students' progress in French.

A complete set of audio CDs to be used with the *Cahier* is available in both student and institutional versions. The audio program is also available on the *Deux mondes* Online Learning Center.

### Activités de compréhension

The listening comprehension activities in the *Cahier* consist of dialogues, advertisements, telephone conversations, and other types of passages. Their topics reflect those of the corresponding sections in the main text; they do not contain grammar drills. The purpose of these activities is to simulate real listening comprehension experiences. Since comprehension depends on the ability to infer meaning based on context, we have not edited out unknown words and new grammar.

The scripts for the listening comprehension activities appear in the Audioscript, available to adopting institutions. In the *Cahier*, students work with three different elements for each listening comprehension activity: (1) a short introduction or context, to set the stage for the listening experience; (2) a list of new key words for each passage; and (3) a brief follow-up activity, allowing students to confirm their understanding of the main ideas.

Listening comprehension activities are intended primarily as homework assignments. However, you may wish to cover several of these activities in class before you assign them as homework. By guiding your students through several activities and by stressing the importance of listening for overall meaning rather than isolated details, you will help your students become confident and capable listeners.

Be aware that some students may find the rate of speech too fast, particularly given the lack of visual cues. Again, remind students that they need not understand every word in a passage, and urge students to listen to each passage at least twice: the first time, to acquaint themselves with the general meaning; and subsequently, to listen for the specific information they need to complete the follow-up activity.

Remember that there is a close correlation between a low affective filter and successful language acquisition. Students should not be made to feel that listening comprehension activities are a "test" administered outside of class, but rather they are a means of providing students with additional targeted input. Help your students find the strategies that work best for them, and remind them that becoming effective listeners will do the most to speed their progress in learning French.

### Activités écrites

The written activities in the *Cahier* are designed to help students write French creatively, but within the natural limitations of what they know at a given point. There is a general progression within each set of written activities. First come exercises focusing on key vocabulary for a given **Thème**. These are followed by activities focusing on specific grammatical structures, with more open-ended and communicative activities—personalized questions, brief compositions, or other creative projects— wrapping up each sequence.

## Answer Key

The Answer Key appears after **Chapitre 14.** It contains answers for all the listening comprehension activities and for single-response written activities. Representative answers to personalized questions (for which answers will vary) are also provided.

## Intégration

The purpose of the **Intégration** section is to review and integrate the vocabulary, structures, and language functions students have worked with in each chapter. **À vos écrans!** includes video segments scripted especially for beginning students. As recommended elsewhere in the *Cahier*, students should view each brief segment three times. You may want to cover the first two segments (for **Chapitres 1 and 2**) in class and discuss effective viewing strategies with your students.

**Rencontres** is the final listening passage in each chapter. This feature is a continuing story that appears in every chapter, with listening activities printed in the *Cahier*. The plot includes mystery, adventure, and romance. A pre-listening *Cahier* activity helps students to recall the preceding episode. Each recorded episode ends with a brief preview designed to entice the listener and to lay the groundwork for comprehending the next episode. The script is available to the instructor in the *Deux mondes* Audioscript. **Rencontres** enriches students' listening experience and adds an exciting dimension to the *Deux mondes* program.

The other sections of **Intégration, À l'écoute!** and **À vos stylos!,** continue the process of enrichment and integration. **À l'écoute!** features a recorded poem, short story, or folktale from France or the French-speaking world. It includes a brief follow-up activity so that you or the students can check understanding. **À vos stylos!** is a guided writing activity "working" the vocabulary, structures, and language functions of each chapter in the form of a personalized, creative project: a recipe, letter, World Wide Web home page, and so on.

## La prononciation et l'orthographe

The final sections of each *Cahier* chapter offer more focused practice with the "nuts and bolts" of the French language, for those instructors and students who find such work useful. **La prononciation et l'orthographe** presents the basic principles of French phonetics and spelling through concise rules, tips, and repetition exercises. We recommend that students use this section as a reference and that they not be required to memorize the rules it illustrates: in our experience, students acquire good speaking habits by becoming good listeners. However, many students and instructors find isolated work on certain problematic sounds to be very helpful, and **La prononciation et l'orthographe** is a particularly valuable resource for such users. A brief **Dictée**, incorporating vocabulary, structures, and verb forms from current and previous chapters, wraps up each pronunciation section and gives students practice in both comprehension and the mechanics of writing.

## Le verbe français

This section begins in **Chapitre 1** and follows a sequence similar to that of the main text. It reviews and extends the coverage of verb forms in the text, offering helpful mnemonic devices, study hints, and focused pronunciation practice. Again, we do not recommend that students be required to memorize the information in this section, but rather that they make use of it as a reference according to their own particular needs and interests. The **Intégration des verbes** is a culminating activity to this section.

Additional information on teaching listening, reading, writing, and grammar is available in the Instructor's Manual to accompany *Deux mondes*. To request a copy, please contact your local McGraw-Hill sales representative or call 1-800-338-3987. You may obtain more information on other components of the *Deux mondes* program and on additional teaching resources in the McGraw-Hill Professional Series by visiting the McGraw-Hill Web site: **http://www.mhhe.com.**

# To the Student

Each chapter in your *Cahier d'exercices* consists of four main sections:

- **Thèmes et grammaire**
- **Intégration**
- **La prononciation et l'orthographe**
- **Le verbe français**

Certain activities throughout the *Cahier* (highlighted with the 🎧 symbol) are designed to be used with a set of audio CDs.

**Chapitres 1–14** of your *Cahier* also feature a video activity, highlighted with the 📼 symbol. The Video to accompany *Deux mondes* will be available for you to view in your school's media center or language laboratory, or your instructor may prefer to cover these special activities in class.

## Thèmes et grammaire

The **Thèmes et grammaire** section of the *Cahier* contains recorded and written activities coordinated with the individual **Thèmes** in each chapter of the main text. Here are some tips for getting the most out of these activities:

- Before doing the recorded activities, take a moment to **look over the title, introduction, any visuals, and new vocabulary.** Doing so will give you a real head start in listening effectively.
- **Make logical guesses** about any unfamiliar expressions you hear. More often than not, your instincts will be right.
- Remember that **you do not need to understand every word** in a passage to do an activity successfully. In fact, learning to focus on essential information while ignoring extraneous details will greatly speed your progress in French.
- Even if you are able to complete the follow-up activity the first time around, **listen to each passage at least twice.** This will help you gain lasting confidence and mastery in French.
- Follow your instructor's suggestions, of course, but we suggest you **do the written activities in the order in which they appear.** They are arranged to help you become familiar with key vocabulary first, then important grammatical structures. Generally speaking, the last activities in each sequence invite you to use French in more creative and personalized ways.
- Do your best to **think in French** and to **avoid English.** And **don't rely on a dictionary.** You really can do every activity in the *Cahier* using words and structures with which you are already familiar. Though useful at more advanced levels, a dictionary can actually impede your progress in the early stages of language learning.
- After you complete each written activity, **take a few moments to check for accents, spelling, and punctuation.**

## Intégration

As its title implies, the purpose of the **Intégration** section is to help you "put it all together": that is, to help you work with chapter themes, vocabulary, and structures in an integrated manner. Here are some hints to help you obtain optimum benefits from these activities:

- For the **À vos écrans!** video activity **(Chapitres 1–14), watch each video segment at least three times:** the first time, to get a general feel for the content; the second time, to watch and listen for answers to the follow-up activity; and the third time, to check your work.
- The video segments are meant to be challenging; again, remember that **you don't have to understand every word.**

- Strange but true: you may find that your understanding improves if you **watch the video the first time with the sound turned off.**
- The **À l'écoute!** activity consists of a poem, short story, or folktale recorded as part of your audio program. **Listen to these several times just for pleasure.** There is a brief follow-up activity for each passage, but this feature will help you most if you just **relax and enjoy** the beautiful, imaginative use of the French language.
- The **À vos stylos!** writing activity offers specific strategies for brainstorming, organizing your ideas, and preparing drafts. **Follow these helpful steps** to get the most out of these personalized, "real-life" writing projects.
- The **Rencontres** section features a continuing story recorded as part of your audio program. The plot includes mystery, adventure, and romance. The segments are accompanied by pre- and post-listening activities to help you understand each episode.

## La prononciation et l'orthographe

Your instructor will advise you on how and when to work with this section, which covers the basic rules of French pronunciation and spelling. A few tips:

- Remember that you will learn to speak French more quickly by **listening carefully, participating in class, and focusing on** *what* **you're saying,** not on *how* you're saying it. The rules and focused exercises in **La prononciation et l'orthographe** will help to reinforce the work you do in class, but they cannot take its place.
- As a beginner, you are not likely to pronounce French perfectly from day one, and you will not speed your progress by attempting to memorize "rules." As you listen in class and to all the material on your laboratory tapes, **concentrate on developing a "feel" for good pronunciation.** Though the details may elude you at first, you *will* master them in time.
- By using **La prononciation et l'orthographe** as **a tool for reference and review,** you will be sure to make steady and appreciable progress in French pronunciation.
- The **Dictée** at the end of each section allows you to **monitor your spelling and listening skills.** Try not to think of it as a test to be "passed" or "failed" but simply as a tool for learning about your own areas of strength and weakness.

## Le verbe français

Again, your instructor will give you specific instructions for working with this section of the *Cahier.* Here are our suggestions:

- Since **Le verbe français** covers conjugation patterns in more detail than the main text, **make use of it for reference and review.** It is very helpful for those verb forms you may find troublesome or for conjugations your instructor has singled out as particularly important.
- **Le verbe français** is also useful for **additional, focused pronunciation practice.**
- The **Vérifions!** and **Intégration des verbes** activities at the end of each section can serve as **brief, efficient self-tests** for you.

*Et maintenant, allez-y! Bon boulot!*

# PREMIÈRE ÉTAPE

# Premières rencontres

## Thèmes et grammaire

## La communication en classe

### Activités de compréhension

NOTE:   The 🎧 symbol indicates a listening comprehension activity recorded on the audio CDs available at your language laboratory or in your personal set. Your instructor will advise you how and when to do these activities.

🎧 **Les instructions.** *You will hear Professor Martin giving commands to her French class as part of a "Total Physical Response" (TPR) activity. Professor Martin's commands to the class are listed out of sequence. Number the commands from 1 to 8 in the order that you hear them.*

NOUVEAU VOCABULAIRE

| | | | |
|---|---|---|---|
| Vous êtes prêts? | *Are you ready?* | «Frère Jacques» | *"Brother John"* |
| maintenant | *now* | | *(children's song)* |

_____ dansez

_____ chantez «Frère Jacques»

_____ asseyez-vous

_____ dites «Bonjour»

_____ levez-vous

_1_ ouvrez les livres

_____ lisez

_____ écrivez votre nom

## Activités écrites

**Attention! Étudier Grammaire A.1.**

*NOTE:* **Attention!** *notes like the one above will appear throughout the* **Activités écrites** *in* **Thèmes et grammaire** *to indicate grammar topics that you may want to review before you do a particular group of exercises. You may also need to turn to these sections for help from time to time while you are working.*

**Les activités en classe.** *Look at the drawings and then write the command(s) you think Professor Martin gave her students. Sometimes she gave more than one.*

| | |
|---|---|
| Écrivez. | Prenez un livre. |
| Lisez. | Prenez un stylo. |
| Ouvrez le livre. | Regardez. |
| Parlez. | |

1. _____

2. _____

3. _____

4. _____

5. _____

# *Qui est-ce? Les camarades de classe*

## Activités de compréhension

**Qui est-ce?** *It's Louis's first day in French class, and he is trying to meet new people. Match the answers in column B with the questions in column A, according to the information in the dialogue.*

NOUVEAU VOCABULAIRE

tes amis      *your friends*            la prof de français    *French professor*
Très bien, merci.    *Very good (well), thanks.*                   *( fam.)*

| A | B |
|---|---|
| 1. _____ Je m'appelle Louis, et toi? | a. C'est la prof de français! |
| 2. _____ Comment s'appellent tes amis? | b. Moi, je m'appelle Barbara. |
| 3. _____ Et Madame Martin, qui est-ce? | c. Elle s'appelle Denise et lui, il s'appelle Albert. |

## Activités écrites

### Attention! Étudier Grammaire A.2.

**Les camarades.** *Use the drawings and the phrases provided to complete the following sentences.*

Je m'appelle        Il s'appelle        Elle s'appelle

1. _____ Madame Martin.      2. Bonjour. _____ Raoul.

3. —Est-ce que c'est Louis?

     —Non. _____ Albert.

# *C*omment sont-ils? La description des personnes

## Activités de compréhension

🎧 **Des personnes différentes.** *You will hear four descriptions of people. Listen for the name of each person. Write the name of the person under each drawing.*

1. _____  2. _____  3. _____  4. _____

## Activités écrites

### Attention! Étudier Grammaire A.3. et A.4.

**Stars de cinéma.** *Use the following list of adjectives to describe what these movie stars from the past look like in the films mentioned. Write as many adjectives as you can.*

| | | |
|---|---|---|
| blond(e) | grand(e) | petit(e) |
| brun(e) | jeune | vieux/vieille |
| fort(e) | mince | |

1. Clark Gable (*Gone with the Wind*)

   Il est _____.

   Il n'est pas _____.

2. Marilyn Monroe (*Gentlemen Prefer Blondes*)

   Elle est _____.

   Elle n'est pas _____.

3. Judy Garland (*The Wizard of Oz*)

   Elle est _____.

   Elle n'est pas _____.

# Les vêtements et les couleurs

## Activités de compréhension

**A. La description de Barbara.** *Madame Martin is describing one of her students, Barbara. Check the drawing that fits the description that you hear.*

NOUVEAU VOCABULAIRE

des cheveux mi-longs    *shoulder-length hair*

1. _____                                        2. _____

**B. Qu'est-ce qu'ils portent?** *Jacqueline and Louis are talking about the clothes that the students and the instructor are wearing today. Louis has trouble distinguishing colors. Listen to the conversation and then indicate whether the following statements are true or false (**vrai ou faux**). Mark V or F.*

NOUVEAU VOCABULAIRE

joli(e)        *pretty*                        C'est vrai.    *That's right.*
il va bien    *it goes well, looks good*

Vrai (**V**) ou faux (**F**)?

1. _____ Denise porte un chemisier rose.

2. _____ Barbara porte un chemisier rouge et un pantalon blanc.

3. _____ Albert porte un pantalon marron et une chemise violette.

4. _____ Daniel porte un blouson gris.

5. _____ La robe de M<sup>me</sup> Martin n'est pas très jolie.

## Activités écrites

**Attention!** Étudier Grammaire A.5

**La description.** *Complete each of the following statements with the correct form of the logical adjective.*

|          |          |          |
|----------|----------|----------|
| blanc(he) | marron  | rouge    |
| bleu(e)   | noir(e) | vert(e)  |
| jaune     | orange  |          |

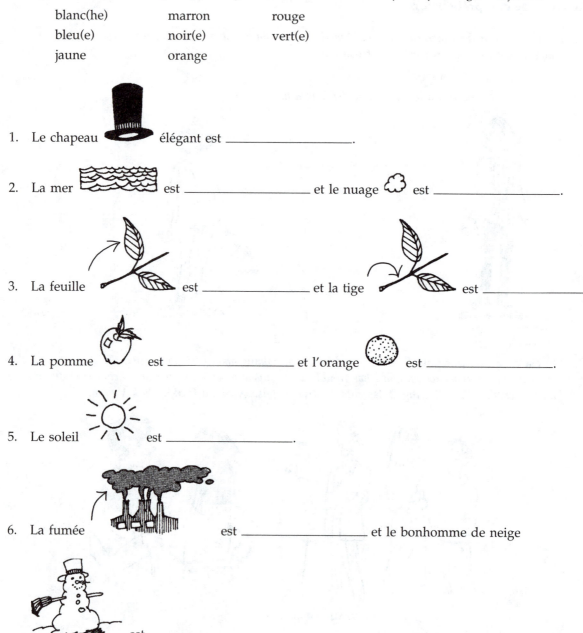

1. Le chapeau élégant est _____.

2. La mer est _____ et le nuage est _____.

3. La feuille est _____ et la tige est _____.

4. La pomme est _____ et l'orange est _____.

5. Le soleil est _____.

6. La fumée est _____ et le bonhomme de neige

   est _____.

# *L*es nombres (0–34)

### Activités de compréhension

**Qu'est-ce que c'est?** *M^me Martin is doing a dot-to-dot exercise with her class. Listen and do the exercise with them.*

NOUVEAU VOCABULAIRE

Vous pouvez répéter?   *Can you repeat?*        je répète   *I repeat*

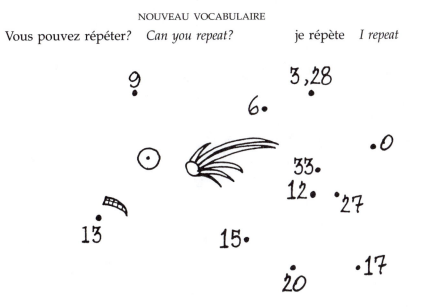

Qu'est-ce que c'est?

### Activités écrites

**A. Les nombres.** *Complete the numbers.*

1. C I __N__ Q

2. D _____ _____ Z E

3. S _____ P _____

4. T R _____ N T _____

5. S _____ _____ Z E

6. _____ I N G _____

7. Q _____ I N _____ E

8. D _____ _____ X

9. V I N _____ _____ E T _____ N

10. H _____ _____ T

**B. Les maths.** *Write out the answer to each problem.*

1. 3 + 4 = _____*sept*_____

2. 1 + 4 = _____

3. 3 + 5 = _____

4. 6 + 6 = _____

5. 1 + 1 = _____

6. 10 + 5  = _____

7. 10 + 11 = _____

8. 14 + 2  = _____

9. 12 + 8  = _____

10. 15 + 15 = _____

*R*encontres

## Activités de compréhension

**A.** **Qui parle?** *Listen to the following questions and answers. Write* **tu** *if the speakers are using an informal form of address. Write* **vous** *if the form of address is formal.*

1. _____   3. _____   5. _____

2. _____   4. _____   6. _____

**B.** **Les salutations.** *You will hear three conversations involving greetings. For each conversation, choose the most likely relationship between the speakers.*

NOUVEAU VOCABULAIRE

un voisin (une voisine) *neighbor*          même *same*

CONVERSATION 1

Les deux personnes qui parlent sont...
a. deux étudiants de la classe de M<sup>me</sup> Martin.
b. deux voisins.
c. deux membres de la même famille.

CONVERSATION 2

Les deux personnes qui parlent sont...
a. deux étudiants de la classe de M<sup>me</sup> Martin.
b. deux voisins.
c. deux membres de la même famille.

CONVERSATION 3

Les deux personnes qui parlent sont…
a. deux étudiants de la classe de M^me Martin.
b. deux voisins.
c. deux membres de la même famille.

## Activités écrites

**Attention! Étudier Grammaire A.6.**
**Conversations.** *Complete the conversations, choosing from the following list.*

Au revoir.              Enchanté(e).

Comment allez-vous?     Je suis un peu fatigué(e).

Comment ça va?

1.

2.

3.

4.

5.

# Intégration

*NOTE:* **Intégration** *is a special end-of-chapter section that integrates what you have learned in each chapter. Here in the* **Première étape,** *we offer a puzzle to get you started. Have fun learning French!*

## *J*eu

**Soupe de lettres: Les vêtements.** *You'll find the names of the following items of clothing hidden in this puzzle. They may be written horizontally, vertically, diagonally, and even backwards! Circle each word.*

bottes          costume          pantalon

chapeau          jupe          robe

chemise          manteau          veste

```
J   A   W   R   P   G   D   D   V   Q   H
L   O   Y   C   H   A   P   E   A   U   R
G   M   N   H   H   F   S   W   T   W   D
O   O   I   E   Z   T   I   P   Q   S   F
E   S   I   M   E   H   C   H   K   P   I
K   E   T   I   C   O   S   T   U   M   E
A   R   S   V   C   E   D   F   P   O
E   U   S   I   B   Q   N   Z   U   A   O
O   S   L   E   O   D   O   J   A   N   E
J   S   N   R   T   F   S   T   E   T   A
Z   U   V   U   T   S   U   U   T   A   A
M   A   P   B   E   B   O   R   N   L   V
M   H   L   E   S   R   L   H   A   O   T
L   C   Y   B   O   I   B   L   M   N   S
```

# La prononciation et l'orthographe

NOTE: *This is the first of a series of lessons designed to help you improve your pronunciation and spelling in French. These lessons give you hints on how letters are pronounced in French and allow you to practice the particular sounds. Keep in mind that becoming a good listener is the most important thing you can do to improve your pronunciation. These explanations will help you only if you listen carefully to the way your instructor and the speakers in these exercises pronounce French.*

## English and French

English and French share a good deal of vocabulary. For example, the English word *pullover* is now thoroughly French, and the French word **croissant** is a recent importation into English. As you work with *Deux mondes*, you will notice many words that are spelled identically in the two languages. Generally, however, such words are pronounced quite differently.

The following are some French words and phrases that have been incorporated into English but still retain aspects of their original French pronunciation. As you listen to these words being pronounced in French, pay particular attention to the boldface letters. Notice also that French uses accent marks in its spelling system.

**Écoutez et répétez:** façade / fiancé / machine / prestige / château / rouge / ballet / rendez-vous / auto / mousse / soufflé / café au lait

## Vowels

1. **The letter *a*.** The letter **a** is pronounced like the *a* vowel sound in the English words *spa* and *father*. We use the symbol [a] to represent this sound. Listen carefully and repeat each of the following words or phrases, paying attention to the [a] sound.

   **Écoutez et répétez:** Ça va / camarade / madame / la classe / la cravate / la salle / la table

2. **The letter *i*.** The letter **i** is pronounced like the vowel sound of the word *machine*. We use the symbol [i] to represent this sound. Listen carefully and repeat each of the following words or phrases, paying attention to the [i] sound.

   **Écoutez et répétez:** midi / timide / chimie / gris / difficile / facile / actrice / il va mal

3. **The letter *u*.** The pronunciation of the letter **u** in French is not like any English vowel sound. Try the following exercise to get yourself used to it: round your lips tightly (as though saying the vowel in the word *group*), then say the vowel sound [i], keeping your lips tightly rounded all the while. Listen to the speaker, then practice the sound a few times yourself. We use the symbol [ü] to represent this sound. Listen carefully and repeat each of the following words, paying attention to the [ü] sound.

   **Écoutez et répétez:** tu / sur / vue / utile / pupitre

4. **The letter *o*.** The letter **o** corresponds to two different sounds.

   It is pronounced like the final vowel sound of the word *auto,*

   - when it occurs at the end of a word, as in the word **stylo**.
   - when it has a circumflex accent written over it (ô), as in the words **côte** and **hôtel**.
   - when it is followed by the letter **s** pronounced as [z], as in the words **rose** and **chose**.

We use the symbol [ó] to represent this sound. Listen carefully and repeat each of the following words, paying attention to the [ó] sound.

**Écoutez et répétez:** stylo / radio / rose

- Before a pronounced consonant other than [z], the letter **o** is pronounced with the mouth somewhat open, similar to the way some Americans pronounce the vowels in the words *off* and *caught*. We represent this sound with the symbol [ò]. The following words contain the [ò] sound. Listen carefully and repeat each one, paying attention to the [ò] sound.

**Écoutez et répétez:** robe / bottes / porte / fort / costume

We will continue our discussion of French vowels in subsequent chapters.

# DEUXIÈME ÉTAPE

# Le monde étudiant

## Thèmes et grammaire

### Qu'est-ce qu'il y a dans la salle de classe?

**Activités de compréhension**

**Le premier jour de classe.** *Nathalie Lasalle has just come back from her first day of school. She is in the kitchen having a snack and her grandmother, Marie Lasalle, is asking about her day. Listen and then decide if the statements are true or false (**vrai ou faux**).*

Vrai (**V**) ou faux (**F**)?

1. _____ Nathalie est très enthousiasmée par l'école.

2. _____ Il y a trois fenêtres dans la salle de classe.

3. _____ Tous les élèves ont un pupitre, un cahier et des crayons.

4. _____ La maîtresse a un petit bureau.

**Activités écrites**

**Attention! Étudier Grammaire B.1 et B.2.**

*NOTE:* **Attention!** *notes like the one above will appear throughout the* **Activités écrites** *in* **Thèmes et grammaire** *to indicate grammar topics that you may want to review before you do a particular group of exercises. You may also need to turn to these sections for help from time to time while you are working.*

**A. Les objets.** *Indicate whether or not the following things can be found in your French classroom. Use* **il y a...** *or* **il n'y a pas de...** *in your answer.*

MODÈLES:   des livres → Oui, il y a des livres.

une télévision en couleurs → Non, il n'y a pas de télévision en couleurs.

1. un grand bureau _____

2. des chaises confortables _____

3. une horloge _____

4. une encyclopédie _____

5. des stylos _____

**B. Comment sont-ils?** *Write a logical question to follow each description.*

Comment s'appelle... ?          Qu'est-ce que c'est?

Est-ce que c'est... ?            Qui est-ce?

MODÈLE:   C'est une femme grande et brune. Elle est professeur. →
*Comment s'appelle* cette personne?

1. Cet objet est long et mince. En général, il est jaune. Il est très important dans une classe. Ce n'est pas un stylo.

_____?

2. C'est une personne célèbre. Elle est star de cinéma. Elle est divorcée de Tom Cruise.

_____?

3. C'est un jeune homme et il est présent en classe. Il porte un blue-jean, des sandales marron et un tee-shirt orange. Il est blond.

_____?

4. Ce n'est pas un petit animal. Il n'est pas noir et blanc. Il est énorme. Il préfère la jungle.

_____ un pingouin ou un éléphant?

5. C'est une étudiante. Elle est petite et brune. Elle est intelligente et énergique.

_____?

6. C'est un autre objet dans une salle de classe. Il est essentiel, mais il n'est pas très confortable.

_____?

# *L*a date et l'alphabet

## Activités de compréhension

**A. Les anniversaires.** *Marie Lasalle is trying to read a magazine, while her husband Francis keeps asking her questions so that he can fill out his calendar with the birthdates of different family members. Listen for the dates and match the name of the person with each birthday.*

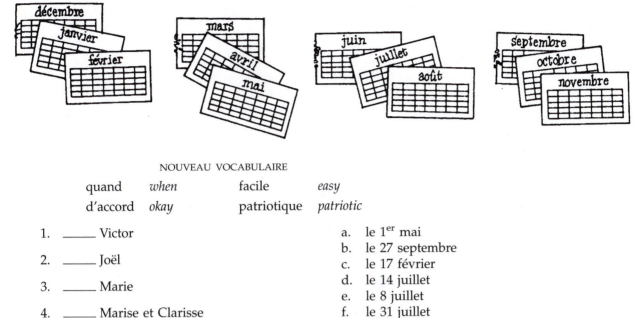

NOUVEAU VOCABULAIRE

| | | | |
|---|---|---|---|
| quand | *when* | facile | *easy* |
| d'accord | *okay* | patriotique | *patriotic* |

1. _____ Victor

2. _____ Joël

3. _____ Marie

4. _____ Marise et Clarisse

5. _____ Claudine

6. _____ Charles

a. le 1$^{er}$ mai
b. le 27 septembre
c. le 17 février
d. le 14 juillet
e. le 8 juillet
f. le 31 juillet

**B. À l'université.** *Agnès is enrolling for her classes at the university at the beginning of a new school year. Listen to Agnès spell her last name and write the letters in the blanks.*

NOUVEAU VOCABULAIRE

| | | | |
|---|---|---|---|
| l'employé(e) | *employee* | Voilà! | *That's it!* |
| votre nom | *your name* | De rien. | *You're welcome.* |
| Ça s'écrit comment? | *How's that spelled?* | | |

Agnès _____ _____ _____ _____ _____

**Activités écrites**

**Attention! Étudier Grammaire B.3.**

**Les mois.** *Fill in the blank with the name of the appropriate month. For the last statement, provide a personal response.*

1. L'année scolaire commence en _____ et finit en _____.

2. Les anniversaires de Washington et de Lincoln sont en _____.

3. La fête de St.-Patrick est le 17 _____.

4. Les fêtes nationales américaine et française sont le 4 et le 14 _____.

5. La fête de Noël est le 25 _____.

6. Mon anniversaire est en _____. C'est le _____ _____.

# *L*es nombres de 40–100 et l'heure

## Activités de compréhension

**Raoul à la gare routière (*bus station*).** *During vacations when he is in Montreal, Raoul Durand works weekends in the information booth of one of the bus stations. All day long he answers the same question: when does the next bus leave for . . . ? Listen to the passengers' questions and fill in the departure time(s) for each destination.*

NOUVEAU VOCABULAIRE

| | | | |
|---|---|---|---|
| (il) part | (*it*) *leaves* | bientôt | *soon* |
| prochain(e) | *next* | Quelle chance! | *What luck!* |
| toutes les heures | *every hour* | | |

| DESTINATION | HEURE(S) DE DÉPART |
|---|---|
| 1. Pointe Claire | _____ |
| 2. Saint-Jérôme | _____ |
| 3. Lachine | _____ |
| 4. Trois-Rivières | _____ |
| 5. Québec | _____ |

## Activités écrites

**A. Les numéros de téléphone.** *Use the list of emergency numbers to write out the phone numbers for the following agencies.*

| S.O.S. SERVICE | |
|---|---|
| Alcooliques anonymes . . . . . . . . . . . . . . . . . . . . . . . . . . . . | .04.21.75.09.19 |
| Centre anti-poison . . . . . . . . . . . . . . . . . . . . . . . . . . . . . . | .04.37.20.35.15 |
| Hôpital . . . . . . . . . . . . . . . . . . . . . . . . . . . . . . . . . . . . . | .04.42.18.93.93 |
| Police-secours . . . . . . . . . . . . . . . . . . . . . . . . . . . . . . . . | .17 |
| SOS Vétérinaires . . . . . . . . . . . . . . . . . . . . . . . . . . . . . . | .04.91.63.09.00 |
| Urgences médicales 24 h / 24 . . . . . . . . . . . . . . . . . . . . . | .04.42.84.20.20 |

MODÈLE: Urgences médicales → C'est le zéro quatre, quarante-deux, quatre-vingt-quatre, vingt, vingt.

1. Alcooliques anonymes _____

2. SOS Vétérinaires _____

3. Centre anti-poison _____

4. Police-secours _____

5. Hôpital _____

**Attention! Étudier Grammaire B.4.**

B. **Quelle heure est-il?** *In France, it is common to use the 12-hour clock when talking about time. Write out the following times of day.*

MODÈLE: 6 h 45 → Il est sept heures moins le quart.

1. 8 h 15 _____

2. 12 h _____

3. 11 h 26 _____

4. 1 h 10 _____

5. 10 h 50 _____

C. **Émissions de télé.** *Most schedules and invitations in France use the 24-hour clock. The following are evening schedules from two French TV channels. Using the 12-hour system, indicate at what time these programs are broadcast.*

MODÈLE: Le journal → Le journal est à huit heures.

| France 2 | | La cinquième / Arte | |
|---|---|---|---|
| **18.25** | Tutti frutti | **17.05** | Spot cardiaque |
| **19.15** | Qui est qui? | **17.35** | Arithmétique appliquée |
| **19.50** | Un gars, une fille | **18.58** | Météo |
| **20.00** | Le journal | **19.10** | Détours vers le futur |
| **20.30** | Les Barbouzes, film | **21.22** | Scénarios sur la drogue |
| **23.40** | Le journal de la nuit | **22.00** | Momies du peuple des nuages |

1. Qui est qui? _____

2. Arithmétique appliquée _____

3. Momies du peuple des nuages _____

4. Tutti frutti _____

5. Spot cardiaque _____

6. Le journal de la nuit _____

7. La météo _____

# *L*es cours

## Activités de compréhension

 **Emmanuel et Caroline parlent des cours.** *Emmanuel Colin is talking with Caroline, an American student who is studying at his school. Indicate whether the following statements are true or false (***vrai ou faux***).*

NOUVEAU VOCABULAIRE

| | | | |
|---|---|---|---|
| content(e) | *happy* | ça suffit | *that's enough* |
| tu plaisantes | *you are joking* | barbant(e) | *boring ( fam.)* |
| génial(e) | *fantastic ( fam.)* | | |

Vrai (**V**) ou faux (**F**)?

1. \_\_\_\_\_ Le cours de français de Caroline est super.

2. \_\_\_\_\_ Le prof de Caroline est génial et beau.

3. \_\_\_\_\_ Emmanuel a un cours de sciences le jeudi et le vendredi.

4. \_\_\_\_\_ Il a un cours d'anglais le mardi et le jeudi après-midi.

5. \_\_\_\_\_ Le professeur d'anglais est très intéressant.

## Activités écrites

**Attention! Étudier Grammaire B.5.**

**A. Les cours et l'emploi du temps.** *Write out your class schedule for this term. (Tip: See your textbook for names of courses.)*

| HEURE | LUNDI | MARDI | MERCREDI | JEUDI | VENDREDI |
|---|---|---|---|---|---|
| \_\_\_\_\_ | \_\_\_\_\_ | \_\_\_\_\_ | \_\_\_\_\_ | \_\_\_\_\_ | \_\_\_\_\_ |
| \_\_\_\_\_ | \_\_\_\_\_ | \_\_\_\_\_ | \_\_\_\_\_ | \_\_\_\_\_ | \_\_\_\_\_ |
| \_\_\_\_\_ | \_\_\_\_\_ | \_\_\_\_\_ | \_\_\_\_\_ | \_\_\_\_\_ | \_\_\_\_\_ |
| \_\_\_\_\_ | \_\_\_\_\_ | \_\_\_\_\_ | \_\_\_\_\_ | \_\_\_\_\_ | \_\_\_\_\_ |
| \_\_\_\_\_ | \_\_\_\_\_ | \_\_\_\_\_ | \_\_\_\_\_ | \_\_\_\_\_ | \_\_\_\_\_ |

Now use the following or other words to describe each of the subjects you're taking.

| | | |
|---|---|---|
| difficile | facile | utile |
| ennuyeux/ennuyeuse | intéressant(e) | ? |
| excitant(e) | inutile | |

MODÈLES: Les mathématiques sont très utiles. La chimie n'est pas ennuyeuse.

_____

_____

_____

_____

_____

**B. Est-ce que vous avez… ?** *Tell whether you have the following things associated with university life. Use forms of* **avoir** *in your answers.*

MODÈLE: des cours le jeudi →
Oui, j'ai des cours le jeudi. (Non, je n'ai pas de cours le jeudi.)

1. un ordinateur (*computer*) _____

2. une télévision en couleurs _____

3. des camarades de chambre (*roommates*) _____

4. un bureau _____

5. une bicyclette _____

6. une voiture _____

**C. La vie d'étudiant.** *Complete the paragraph with the appropriate forms of the verb* **avoir.**

Ce semestre, j'_____[1] six cours difficiles! En général, les étudiants de cette université

_____[2] seulement (*only*) quatre ou cinq cours par semestre. Ma camarade de chambre

est étudiante en musique. Elle _____[3] trois cours, mais elle _____[4] aussi

des leçons de danse et de piano. Nous n'_____[5] pas de cours le samedi. Les étudiants

_____[6] le week-end de libre. Est-ce que vous _____[7] aussi le week-end de

libre? Et toi, combien de cours _____[8]-tu ce semestre?

# *L*a description des autres

## Activités de compréhension

**A. Qui est-ce?** *Albert is a new student in French class. He doesn't know the names of all of his classmates yet, so Denise is trying to help him. Identify the people described.*

NOUVEAU VOCABULAIRE

avant *before*

Barbara    Daniel    Jacqueline    Louis

1. Le garçon aux cheveux bruns s'appelle _____.

2. Le grand garçon aux lunettes, c'est _____.

3. La fille aux cheveux blonds, c'est _____.

4. La fille aux cheveux noirs s'appelle _____.

**B. Charles et Paul.** *Charles Colin is talking with his friend Paul, who has just met Charles' twin sisters Marise and Clarisse for the first time and cannot tell them apart. Indicate whether the following statements are true or false (**vrai ou faux**).*

NOUVEAU VOCABULAIRE

la jumelle    *twin (f.)*          toutes les deux *(f.)*    *both*
absolument    *absolutely*

Vrai (**V**) ou faux (**F**)?

1. _____ Marise et Clarisse ont toutes les deux les cheveux longs et noirs.

2. _____ Toutes les deux sont petites et minces.

3. _____ Elles ont une personnalité identique.

4. _____ Marise est sociable et Clarisse est timide.

5. _____ Charles est très modeste.

**C. Les parties du corps.** *Professor Martin is conducting a TPR activity to see if her students understand the French words for various parts of the body. Listen and draw an arrow to each part of the body that she mentions. Then, listen again and number each part of the body according to the order in which it is first mentioned.*

NOUVEAU VOCABULAIRE

| | | | |
|---|---|---|---|
| Arrêtez-vous! | *Stop!* | des escargots (*m.*) | *snails* |
| lentement | *slowly* | | |

## Activités écrites

### Attention! Étudier Grammaire B.6 et B.7.

**A. Comment sont-ils?** *Name someone you know for each category and then describe that person. Use as many words as possible from the list. Add another sheet of paper if you need it.*

| | | |
|---|---|---|
| amusant(e) | nerveux/nerveuse | sociable |
| dynamique | optimiste | sympathique |
| enthousiaste | pessimiste | timide |
| idéaliste | raisonnable | vieux/vieille |
| intelligent(e) | réservé(e) | |
| jeune | sérieux/sérieuse | |

MODÈLE: un(e) dentiste → Elle s'appelle Dr. Chang. Elle est jeune et sérieuse. Elle n'est pas timide.

1. un professeur _____

2. un étudiant de la classe de français _____

3. une étudiante de la classe de français _____

4. un acteur _____

5. une actrice _____

6. un ami (une amie) _____

**B. Les camarades de classe.** *Think of three people in your French class and write a description of each one. Use words and statements from the following list to describe their appearance and adjectives from the preceding exercise to describe their personality.*

LES CHEVEUX: blonds, bruns, châtains, courts, frisés, noirs, roux
LES YEUX: bleus, gris, marron, noirs, verts

beau/belle, jeune, jolie, mince

Il/Elle est de taille moyenne.

Il/Elle porte des lunettes.

Il a une barbe (une moustache).

MODÈLE:   Linda est noire. Elle n'est pas très grande. Elle est de taille moyenne. Elle a les cheveux courts et frisés. Elle est jolie. Elle est très intelligente et dynamique.

_____

_____

_____

_____

_____

_____

# Intégration

*NOTE:*   **Intégration** *is a special end-of-chapter section that integrates what you have learned in each chapter. Here in the* **Deuxième étape,** *we offer some puzzles to get you started. Have fun learning French!*

# *J*eux

**A.  Soupe de lettres: Les objets dans la salle de classe.** *Circle the names of the following objects in the group of letters below. They may be written horizontally, vertically, diagonally, or backwards!*

| brosse | lampe | stylo |
| --- | --- | --- |
| cahier | livre | table |
| craie | mur | tableau |
| crayon | papier | |

```
P  C  P  I  C  E  R  R  I  C  S  H
R  U  C  A  H  I  E  R  E  R  E  O
O  B  N  K  I  O  P  Y  R  A  D  R
M  U  R  C  F  G  Y  U  I  I  C  L
E  P  L  O  S  T  Y  L  O  E  K  O
S  A  F  T  S  C  R  A  Y  O  N  L
S  P  Q  A  I  S  A  S  D  R  G  A
E  I  O  B  U  E  E  M  K  T  O  M
U  E  G  L  I  V  R  E  R  E  S  P
R  R  I  E  T  A  B  L  E  A  U  E
```

**B. Mots croisés.** *Complete the crossword with the following numbers.*

HORIZONTALEMENT

3. 9      8. 40
4. 38     10. 20
6. 60

VERTICALÈMENT

1. 14     5. 50
2. 3      7. 30
4. 13     9. 5

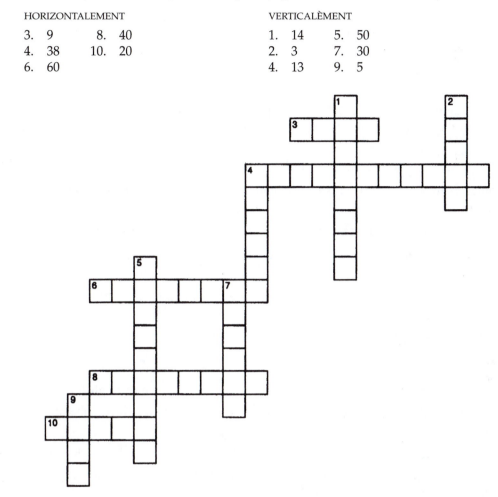

## La prononciation et l'orthographe

# *M*ore on vowels: The letter *e*

The letter **e** corresponds to three different sounds in French. It can also be silent.

1. **The [é] sound.** The letter **e** is sometimes pronounced like the final vowel sound of the word **café.** It is always pronounced this way:

   - when the letter **e** has an acute accent mark over it: **étape.**
   - when the combinations **er, et,** and **ez** appear at the end of a word: **écouter, ballet, lisez.**
   - when the combination **es** appears at the end of a one-syllable word: **les, des.**

   **Écoutez et répétez:** étape / fatigué / activité / dictée / idéaliste / lisez / écrivez / aller / marchez / les / des

2. **The [è] sound.** The letter **e** is sometimes pronounced like the vowel in the English word *bet*. It is pronounced this way:

- always, when it has either a grave accent mark (**è**) or a circumflex accent mark (**ê**) over it: **première, fenêtre.**
- usually, when followed by two consonants: **veste, appelle.**

**Écoutez et répétez:** première / fenêtre / être / vêtement / mademoiselle / professeur

3. **The [ə] sound.** The letter **e** without an accent mark is sometimes pronounced like the final vowel in the English word *sofa*, but with the lips slightly rounded. It is pronounced this way:

- in one-syllable words ending in **e**: **le.**
- in longer words when it is not in the final syllable: **petit.**

**Écoutez et répétez:** de / je / le / ne / que / petit / levez / prenez / première / fenêtre / regarder

4. **Silent *e*.** At the end of a word, the letter **e** without an accent mark is not pronounced.

**Écoutez et répétez:** camarade / classe / cravate / amie / dictée / chimie / timide / facile / actrice

# Consonants: *j* and *ch*

The sounds of the letter **j** and of the **ch** combination are quite different in English and in French.

1. **The [sh] sound.** In French, the combination **ch** is generally pronounced like the English combination *sh*, as in the English word *shoe*.

**Écoutez et répétez:** chapeau / chemise / chemisier / chimie / chiffre / chantez

2. **The [j] sound.** In French, the letter **j** is pronounced like the initial sound of the name **Jacques** or the middle consonant sound of *vision*.

**Écoutez et répétez:** je / jour / jaune / bonjour / journalisme

*CHAPITRE* 1

# Ma famille et moi

---

## Thèmes et grammaire

---

*La famille*

### Activités de compréhension

**La famille de Jean-Yves.** Jean-Yves est au téléphone avec son amie Agnès. Il lui annonce que sa mère va arriver à Paris à la fin du mois et il commence à parler de sa famille en général. Écoutez et complétez l'arbre généalogique de Jean-Yves avec les noms et les âges qui manquent. Écoutez plusieurs fois si nécessaire.

NOUVEAU VOCABULAIRE

mort(e)   *deceased*        Bordeaux   *city in southwestern France*

Grand-mère (Caroline) ____ ans        Grand-père (Mathieu) ____ ans

Sa mère ____ ans        Son père ____ ans

Jean-Yves

____ ans        ____ ans

Maintenant, choisissez la réponse appropriée.

*La mère de Jean-Yves*

1. Physiquement, elle est…     a. blonde et grande.     b. brune, de taille moyenne.

2. De caractère, elle est…     a. trop curieuse.     b. très sérieuse.

*Son père*

3. Il est…     a. fort.     b. grand et beau.

*Son frère*

4. Physiquement, il a…     a. les cheveux blonds.     b. les cheveux bruns.

5. De caractère, il est…     a. amusant.     b. indépendant.

*Sa sœur*

6. Elle est…     a. grande et mince.     b. petite et jolie.

## Activités écrites

**A. Vocabulaire: La famille de Charles Colin.** Complétez la description de la famille de Charles Colin avec les mots suivants. Indiquez aussi l'âge de chaque personne.

| | | |
|---|---|---|
| la fille | le grand-père | la petite-fille |
| le fils | la mère | le petit-fils |
| le frère | le père | la sœur |
| la grand-mère | | |

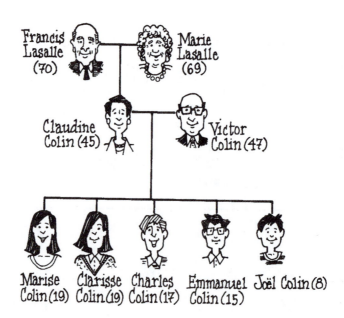

MODÈLE:   Le petit *frère* de Charles s'appelle Joël. Il a *huit* ans.

1. _____ de Charles s'appelle Francis Lasalle. Il a _____ ans.

2. Marie Lasalle est _____ de Charles. Elle a _____ ans.

3. _____ de Charles s'appelle Claudine. Claudine Colin a

   _____ ans. C'est _____ de Francis et Marie Lasalle.

4. Charles est _____ aîné de Claudine. Il a deux _____,

   Emmanuel, _____ ans, et Joël, _____ ans.

5. Les deux _____ de Charles s'appellent Marise et Clarisse. Elles ont

   _____ ans. Ce sont des _____ jumelles.

6. Francis et Marie Lasalle sont le _____ et la _____ de

   Charles. _____ de Charles s'appelle Victor Colin. Il a

   _____ ans.

## Attention! Étudier Grammaire 1.1.

**B. Qui est-ce?** Identifiez les membres de la famille. Utilisez des adjectifs possessifs et **c'est (ce sont)**.

1. Quelle est la relation entre Claudine Colin et les personnes suivantes? (son/sa/ses)

   MODÈLE: Marie Lasalle → C'est sa mère.

   a. Francis Lasalle _____

   b. Joël, Emmanuel et Charles _____

   c. Marise _____

2. Quelle est la relation entre Marise et Clarisse Colin et ces personnes? (leur/leurs)

   MODÈLE: Claudine Colin → C'est leur mère.

   a. Victor Colin _____

   b. Emmanuel et Charles _____

   c. Marie Lasalle _____

3. Et dans votre famille, qui sont ces personnes? (mon/ma/mes)

   MODÈLE: les frères de votre père → Ce sont mes oncles.

   a. le père de votre mère _____

   b. les fils de vos parents _____

   c. la fille de vos parents _____

   d. la fille de votre grand-père _____

   e. le fils de vos grands-parents _____

   f. les parents de votre mère _____

**C. Ma famille.** Écrivez une description de votre famille. Suivez le modèle et ajoutez une autre feuille de papier si nécessaire.

> MODÈLE: Dans ma famille, nous sommes quatre personnes. Il y a mon père, ma mère, mon frère et moi. Nous avons un chien et deux chats. Mon père a quarante-neuf ans. Il est grand, brun et très beau. Il est très intelligent et raisonnable. Ma mère…

_____

_____

_____

_____

# Goûts personnels

## Activités de compréhension

**A. Publicité radio pour Récré-parc.** Bernard Lasalle est dans sa voiture et il entend cette publicité pour Récré-parc à la radio. Écoutez et indiquez si les phrases suivantes sont vraies ou fausses.

NOUVEAU VOCABULAIRE

| | | | |
|---|---|---|---|
| une publicité | *advertisement* | tous les goûts | *every taste* |
| les arbres (*m.*) | *trees* | | |

Vrai (**V**) ou faux (**F**)?

1. _____ Récré-parc est un centre seulement pour les jeunes couples.

2. _____ À Récré-parc, il y a des activités pour les personnes âgées.

3. _____ On peut faire beaucoup de sports différents.

4. _____ On peut faire du jogging dans un grand parc.

5. _____ Il n'y a pas de restaurants à Récré-parc.

**B.** **Allô, Récré-parc… ?** Bernard est intéressé par la publicité qu'il vient d'entendre à la radio et il décide de téléphoner pour avoir plus de renseignements. Écoutez et cochez (✓) les activités possibles à Récré-parc.

NOUVEAU VOCABULAIRE

| | | | |
|---|---|---|---|
| il vient d'entendre | *he has just heard* | bien entendu | *of course* |
| des renseignements (*m.*) | *information* | savoir | *to know* |
| on peut | *one can* | un choix | *choice* |

1. _____ On peut jouer au football.

2. _____ On peut faire du camping.

3. _____ On peut nager.

4. _____ On peut jouer au tennis.

5. _____ On peut faire du ski nautique.

6. _____ On peut faire des promenades.

## Activités écrites

**A.** **Vocabulaire: Quand?** Aimez-vous faire les activités suivantes? Quand aimez-vous les faire?

| | |
|---|---|
| l'après-midi | le vendredi soir |
| le dimanche | le week-end |
| le matin | ? |
| pendant les vacances | |

MODÈLE: lire le journal → J'aime lire le journal le matin. (Je n'aime pas lire le journal.)

1. cuisiner _____

2. dormir tard _____

3. jouer au tennis _____

4. aller au cinéma _____

5. voyager _____

6. sortir avec des amis _____

7. faire une promenade dans le parc _____

8. faire des courses _____

**Attention! Étudier Grammaire 1.2.**

**B. Couples.** Voici une description de quatre couples. Donnez deux activités qu'ils aiment faire ensemble et deux activités qu'ils n'aiment pas faire. Utilisez **aimer** + un infinitif.

| | | |
|---|---|---|
| aller à la montagne | écouter la radio | voyager |
| aller au concert | faire du ski | ? |
| danser | regarder la télé | |
| dîner au restaurant | rester à la maison | |

MODÈLE: Patrick est sportif et énergique et Brigitte est très dynamique et sociable. →
Ils aiment aller à des soirées et jouer au tennis. Ils n'aiment pas rester à la maison et regarder la télévision.

1. Marie-José est réservée et intellectuelle et son copain Malik est une personne sérieuse qui aime lire et écouter des discussions politiques et économiques.

   _____

   _____

   _____

2. Jean-François aime la nature et Fatima est étudiante en sciences.

   _____

   _____

   _____

3. Françoise est étudiante en art et en histoire ancienne. Jacques est passionné de musique classique, de théâtre et de ballet.

   _____

   _____

   _____

4. Vincent est étudiant en musique. Il aime jouer de la guitare et du saxophone. Caroline aime sortir, parler et inviter ses amis.

   _____

   _____

   _____

**C. Les goûts de votre famille.** Qu'est-ce que vous et les autres membres de votre famille aimez faire? Avez-vous les mêmes goûts, ou aimez-vous faire des activités différentes?

MODÈLE: Dans ma famille, nous aimons nager et jouer au tennis. Ma mère aime jouer aux cartes, mais mon père déteste…

   _____

   _____

   _____

_____

_____

_____

# *O*rigines et renseignements personnels

## Activités de compréhension

**Sarah Thomas connaît (*knows*) beaucoup d'étudiants à Paris.** Sarah Thomas, une étudiante américaine, est à une fête chez son ami Jean-Yves Lescart. Jean-Yves la présente aux autres étudiants. Indiquez le lieu d'origine de chaque étudiant.

NOUVEAU VOCABULAIRE

je te présente   *I'd like you to meet*

1. _____ David Fontaine

2. _____ Sarah Thomas

3. _____ Olivier Petit

4. _____ Séverine Duval

5. _____ Luzolo Bondo

a.   Paris
b.   Dakar
c.   le Wisconsin
d.   Bruxelles
e.   Genève

## Activités écrites

**A. Vocabulaire: Les nationalités et les langues.** Consultez le tableau et écrivez la nationalité de chaque personne et la langue qu'elle parle.

MODÈLE:   Lewis Bassett vient d'Angleterre. → Il est *anglais* et il parle *anglais.*

| NATIONALITÉ | LANGUE |
| --- | --- |
| allemand, allemande | l'allemand |
| américain, américaine | l'anglais |
| anglais, anglaise | l'anglais |
| canadien, canadienne | l'anglais, le français |
| chinois, chinoise | le chinois |
| espagnol, espagnole | l'espagnol |
| japonais, japonaise | le japonais |

1. Felipe Gonzalez vient d'Espagne. Il est _____ et il parle _____.

2. Heidi Spielmann vient d'Allemagne. Elle est _____ et elle parle

_____.

3. Tsung Fen vient de Chine. Il est _____ et il parle _____.

4. Yukio Matsamuri vient du Japon. Il est _____ et il parle _____.

5. Chantal Picard vient de Montréal, Canada. Elle est _____ et elle parle

_____.

6. Alice Jefferson vient des États-Unis. Elle est _____ et elle parle

_____.


**Attention! Étudier Grammaire 1.3 et 1.4.**

**B. Les numéros de téléphone et les adresses.** La compagnie MICRO SYSTÈMES a beaucoup de magasins dans la région parisienne. Écrivez les renseignements demandés.

**MICRO SYSTÈMES**
LA RÉFÉRENCE DE LA MICRO INFORMATIQUE

Pour tout achat d'un micro-ordinateur, un abonnement de 15 mois à Micro Systèmes vous sera offert

Nos agences, ouvertes du lundi au samedi de 9 h 30 à 19 h

**PARIS ET REGION PARISIENNE**

30, rue du Grenier-Saint-Lazare
75003 - Métro : Rambuteau
Tél. (01) 48 04 00 48 - Fax (01) 48 04 53 41

5, rue des Filles-du-Calvaire
75003 - Métro : Filles du Calvaire
Tél. (01) 42 78 50 52 - Fax (01) 42 78 88 41

28, rue de Turin
75008 - Métro : Rome - Place de Clichy
Tél. (01) 43 87 55 55 - Fax (01) 43 87 78 00

57, rue Lafayette
75009 - Métro : Cadet
Tél. (01) 48 78 06 91 - Fax (01) 40 23 04 78

38, rue de Chabrol
75010 - Métro : Gare de l'Est - Poissonnière
Tél. (01) 42 47 09 42 - Fax (01) 42 47 10 38

244, rue du Faubourg-Saint-Antoine
75012 - Métro : Nation
Tél. (01) 43 56 14 18 - Fax (01) 43 56 75 73

68, boulevard Auguste-Blanqui
75013 - Métro : Corvisart
Tél. (01) 43 36 69 00 - Fax (01) 43 31 55 25

69, rue Marx-Dormoy
75018 - Métro : Marx-Dormoy
Tél. (01) 46 07 50 51 - Fax (01) 46 07 17 01

**LEVALLOIS-PERRET**
58, rue Kléber - Métro : A.-France
92300 LEVALLOIS-PERRET
Tél. (01) 47 48 12 00 - Fax (01) 47 58 49 55

**PONTOISE**
16, rue Thiers
95300 PONTOISE
Tél. (01) 30 38 61 63 - Fax (01) 34 24 12 55

MODÈLES: Quel est le numéro de téléphone du magasin dans la rue de Chabrol? →
C'est le zéro un, quarante-deux, quarante-sept, zéro neuf, quarante-deux.

Quel est son code postal? → C'est le soixante-quinze, zéro dix.

1. Quel est le numéro de téléphone du magasin dans la rue Lafayette?

_____

2. Quel est le code postal du magasin dans la rue Marx-Dormoy?

   _____

3. Quel est le numéro de fax du magasin dans la rue du Faubourg Saint-Antoine?

   _____

4. Quel est le numéro de téléphone du magasin à Pontoise?

   _____

5. Quel est le numéro de fax du magasin dans la rue de Turin?

   _____

6. Quel est le code postal à Levallois-Perret?

   _____

C. **Origines.** Complétez chaque phrase avec la forme correcte du verbe **venir.**

   MODÈLE: Ivan *vient* de Moscou. Il est russe.

   1. Antonio _____ de Madrid. Il est espagnol.

   2. Marie-France et Dominique _____ de Paris. Elles sont françaises.

   3. Raoul, tu es canadien? Est-ce que tu _____ de Montréal?

   4. Mes parents et moi, nous _____ de Chicago. Nous sommes américains.

   5. —Albert, tu es de Baton Rouge? —Non, je _____ de La Nouvelle-Orléans.

   6. Et vous, de quelle ville est-ce que vous _____?

D. **Qui êtes-vous?** Lisez cette description de Sarah Thomas. Ensuite, écrivez un paragraphe sur vous-même. Dites d'où vous venez, où vous habitez (chez vos parents, à la cité universitaire,... ), comment vous êtes et quels sont vos intérêts.

   MODÈLE: Je m'appelle Sarah Thomas. J'habite avec mes parents aux États-Unis. Je viens d'Eau Claire, Wisconsin. Je ne suis pas très grande, mais je ne suis pas petite. J'ai les cheveux bruns et les yeux bleus. J'ai 20 ans. Je suis énergique, dynamique et très sociable. Je suis étudiante en civilisation et culture françaises à la Sorbonne cette année. À Paris, j'habite dans un appartement avec mon amie Agnès Rouet. J'aime parler français et sortir avec mes amis. J'aime aussi les sports et le cinéma.

Je m'appelle _____

_____

_____

_____

_____

_____

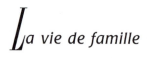
*L*a vie de famille

## Activités de compréhension

**A. La rédaction (composition) de Joël.** Joël Colin (8 ans) lit à son père Victor sa rédaction où il parle de leur famille. Écoutez et écrivez les mots qui manquent.

NOUVEAU VOCABULAIRE

| | | | |
|---|---|---|---|
| les assurances (*f.*) | *insurance* | faire du patin à roulettes | *to rollerskate* |
| faire des blagues (*f.*) | *to make jokes* | | |

1. Le père de Joël _____ pour une compagnie d'assurances.

2. Sa mère est professeur d'_____.

3. Joël a deux _____ jumelles et _____ frères.

4. Joël est très _____ et il aime beaucoup _____ avec ses copains.

5. Dans sa famille, la personne préférée de Joël est sa _____. Elle lui donne des

   conseils et des _____.

6. Le moment préféré de Joël, c'est le mois d'_____, où la famille passe des
   vacances super au bord de _____.

**B. Quoi de neuf?** Victor est en train d'écouter la rédaction de Joël quand le téléphone sonne. C'est son vieil ami Michel Dupont. Écoutez et identifiez les personnes qui aiment faire les activités suivantes. (Il y a une personne qui aime faire deux des activités indiquées.)

NOUVEAU VOCABULAIRE

| | | | |
|---|---|---|---|
| Quoi de neuf? | *What's new?* | Comme le temps passe! | *How time passes!* |
| Ça fait tellement longtemps. | *It's been so long.* | discuter | *to discuss* |
| Incroyable. | *Unbelievable.* | aller à la pêche | *to go fishing* |

1. _____ faire des courses
2. _____ aller à la pêche
3. _____ faire des blagues
4. _____ discuter avec ses amis
5. _____ jouer aux cartes

a. Marise et Clarisse
b. Charles
c. Emmanuel
d. Joël

## Activités écrites

**A. Vocabulaire: La famille de Francis et Marie Lasalle.** Écrivez les rapports familiaux dans la famille de Francis et Marie Lasalle.

le beau-frère / la belle-sœur
le beau-père / la belle-mère
la belle-fille / le beau-fils
le cousin / la cousine

le mari / la femme
le neveu / la nièce
l'oncle / la tante

MODÈLE: Joël est *le cousin* de Nathalie.

1. Le _____ de Claudine s'appelle Victor et la _____ de Bernard

   s'appelle Christine.

2. Christine est _____ de Claudine.

3. Francis est _____ de Christine et Victor. Marie est leur _____.

4. Charles est _____ de Bernard et Christine.

5. Nathalie, Marie-Christine et Camille sont _____ de Claudine et Victor.

6. Victor est _____ de Marie et Francis et Christine est leur _____.

**Attention! Étudier Grammaire 1.5 et 1.6.**

**B. Une conversation.** Complétez les phrases avec la forme correcte de chaque verbe.

MODÈLE: (jouer) Je *joue* souvent au foot.

BARBARA: Morowa, où est-ce que tu _____[1] (habiter)?

MOROWA: J'_____[2] (habiter) chez mes parents.

BARBARA: Qu'est-ce que vous _____[3] (aimer) faire dans votre famille?

MOROWA: Nous _____[4] (aimer) aller au restaurant. Mes parents _____[5] (jouer) au bridge le week-end. Mon père _____[6] (adorer) faire des promenades à la campagne.

BARBARA: Et toi, tu _____[7] (regarder) souvent la télévision?

MOROWA: Je _____[8] (regarder) un peu la télé, mais j'_____[9] (adorer) lire. Le week-end, je _____[10] (rester) à la maison avec un bon livre.

**C. Qui est-ce?** Complétez les définitions avec **de la, du, de l'** ou **des.**

MODÈLE: Le père est le mari *de la* mère.

1. L'oncle est le père _____ cousins.

2. Le neveu est le fils _____ oncle et _____ tante.

3. La belle-fille est la femme _____ fils.

4. Le beau-père est le père _____ belle-fille ou _____ beau-fils.

5. La tante est la femme _____ oncle.

6. Les grands-parents sont les parents _____ parents.

**D. Les activités en famille.** Parmi les membres de votre famille, qui fait ces activités?

MODÈLE: jouer aux cartes →
Mes parents jouent aux cartes. (Personne [*Nobody*] dans ma famille ne joue aux cartes.)

1. jouer au golf _____

2. inviter des amis _____

3. dîner souvent au restaurant _____

4. regarder beaucoup la télé _____

5. écouter de la musique rock _____

6. parler beaucoup au téléphone _____

7. étudier le français _____

8. aimer la pizza _____

**E. Composition: Un dimanche typique.** Qu'est-ce que vous faites, d'habitude? Écrivez un paragraphe où vous expliquez vos activités du dimanche avec votre famille ou avec vos amis.

VOCABULAIRE UTILE

le dimanche matin      l'après-midi

à midi      le soir

MODÈLE:   Le dimanche matin, d'habitude, j'aime dormir tard. À midi, je mange avec ma famille chez ma tante Julie...

_____

_____

_____

_____

_____

_____

_____

# Intégration

*NOTE:   In chapters 1–14, **Intégration** features a video activity, a recorded poem or story, a guided writing activity, and a continuing recorded story with listening activities.*

# À vos écrans!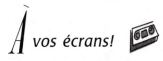

*NOTE:   **À vos écrans!** gives you an opportunity to learn more about the French-speaking world and French through video vignettes that explore everyday situations. Be sure to look over the introduction, the **Nouveau vocabulaire**, and the activity before viewing. Plan to watch each scenario three times: the first time, to get a general idea; the second time, to jot down the answers to the activity; and the third time, to check your work.*

**Scène:** Décrire quelqu'un

**Aperçu:** Dans le premier épisode, vous allez rencontrer les trois personnages principaux de cette vidéo. Ce sont des étudiants français. Écoutez leur conversation. Lisez le **Nouveau vocabulaire** et l'activité, puis regardez la vidéo. Regardez-la plusieurs fois, si nécessaire.

NOUVEAU VOCABULAIRE

| | |
|---|---|
| surtout en plein air | *especially outdoors* |
| je ne sais pas où il est | *I don't know where he is* |
| Je connais quelqu'un. | *I know someone.* |
| là-bas | *over there* |
| Je veux bien t'aider. | *I'm delighted to help you.* |
| veston | *jacket* |

Indiquez si les phrases suivantes sont vraies (**V**) ou fausses (**F**).

1. _____ Aimée aime méditer en plein air.

2. _____ Jacques aide Marc avec l'économie.

3. _____ Marc est grand et il a les cheveux blonds.

4. _____ M. Dépétri est le professeur de l'histoire de l'art.

5. _____ M. Dépétri porte toujours un veston vert.

6. _____ Jacques pense qu'Anne peut aider Aimée en maths.

7. _____ Anne est petite et individualiste.

8. _____ Selon (*According to*) Aimée, Marc étudie avec Anne.

# À l'écoute!

*NOTE:* **À l'écoute!** *gives you the opportunity to read along as you listen to a poem, story, or folktale from the French-speaking world. We encourage you to listen several times just for fun. There is also a brief follow-up activity so that you can confirm your understanding.*

**La Fourmi°**                                                                    *Ant*

par Robert Desnos

Une fourmi de dix-huit mètres
Avec un chapeau sur la tête,
Ça n'existe pas, ça n'existe pas.
Une fourmi traînant un char°                                    traînant... *pulling a cart*
Plein de° pingouins et de canards,°                          Plein... *Full of / ducks*
Ça n'existe pas, ça n'existe pas.
Une fourmi parlant français,
Parlant latin et javanais,°                                        *a kind of French slang*
Ça n'existe pas, ça n'existe pas.
    Eh! Pourquoi pas?

Cochez (✓) les actions possibles de la fourmi imaginaire.

_____ porter un chapeau                    _____ faire un pique-nique

_____ manger un sandwich                 _____ parler français et latin

_____ traîner un char                          _____ conduire une voiture

# À vos stylos!

*NOTE:* **À vos stylos!** *is a guided writing activity that invites you to use the vocabulary and structures you have studied in each chapter in a "real-life" writing assignment. Be sure to read through all parts of the activity before you get started. Write a rough draft using the suggested steps in* **Méthode,** *then check your work. Are there any additional details or personal "twists" you can provide? Before you prepare your final draft, verify your spelling and any forms of which you're not sure.* **Au boulot!** *(Let's get to work!)*

**Situation:** Aujourd'hui, Gilles, votre correspondant sur Internet, pose des questions sur votre famille.

**Intention:** Vous désirez écrire un portrait intéressant dans votre e-mail.

**Méthode:** (1) Décidez de quels membres de votre famille vous voudriez parler.
(2) Ensuite, écrivez la description de chaque personne, son âge, ses intérêts et ses activités préférées.
(3) Composez la réponse à Gilles.
(4) Lisez votre réponse et corrigez les fautes.
(5) Envoyez la réponse à votre professeur (Gilles est imaginaire, non?).

MODÈLE: Cher Gilles,
Voici le portrait de ma famille. Ma mère, Marilena, a 41 ans. Elle aime beaucoup danser et lire...

_____

_____

_____

_____

_____

_____

_____

_____

_____

_____

# Rencontres

Bienvenue à **Rencontres,** le feuilleton[1] du programme d'écoute de *Deux mondes.*

**Prologue:**

Steve McCullan, 28 ans, New Yorkais, est en train de passer[2] six mois à Toulouse, une ville du sud-ouest de la France. Steve est ingénieur dans l'industrie aéronautique. Maintenant, Steve fait un stage[3] dans une compagnie aéronautique française à Toulouse: Air International.

Steve habite chez l'un des ingénieurs de la compagnie, Jean-Claude Lefèvre, et sa femme Annick. Jean-Claude a 48 ans et Annick a 44 ans. Jean-Claude travaille pour Air International depuis[4] vingt

[1]*mini-series*  [2]*est... is currently spending*  [3]*internship*  [4]*for*

ans. Sa femme Annick est entraîneuse[5] d'une équipe[6] féminine de basket; c'est une personne très active.

Jean-Claude et Annick ont deux enfants: Raphaël, 15 ans et Christelle, 18 ans. Christelle prépare son baccalauréat[7] cette année. Raphaël étudie au collège[8] et il aime faire beaucoup d'activités avec ses amis. La famille Lefèvre a aussi un chien: un très joli cocker brun qui s'appelle Fido. Fido adore passer du temps[9] dans le grand jardin de la maison des Lefèvre. Annick emmène[10] souvent Fido se promener au jardin des Plantes. Une autre personne, Isabelle, la cousine de Raphaël et Christelle, passe aussi beaucoup de temps avec la famille.

[5]coach  [6]team  [7]high school exit exam  [8]junior high school  [9]passer... to spend time  [10]takes

## Épisode 1: Qui sommes-nous?

**Situation:** Dans ce premier épisode, vous allez faire la connaissance des personnages de notre histoire qui vont se présenter à vous.

NOUVEAU VOCABULAIRE

| | |
|---|---|
| faire la connaissance de | to meet (make the acquaintance of) |
| deuxième | second |
| ne comprend pas toujours | doesn't always understand |
| aider | to help |
| des endroits (m.) | places |
| pas trop | not too much |
| un invité | guest |
| fidèle | faithful |
| ça suffit | that's enough |
| Amusez-vous bien! | Have fun! |

**Après l'écoute.** Indiquez si les phrases suivantes sont vraies (**V**) ou fausses (**F**).

1. _____ Steve habite maintenant avec une famille française.

2. _____ Jean-Claude Lefèvre travaille avec Steve.

3. _____ Annick Lefèvre est une personne très sportive.

4. _____ Christelle est distante avec Steve.

5. _____ Christelle prépare un examen important cette année.

6. _____ Raphaël aime beaucoup rester à la maison.

7. _____ Isabelle trouve que Steve est fascinant.

8. _____ Isabelle est une personne indépendante.

9. _____ Fido aime beaucoup les promenades.

# La prononciation et l'orthographe

## L'alphabet

In this lesson, you will review the French names for the letters of the alphabet.

French, Spanish, Portuguese, Catalan, Italian, Romanian, and several other languages belong to the Romance language family, so called because they are descended from Latin, the language of ancient Rome. (Though about a third of English words are derived from French, English in fact belongs to the Germanic language family.) The alphabet used in English and in many Western languages is an important legacy of the Romans.

French and English use the same alphabet of twenty-six letters. The following is a phonetic transcription of the French names for the letters of the alphabet.*

**A. Les lettres.** Listen to and repeat the French names for the letters.

| | | | | | | | |
|---|---|---|---|---|---|---|---|
| a | [a] | h | [ash] | o | [ó] | u | [ü] |
| b | [bé] | i | [i] | p | [pé] | v | [vé] |
| c | [sé] | j | [ji] | q | [kü] | w | [dublə vé] |
| d | [dé] | k | [ka] | r | [èr] | x | [iks] |
| e | [ə] | l | [èl] | s | [ès] | y | [i grèk] |
| f | [èf] | m | [èm] | t | [té] | z | [zèd] |
| g | [jé] | n | [èn] | | | | |

**B. L'orthographe.** Now just listen as the following words are spelled.

1. anglais
2. ici
3. chien
4. livre
5. jardin
6. russe
7. crayon
8. plage
9. cahier

**C. Écrivez!** Listen and write the words as you hear them spelled.

1. _____
2. _____
3. _____
4. _____
5. _____
6. _____
7. _____
8. _____
9. _____
10. _____

## Dictée

**Christine Charlier se présente.** You will hear a short paragraph in French read three times. The first time, listen carefully. The second time, write (in French) what you hear. The third time, listen to check what you have written.

---

*You are not responsible for learning the phonetic symbols used throughout the *Cahier.* Make *listening carefully* your first priority. By and by, you will become familiar with many of the phonetic symbols, and they will provide you with a convenient reference.

_____

_____

_____

_____

_____

_____

## Le verbe français

# *V*erbs ending in *-er*

NOTE:   *The purpose of this section, which will appear in the remaining chapters of the* Cahier, *is to give you hints that will make learning French verb forms easier. The forms of French verbs are presented in more detail here than in your textbook.*

As you know from the grammar sections of *Deux mondes,* French verb forms that end in **-er, -ir,** or **-re** are called *infinitives.* These infinitive endings are used to classify regular verbs into one of three *conjugations.*

first conjugation: **-er**          **parler** (*to speak*)

second conjugation: **-ir**          **finir** (*to finish*)

third conjugation: **-re**          **attendre** (*to wait for*)

The preceding three verbs are considered regular. Any verb that deviates from the pattern of formation of **parler, finir,** or **attendre** is considered irregular. However, not all irregular verbs are difficult, and in many cases the "irregularity" is easy to remember.

You can find the *stem* of a regular verb by removing the infinitive ending. The stem of **parler,** then, is **parl-.**

**Parler.** Listen to and repeat the present tense forms of the verb **parler.**

| parler | | | |
|---|---|---|---|
| je | parle | nous | parl**ons** |
| tu | parles | vous | parl**ez** |
| il/elle | parle | ils/elles | parl**ent** |

Note that only the **-ons** and **-ez** endings are pronounced. All the singular forms and the third-person plural form are pronounced identically: **parle, parles, parle, parlent.** Note the line around these four forms in the chart: we refer to these four forms as the L-forms. Because the four L-forms are pronounced alike, in order to spell them correctly you always need to determine the subject of the sentence from the context, then write the corresponding verb form.

# Vérifions!

Cover the preceding information with a sheet of paper, then write the missing verb forms in the chart. Review **Grammaire 1.5** in your text if you are unsure of any forms.

| | **parler** | **discuter** | **travailler** |
|---|---|---|---|
| je | | | |
| vous | *parlez* | | |
| Barbara et Denise | | | *travaillent* |
| nous | | | |
| Raoul | | *discute* | |
| tu | | | |

## Intégration des verbes

**Les vacances de Joël.** Joël raconte ses vacances au bord de la mer. Écrivez la forme correcte de chaque verbe.

Le matin, je _____[1] (rester) au lit jusqu'à 9 h. Après un bon croissant,

j'_____[2] (aimer) aller à la plage avec Marise et Clarisse. Là, je

_____[3] (retrouver) mes copains et nous _____[4] (jouer) et

_____[5] (nager) ensemble. Nous _____[6] (chercher) aussi de beaux

coquillages (*shells*). Mes sœurs _____[7] (dessiner) des personnages amusants dans le

sable.

Nous _____[8] (rentrer) à la maison vers 1 h et toute la famille

_____[9] (déjeuner) ensemble. Maman ou Papa _____[10] (cuisiner) et il

y a toujours un bon dessert. J'_____[11] (adorer) les tartes de ma grand-mère!

# La vie quotidienne et les loisirs

## Thèmes et grammaire

*Le temps, les saisons et les loisirs*

**Activités de compréhension**

**A.  Monsieur Météo.** Aujourd'hui Julien Leroux doit remplacer son collègue et présenter la météo. Écoutez et complétez la carte selon les prévisions (*forecast*). Employez les symboles indiqués.

NOUVEAU VOCABULAIRE

un imperméable    *raincoat*

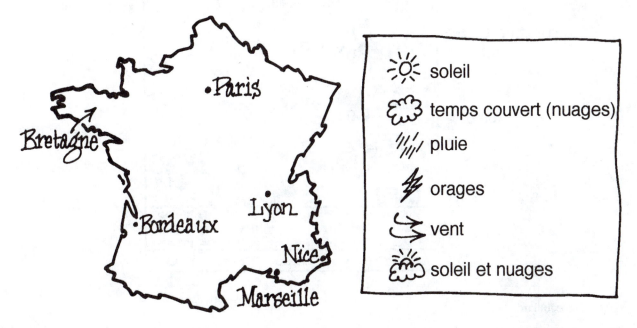

**B.** **Quelle énergie!** M^me Martin parle avec ses étudiants de leurs activités préférées. Complétez les phrases avec la saison et les activités associées.

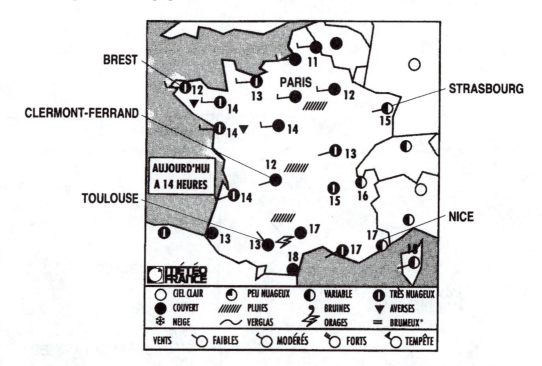

1. Au _____, Denise aime faire du _____ et jouer au

    _____.

2. En _____, Daniel aime _____ et faire du

    _____.

3. En _____, Albert aime jouer au _____ avec ses amis.

4. En _____, Louis aime faire du _____ à la montagne.

**Activités écrites**

**A.** **Vocabulaire: La météo.** Le 3 avril en France, il fait un temps très variable. Regardez la météo et répondez aux questions à la page suivante.

_____
*Il y a du brouillard.

MODÈLE: Est-ce qu'il fait du vent à Paris? → Oui, il fait du vent.

1.  Y a-t-il des orages à Nice? _____

2.  Y a-t-il des nuages à Strasbourg? _____

3.  Est-ce qu'il fait du soleil à Paris? _____

4.  Est-ce que le ciel est couvert à Brest? _____

5.  Est-ce qu'il pleut à Clermont-Ferrand? _____

6.  Neige-t-il en France aujourd'hui? _____

7.  Est-ce qu'il fait beau à Toulouse? _____

**B. Vocabulaire: Les activités et les saisons.** Indiquez si on fait l'activité en hiver (**H**) ou en été (**É**).

1.  ____ faire du ski

2.  ____ pêcher dans un lac

3.  ____ nager à la piscine

4.  ____ allumer un feu dans la cheminée

5.  ____ étudier devant la cheminée

6.  ____ faire de la voile

7.  ____ jouer dans la neige

8.  ____ pique-niquer dans le parc

**Attention! Étudier Grammaire 2.1.**

**C. L'année au Québec.** Raoul Durand parle des activités préférées des Québécois. Complétez ses phrases avec la forme correcte du verbe **faire.**

MODÈLE: Beaucoup de personnes *font* du vélo.

1.  En hiver, nous _____ très souvent du ski.

2.  Moi, je _____ des promenades dans la neige. C'est très amusant.

3.  Mon ami Serge _____ des sculptures en glace pour le carnaval d'hiver.

4.  En été, beaucoup de Québécois _____ de la voile.

5.  Chez vous, est-ce que vous _____ les mêmes activités que nous?

6.  Et toi, qu'est-ce que tu _____ comme sports?

**D. L'année scolaire.** Qu'est-ce que les étudiants de votre université font comme activités? Répondez aux questions.

MODÈLE: Est-ce que beaucoup d'étudiants font du vélo? →
Oui, beaucoup d'étudiants font du vélo. (Non, mais beaucoup d'étudiants font de la gymnastique.)

1.  Est-ce que beaucoup d'étudiants font du ski en hiver?

_____

2.  Faites-vous souvent des promenades quand il fait beau? Où aimez-vous aller?

_____

3. Vos amis et vous, est-ce que vous faites des promenades à la campagne? En quelle saison?

_____

4. Est-ce que votre meilleur ami (meilleure amie) fait de la gymnastique?

_____

5. Est-ce que vos camarades et vous, vous aimez faire la fête? Quand et pourquoi?

_____

E. **Le temps chez nous.** Quel temps fait-il à chaque saison de l'année dans votre région? Écrivez un paragraphe sur le climat chez vous.

MODÈLE: Dans notre région, il fait frais en automne. Il y a souvent du soleil et du vent... En hiver,... Au printemps,... En été,...

_____

_____

_____

_____

_____

_____

# *L*es activités quotidiennes

## Activités de compréhension

**Quel rythme de vie!** Bernard Lasalle est en train de parler à un ami, Olivier Monceau. Bernard lui explique les différences de tempérament entre lui et sa femme Christine. Qui fait chaque activité, Bernard ou Christine?

NOUVEAU VOCABULAIRE

| | | | |
|---|---|---|---|
| est en train de parler | *is talking now* | Elle n'a pas de complexes. | *She's not shy.* |
| tempérament | *disposition* | doucement | *slowly* |
| entre | *between* | prêt(e) à partir | *ready to leave* |
| vraiment | *really* | lent(e) comme un escargot | *as slow as a snail* |
| Je t'assure. | *I assure you.* | | |

1. Bernard/Christine se lève à six heures moins le quart.

2. Bernard/Christine chante sous la douche.

3. Bernard/Christine réveille les enfants tous les matins.

4. Bernard/Christine se réveille doucement.

5. Bernard/Christine prend une longue douche.

**Activités écrites**

**A. Vocabulaire: La routine matinale de M^me Martin.** Que fait M^me Martin sur chaque image?

MODÈLE: *Elle se réveille.* _____

1. _____ 2. _____

3. _____ 4. _____

5. _____ 6. _____

**B. Vocabulaire: Associations.** Quels objets ou quel endroit (*place*) est-ce que vous associez avec ces activités?

1. _____ se raser
2. _____ s'entraîner
3. _____ se doucher
4. _____ se brosser les dents
5. _____ s'habiller
6. _____ se laver les cheveux

a. du gel ou du savon
b. du shampooing
c. des vêtements
d. un rasoir
e. le gymnase
f. une brosse à dents

**Attention! Étudier Grammaire 2.2.**

**C. Que faites-vous d'habitude?** Répondez à ces questions sur vos habitudes personnelles.

MODÈLE: Vous lavez-vous le visage à l'eau froide? →
Oui, je me lave le visage à l'eau froide. (Non, je ne me lave pas… )

1. À quelle heure est-ce que vous vous réveillez pendant la semaine?

_____

2. Est-ce que vous vous habillez avant de prendre le petit déjeuner le matin?

_____

3. Combien de fois par jour vous brossez-vous les dents?

_____

4. Est-ce que vous vous lavez les cheveux le matin ou le soir?

_____

5. Est-ce que vous vous douchez le matin ou le soir?

_____

6. Vous couchez-vous avant minuit d'habitude?

_____

7. Est-ce que vous vous dépêchez le matin?

_____

**D. Une journée à la maison.** Agnès Rouet, la camarade de chambre de Sarah Thomas, décrit un mercredi typique. Complétez les phrases suivantes avec les verbes logiques.

| | |
|---|---|
| s'amuser | se lever |
| se coucher | se promener |
| se dépêcher | se reposer |
| s'habiller | se réveiller |

Je partage (*share*) un appartement avec Sarah. Le matin, nous _____,[1] mais le

mercredi nous n'avons pas de cours à l'université. Alors, nous passons la journée chez nous.

Le matin, je _____² à huit heures. Sarah ne _____³ pas facilement. Alors, je prépare le café et Sarah _____⁴ à neuf heures. Nous _____⁵ après le petit déjeuner et nous commençons à étudier à dix heures.

À une heure, nous mangeons des sandwichs et nous travaillons encore quelques heures. À cinq heures, s'il fait beau, nous aimons _____⁶ dans le parc avec notre chien Fifi. Fifi _____⁷ beaucoup avec les enfants qui jouent dans le parc.

Nous dînons à sept heures et demie et, après le dîner, nous _____⁸ un peu. Nous aimons regarder les informations à la télé. Après, nous étudions encore quelques heures. Moi, j'aime _____⁹ à onze heures et écouter de la musique au lit. Sarah préfère _____¹⁰ plus tard, vers minuit.

**E.** **Deux jours différents.** Écrivez un paragraphe où vous comparez un lundi et un dimanche typiques de votre vie.

VOCABULAIRE UTILE

| | |
|---|---|
| d'habitude | le matin (l'après-midi, le soir) |
| ensuite | parfois |
| une (deux, trois) fois par semaine | toujours |

MODÈLE: Le lundi, je me lève à… D'habitude, je… et… Mais le dimanche, je…

_____

_____

_____

_____

_____

_____


# *L*es habitudes et les projets


## Activités de compréhension

**A.** **À ton âge!** Francis Lasalle a 70 ans. Son voisin et ami Édouard Vincent a 75 ans. Aujourd'hui Édouard arrive chez Francis à 10 h du matin. Qui fait les activités suivantes: Francis (**F**) ou Édouard (**É**)?

Francis
Lasalle

Édouard
Vincent

1. _____ se lève tard.

2. _____ se lève tôt.

3. _____ se couche tard.

4. _____ fait souvent la fête.

5. _____ danse.

6. _____ fait du sport.

7. _____ joue aux cartes.

8. _____ boit du vin.

**B.** **Bon anniversaire!** Adrienne Petit vient de regarder la date: c'est le 20 mars, le premier jour du printemps et le jour de l'anniversaire de son ami Ousmane! Elle lui téléphone pour l'inviter. Cochez (✓) les activités qu'Adrienne propose à Ousmane.

NOUVEAU VOCABULAIRE

| | | | |
|---|---|---|---|
| vient de regarder | *has just looked at* | C'est gentil. | *That's nice.* |
| Pas possible! | *I don't believe it!* | Tu as raison. | *You're right.* |
| je veux | *I want* | Désolé(e)! | *I'm sorry.* |
| plusieurs | *several* | un cadeau | *gift* |

1. _____ pique-niquer dans le parc

2. _____ dîner au restaurant

3. _____ faire une promenade à vélo

4. _____ aller au cinéma

5. _____ jouer aux échecs

6. _____ faire des courses

## Activités écrites

**A.** **Vocabulaire: Les endroits.** Où allez-vous quand vous désirez faire ces activités?

SUGGESTIONS

à la campagne       à la montagne       au gymnase
à la discothèque       à la piscine       au restaurant
à la maison       à la rivière       au supermarché

MODÈLE:   (faire de l'exercice) → Je vais au gymnase.

1. (faire des courses) _____

2. (dîner avec des amis) _____

3. (jouer au basket) _____

4. (faire une promenade) _____

5. (nager) _____

6. (danser) _____

7. (pêcher) _____

**Attention! Étudier Grammaire 2.3.**

**B. Les endroits et les activités.** Qu'est-ce qu'on va faire aux endroits suivants? Complétez les phrases avec le verbe **aller** + toutes les activités possibles.

ACTIVITÉS

| | | | |
|---|---|---|---|
| chanter | faire du ski | faire la sieste | s'entraîner |
| dîner | faire du vélo | parler | se promener |
| faire de la voile | faire la fête | regarder des objets d'art | ? |

MODÈLE:  Je *vais* au stade pour *regarder un match.*

1. On _____ au gymnase pour _____.

2. Nous _____ au restaurant pour _____.

3. Je _____ au lac pour _____.

4. Vous _____ au musée pour _____.

5. Est-ce que tu _____ à la montagne pour _____?

6. Les gens _____ au parc pour _____.

**C. Les projets.** Qu'est-ce que ces personnes vont faire? Répondez avec **aller** + un infinitif.

VOCABULAIRE UTILE

| | |
|---|---|
| faire du patin à roulettes | *to rollerskate* |
| monter à cheval | *to go horseback riding* |
| prendre des bains de soleil | *to sunbathe* |

MODÈLE:  Qu'est-ce que Barbara va faire pendant ses vacances? →
Elle va jouer au tennis, nager, faire de la gymnastique et jouer de la guitare.

1. Qu'est-ce que Joël va faire samedi prochain?

_____

_____

_____

_____

_____

2. Qu'est-ce que Jean-Yves Lescart et Agnès Rouet vont faire samedi prochain?

_____

_____

_____

_____

_____

3. Qu'est-ce qu'on va faire si l'on décide d'aller dans cette station de ski pendant l'été?

_____

_____

_____

_____

_____

4. Et vous? Maintenant faites la liste de toutes les activités que vous allez faire ce soir.

_____

_____

_____

# *A*ptitudes et rêves

### Activités de compréhension

**A.** **Le club Atlantique.** Voici une publicité pour le club Atlantique, le club de détente (*resort*) pour toute la famille. Écoutez la publicité et choisissez la bonne réponse.

NOUVEAU VOCABULAIRE

| | | | |
|---|---|---|---|
| s'occuper de | *to take care of* | Vous pouvez vous détendre. | *You can relax.* |
| nettoyer | *to clean* | jusqu'à | *until* |
| les repas (*m.*) | *meals* | | |

1. Cette publicité s'adresse…

   a. aux jeunes couples qui n'ont pas d'enfants.

   b. aux femmes qui sont mères de famille.

2. Selon la publicité, au club Atlantique on peut…

   a. assister à des spectacles.

   b. profiter de la plage.

3. Selon la publicité, le personnel du club peut…

   a. amener vos enfants à l'école.

   b. s'occuper de vos enfants.

4. Il faut téléphoner…

   a. au 05.49.09.76.88.

   b. au 05.49.09.66.98.

5. Il y a une promotion spéciale…

   a. jusqu'au 1er mai.

   b. jusqu'au 30 mai.

**B. La vie idéale.** Christine Lasalle a beaucoup de travail en ce moment et elle est fatiguée de la routine quotidienne. Elle vient juste d'entendre une publicité pour des vacances et elle commence à rêver. Écoutez et indiquez, d'après le rêve de Christine, les activités des personnes mentionnées.

NOUVEAU VOCABULAIRE

| | | | |
|---|---|---|---|
| rêver | *to dream* | la femme de ménage nettoie | *the maid cleans* |
| le domestique m'apporte | *the servant brings me* | me changer les idées | *to get my mind off things* |
| le chauffeur amène | *the chauffeur takes* | | |

1. _____ Christine
2. _____ le domestique
3. _____ le chauffeur
4. _____ la femme de ménage
5. _____ Christine et son mari
6. _____ toute la famille

a. nettoyer la maison
b. voyager dans le monde entier
c. dormir tard
d. inviter des amis au restaurant
e. amener les enfants à l'école
f. servir le petit déjeuner

## Activités écrites

A. **Vocabulaire: Les vacances.** Est-ce l'activité idéale pour (**A**) une personne qui aime les aventures ou pour (**B**) une personne qui préfère rester à la maison?

1. _A_ faire du canoë
2. _____ faire de la planche à voile
3. _____ lire un roman
4. _____ apprendre à jouer du piano
5. _____ partir dans un autre pays

6. _____ cuisiner
7. _____ faire la sieste
8. _____ faire du parachutisme
9. _____ écouter *La symphonie pastorale*
10. _____ jouer aux cartes

**Attention! Étudier Grammaire 2.4 et 2.5.**

B. **Les projets de la famille Lasalle.** Bernard Lasalle discute avec sa famille de leurs projets pour le week-end. Complétez les phrases avec la forme correcte du verbe **vouloir**.

MODÈLE: Alors, Nathalie et Marie-Christine, vous *voulez* passer la nuit chez vos grands-parents?

1. Moi, je _____ aller au marché samedi matin. Christine, est-ce que tu

_____ y aller avec moi?

2. Nathalie et Marie-Christine _____ aller au cirque dimanche après-midi.

À quelle heure _____ -vous partir, les filles?

3. Camille _____ passer la nuit chez une amie samedi.

4. Je _____ regarder le match de foot vendredi soir.

5. Et puis toi et moi, nous _____ aller au restaurant samedi soir, n'est-ce pas, Christine?

C. **Dans la classe de M^me Martin.** Les étudiants de M^me Martin parlent de leurs activités favorites. Complétez les phrases suivantes avec la forme correcte du verbe **savoir**.

MODÈLE: Albert? Il *sait* danser et jouer au bridge.

1. —Jacqueline, est-ce que tu _____ faire du ski nautique?

—Non, mais je _____ faire de la voile.

2. —Est-ce que votre mari et vous, vous _____ faire du ski, Madame Martin?

—Oui, nous _____ faire du ski, mais nous ne sommes pas experts.

3. —Louis et ses frères _____ jouer de la guitare, n'est-ce pas?

   —Ses frères, oui. Louis _____ jouer du banjo.

**D. Dans les Alpes du Sud.** Il y a beaucoup d'activités pendant l'été dans les stations de ski des Alpes du Sud. Jouez le rôle d'un agent de voyages et répondez aux questions des clients. Utilisez le verbe **pouvoir** dans vos réponses. (Les questions se trouvent à la page suivante.)

# LES STATIONS DANS LE DETAIL...

## ALPES DU SUD

| | AURON | BEUIL-LES LAUMES | BRIANÇON | ISOLA 2000 | MONTGENÈVRE | ORCIÈRES-MERLETTE | LES ORRES | PRA-LOUP | PUY-ST-VINCENT | RISOUL 1850 | LE SAUZE-SUPER SAUZE | SERRE-CHEVALIER | SUPERDÉVOLUY | VALBERG | VAL D'ALLOS-LA FOUX/VAL D'ALLOS-LE SEIGNUS | VARS |
|---|---|---|---|---|---|---|---|---|---|---|---|---|---|---|---|---|
| **PRIX MOYENS** — Altitude station | 1600 | 1400 | 1200 | 1800 | 1860 | 1850 | 1650 | 1500 | 1400 | 1850 | 1400 | 1350 | 1455 | 1650 | 1400 | 1650 |
| Hôtel **, demi-pension pour 2 pers. (par jour) | 600 | 560 | 480 | 443 | 455 | 400 | 520 | 300 | 452 | 480 | 450 | 575 | 440 | 640 | 490 | 280 |
| Appartement ou gîte pour 4 pers. (1 sem.) | 1800 | 1250 | 1200 | 3010 | 1025 | 1300 | 1400 | 1625 | 1200 | 1700 | 900 | 1650 | 1200 | 2300 | 1590 | 1250 |
| **ACTIVITÉS TERRESTRES** — École d'escalade (mur, falaise) | ✓ | ✓ | ✓ | ✓ | ✓ | ✓ | | ✓ | ✓ | ✓ | ✓ | ✓ | ✓ | ✓ | ✓ | ✓ |
| Courts de tennis | 10 | 3 | 13 | 12 | 8 | 6 | 8 | 11 | 5 | 6 | 2 | 19 | 6 | 7 | 12 | 8 |
| Golf | P | | | | 9T/P | | | P | P | | 6T/P | P | | P | P | P |
| V.T.T. | ✓ | ✓ | ✓ | ✓ | ✓ | ✓ | ✓ | ✓ | ✓ | ✓ | ✓ | ✓ | ✓ | ✓ | ✓ | ✓ |
| Équitation | ✓ | ✓ | ✓ | ✓ | ✓ | ✓ | ✓ | ✓ | ✓ | ✓ | ✓ | ✓ | ✓ | ✓ | ✓ | ✓ |
| Remise en forme | ✓ | ✓ | ✓ | | ✓ | | ✓ | ✓ | | ✓ | ✓ | ✓ | ✓ | ✓ | ✓ | ✓ |
| Arts martiaux | ✓ | | ✓ | | | | | ✓ | | | ✓ | | ✓ | | ✓ | |
| Sports de tir | ✓ | | ✓ | ✓ | ✓ | ✓ | ✓ | ✓ | ✓ | ✓ | ✓ | ✓ | ✓ | ✓ | ✓ | ✓ |
| **ACTIVITÉS NAUTIQUES** — Piscine | ✓ | | ✓ | ✓ | ✓ | ✓ | ✓ | ✓ | ✓ | ✓ | ✓ | ✓ | ✓ | ✓ | | ✓ |
| Lac (station à - 20 km) | ✓ | | | ✓ | | ✓ | ✓ | ✓ | ✓ | ✓ | ✓ | ✓ | ✓ | | ✓ | ✓ |
| Pêche | ✓ | ✓ | ✓ | | ✓ | ✓ | ✓ | ✓ | ✓ | ✓ | ✓ | ✓ | ✓ | ✓ | ✓ | ✓ |
| Canoë / Kayak | ✓ | | ✓ | ✓ | ✓ | ✓ | ✓ | ✓ | ✓ | ✓ | ✓ | ✓ | ✓ | | ✓ | ✓ |
| Rafting / Hydrospeed | | | ✓ | ✓ | ✓ | ✓ | ✓ | ✓ | ✓ | ✓ | ✓ | ✓ | ✓ | | ✓ | ✓ |
| **AIRS** — Parapente / Deltaplane | ✓ | ✓ | ✓ | ✓ | ✓ | ✓ | ✓ | ✓ | ✓ | ✓ | ✓ | ✓ | ✓ | | ✓ | ✓ |
| Avion / ULM / Hélico | | | ✓ | ✓ | ✓ | | | ✓ | | | ✓ | ✓ | | | | ✓ |
| **ENFANTS** — Nurserie (- de 3 ans) | | | | • | | • | | • | | • | | • | • | | • | • |
| Garderie / Jardin d'enfant (+ de 3 ans) | • | | • | | • | • | • | • | • | • | | • | | • | • | • |
| Club junior (6-14 ans) | • | | • | | | | | | | | | | • | | • | • |
| Home d'enfants | | | | ✓ | | ✓ | | | | | | ✓ | | | | ✓ |
| Poney club | ✓ | ✓ | ✓ | ✓ | ✓ | ✓ | ✓ | ✓ | ✓ | ✓ | ✓ | ✓ | ✓ | ✓ | ✓ | ✓ |
| Camping / Caravaning | 5 | | 5 | | | 2 | 1 | | 1 | | 1 | 2 | 1 | | | 1 |

*ACTIVITÉS THÉMATIQUES : A.R. (artisanat), A.S. (astronomie), B.O. (botanique), B.R. (bridge), I (informatique), L (langues), M (musique), P (photo), T (théâtre).

MODÈLE: Est-ce que je peux faire de l'équitation (*horseback riding*)? →
Oui, vous pouvez faire de l'équitation dans toutes les stations.

1. Pouvons-nous laisser notre bébé dans une nurserie à Isola 2000?

_____

2. Est-ce que je peux jouer au golf à Risoul 1850?

_____

3. Peut-on nager dans toutes les stations des Alpes du Sud?

_____

4. Est-ce que nos fils de neuf et onze ans peuvent participer à des activités organisées pour enfants à Vars?

_____

5. Moi, j'aime les sports nautiques. Qu'est-ce que je peux faire à Briançon?

_____

# Intégration

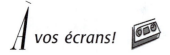 *vos écrans!*

**Scène:** Parler de la température

**Aperçu:** Dans cet épisode, vous allez rencontrer Aimée. Elle est étudiante en Beaux-Arts. Lisez le **Nouveau vocabulaire** et l'activité, puis regardez la vidéo. Regardez-la plusieurs fois, si nécessaire.

NOUVEAU VOCABULAIRE

| | |
|---|---|
| le ciel | *sky* |
| dessiner | *to draw* |
| Je suis presqu'en retard. | *I'm almost late.* |
| J'ai déjà quelque chose de prévu. | *I already have something planned.* |
| libre | *available* |
| vous pouvez nous rencontrer | *you can meet us* |

Indiquez si les phrases suivantes sont vraies (**V**) ou fausses (**F**).

1. _____ Le professeur veut parler à Aimée de son examen.

2. _____ Le professeur invite Aimée à un groupe d'étude.

3. _____ Aimée aime bien étudier.

4. _____ Le groupe d'étude commence à 17 heures à la bibliothèque.

5. _____ Ce soir, Aimée va rencontrer ses amis à l'Hacienda.

# À l'écoute!

D'abord, écoutez et lisez cette histoire. Ensuite, écoutez l'histoire sans regarder le texte. Enfin, écoutez une troisième fois et répondez aux questions.

### L'histoire de Cendrillon°

*Cinderella*

Cendrillon a une vie° très difficile. Elle habite avec sa belle-mère et ses deux belles-sœurs. Les autres ne sont pas sympathiques. Elles portent des vêtements élégants et elles ne travaillent pas. Mais Cendrillon est obligée de porter des vêtements horribles et de beaucoup travailler.

*life*

Un jour, sa belle-mère et ses belles-sœurs sont invitées à un bal en l'honneur d'un prince. Elles vont au bal dans des robes très élégantes. Après leur départ, Cendrillon est très triste. Mais sa marraine° (qui est une fée°) lui donne une belle robe du soir et des chaussures en verre.° Et Cendrillon, elle aussi, va au bal. Le prince passe la soirée avec elle et le jeune couple danse beaucoup. À minuit, quand Cendrillon est obligée de partir, elle perd° une de ses chaussures en verre.

*godmother / fairy*
*glass*

*loses*

Le matin après le bal, le prince cherche la belle femme mystérieuse. Il annonce° qu'il voudrait se marier avec la femme qui peut° porter la chaussure et il visite toutes les maisons de son pays. Quand il arrive chez Cendrillon, les deux belles-sœurs essaient° la chaussure, mais leurs pieds sont trop grands. Cendrillon essaie la chaussure et elle lui va parfaitement°! Alors, Cendrillon se marie avec le prince durant un beau mariage!

*announces / can*

*try on*
*lui… fits her perfectly*

Mettez les phrases dans le bon ordre.

_____ a.  La marraine donne des chaussures en verre à Cendrillon.

_____ b.  Cendrillon et le prince se marient.

_____ c.  Cendrillon porte des vêtements horribles et elle travaille beaucoup.

_____ d.  Cendrillon perd une de ses chaussures en verre.

_____ e.  Cendrillon va au bal.

# À vos stylos!

**Groupe d'intérêt sur Internet**

**Situation:**  Aujourd'hui, votre groupe de conversation canadien discute du temps, du climat et des sports dans leur région. Vous voudriez participer à la discussion.

**Intention:**  Vous désirez écrire une description du climat dans votre région en toutes saisons et expliquer quels sports sont possibles où vous habitez.

**Méthode:**  Écrivez vos idées et corrigez les erreurs, avant de transmettre le message. Répondez à ces questions: Comment est le climat de votre région à chaque saison? Quel temps fait-il? Quels sports peut-on faire à chaque saison?

MODÈLE:  Ici à New York, au printemps, il fait frais. Il pleut assez souvent. On peut s'entraîner au gymnase…

_____

_____

_____

_____

_____

_____

_____

_____

_____

_____

_____

_____

# ℛencontres

**Épisode 2:** Première rencontre

**Avant l'écoute.** D'après les informations de l'épisode précédent, associez le nom de chaque personnage avec la définition correspondante.

1. _____ Steve
2. _____ Jean-Claude
3. _____ Annick
4. _____ Christelle
5. _____ Raphaël
6. _____ Isabelle
7. _____ Fido

a. la cousine de Christelle et Raphaël
b. le chien des Lefèvre
c. la sœur de Raphaël
d. l'invité américain des Lefèvre
e. la femme de Jean-Claude
f. le père de Christelle et Raphaël
g. le fils des Lefèvre

**Situation:** C'est samedi et un groupe de personnes est rassemblé devant la mairie. Steve est là avec les Lefèvre. Qu'est-ce qui se passe? Eh bien, c'est le mariage de Stéphanie (la cousine de Christelle et Raphaël) avec Rachid, un jeune Beur.

NOUVEAU VOCABULAIRE

| | |
|---|---|
| rassemblé(e) | *gathered* |
| la mairie | *city hall* |
| un Beur | *Arab born in France of immigrant parents* |
| un monde fou | *a huge crowd* |
| près de | *close to* |
| de malheur | *wretched* |
| meilleur(e) | *best* |

**Après l'écoute.** Indiquez si les phrases suivantes sont vraies (**V**) ou fausses (**F**).

1. _____ Steve assiste au mariage du frère de Christelle.

2. _____ Rachid est d'origine marocaine.

3. _____ Annick arrive tard à la mairie.

4. _____ Au banquet, Steve remarque une jeune fille blonde.

5. _____ Isabelle a un frère.

6. _____ Steve vient de Boston.

7. _____ Isabelle habite à Nîmes.

8. _____ Steve veut offrir une coupe de champagne à Isabelle.

9. _____ Isabelle est très contente à la fin de l'épisode.

## La prononciation et l'orthographe

## Silent letters

A. **Final consonants.** Most final consonants tend not to be pronounced in French. Sometimes we draw a line through a consonant to remind you that it is not pronounced—for example, vou$. The letters **c, f, l,** and **r** at the end of a word *are* often pronounced. A good way to remember this is to think of the consonant letters in the English word *careful*. However, remember that the ending **-er** is often pronounced as [é]: **nager.**

**Écoutez et répétez:** petit / fort / cheveux / courez / dites / bientôt / vous / pas / cours / bottes

B. **Plural endings.** The final consonants **s** and **x** added to nouns and adjectives to make them plural are also not pronounced. For this reason, plural words may end in more than one silent consonant: **chat$, pied$.** Keep in mind, then, that the singular and plural forms of many words sound the same, even though they are spelled differently. In the following singular and plural words, make sure you do not pronounce the final consonant(s).

**Écoutez et répétez:**

| SINGULAR | PLURAL |
|---|---|
| petit | petits |
| blond | blonds |
| chat | chats |
| chemisier | chemisiers |
| habitant | habitants |

C. **Final silent e.** In French, a final **e** without an accent mark is silent. Consequently, the words **ami** (*male friend*) and **amie** (*female friend*) are pronounced identically. A final **e** preceded by a consonant is also silent. However, in this case, the consonant is pronounced.

**Écoutez et répétez:**

| | |
|---|---|
| demi/demie | frisé/frisée |
| bleu/bleue | joli/jolie |
| noir/noire | |

Now listen to and repeat the following words, paying attention to the pronunciation of the consonants that precede the silent **e.**

**Écoutez et répétez:** camarade / chemise / étudiante / enthousiaste / fenêtre / idéaliste

D. **Feminine forms with a change in pronunciation.** The feminine form of many adjectives and nouns ends in a consonant followed by a silent **e.** Because a consonant followed by a silent **e** is pronounced, final consonants that are silent in masculine forms are pronounced in the corresponding feminine forms. Pay attention to the pronunciation of the final consonants in the feminine forms.

**Écoutez et répétez:**

| MASCULINE | FEMININE |
|-----------|----------|
| blond | blonde |
| court | courte |
| gris | grise |
| français | française |
| grand | grande |
| petit | petite |

E. **Identifying singular vs. plural.** Because most nouns and adjectives sound alike in the singular and in the plural, to determine whether a word is singular or plural, you must listen carefully to its accompanying article: **le, la, l'** vs. **les; un, une** vs. **des.** Articles are often the only means of identifying plural nouns or adjectives in spoken language.

**Écoutez et répétez:**

| SINGULAR | PLURAL |
|----------|--------|
| la barbe | les barbes |
| un camarade | des camarades |
| le blouson | les blousons |
| le chien | les chiens |
| un chat | des chats |

F. **Liaison.** A final consonant that is usually silent is sometimes pronounced if the next word begins with a vowel sound: **vous‿écoutez, c'est‿un‿étudiant.** The linking of a final consonant with a following vowel is called *liaison.* Sometimes you will see a linking mark (‿) between the consonant and the vowel to indicate that you must pronounce the consonant.* Listen to and repeat each phrase, being careful to pronounce the final consonant as a part of the next word when it begins with a vowel. Keep in mind that a final **s,** in liaison, is pronounced with a [z] sound.

**Écoutez et répétez:**

| | |
|---|---|
| vous marchez | vous‿écoutez |
| Comment vas-tu? | Comment‿allez-vous? |
| C'est le chien. | C'est‿un chien. |
| trois garçons | trois‿enfants |

Liaison does not take place before all words beginning with a vowel sound. You will learn more about liaison later in the *Cahier.*

---

*The rules governing liaison are not easily summarized. You will learn more about it in subsequent chapters of the *Cahier,* and you should also pay close attention to the Pronunciation Hints in your text. You will learn to use liaison most easily by listening closely to your instructor and to native speakers of French.

# *D*ictée

On the recording you will hear some phrases. Each one is composed of a definite article, adjective, and noun, or a definite article, noun, and adjective. Decide whether the phrase is singular or plural, then write it down. If it is plural, don't forget that the article, noun, and adjective all end in **s;** if it is feminine, be sure to make the adjective feminine. Each phrase will be read twice.

1. _____   7. _____
2. _____   8. _____
3. _____   9. _____
4. _____   10. _____
5. _____   11. _____
6. _____   12. _____

# Le verbe français

# *S*pelling changes in *-er* verbs

This chapter examines some common spelling changes in first conjugation verbs. These verbs are not irregular, but their spelling and pronunciation do require a little extra attention.

**A. Parler.** Take a moment to review the verb **parler,** and recall that the L-forms are pronounced alike.

**Écoutez et répétez:**

| parler | | | |
|---|---|---|---|
| je | parle | nous | parlons |
| tu | parles | vous | parlez |
| il/elle | parle | ils/elles | parlent |

**B. Acheter, espérer.** Verbs whose stem contains **e** or **é** followed by a single consonant, such as **acheter** (*to buy*) and **espérer** (*to hope*), change the vowel in question to **è** (with a grave accent) in the L-forms. Consequently, the pronunciation of the vowel changes. Listen carefully for the pronunciation changes in the following activity.

**Écoutez et répétez:**

| acheter | | | |
|---|---|---|---|
| j' | achète | nous | achetons |
| tu | achètes | vous | achetez |
| il/elle | achète | ils/elles | achètent |

| espérer | | | |
|---|---|---|---|
| j' | espère | nous | espérons |
| tu | espères | vous | espérez |
| il/elle | espère | ils/elles | espèrent |

**C. Je m'appelle.** Certain other verbs, like **s'appeler** (*to be named*), double the stem consonant in the L-forms rather than modifying the letter **e.** The letter **e** has the **è** sound because of the double consonant.

Écoutez et répétez:

| s'appeler | | | |
|---|---|---|---|
| je | m'appelle | nous | nous appelons |
| tu | t'appelles | vous | vous appelez |
| il/elle | s'appelle | ils/elles | s'appellent |

**D. Payer, envoyer.** Verbs whose stems end in a vowel + **-yer,** such as **payer** and **envoyer,** change the **y** to **i** in the L-forms. This change does not affect pronunciation.

Écoutez et répétez:

| payer | | | |
|---|---|---|---|
| je | paie | nous | payons |
| tu | paies | vous | payez |
| il/elle | paie | ils/elles | paient |

| envoyer | | | |
|---|---|---|---|
| j' | envoie | nous | envoyons |
| tu | envoies | vous | envoyez |
| il/elle | envoie | ils/elles | envoient |

**E. Commencer, manger.** Verbs that end in **-cer** or **-ger,** such as **commencer** (*to begin*) and **manger** (*to eat*), have a spelling change in the present tense. The root of **commencer** ends in an [s] sound, and to keep the [s] sound with the ending **-ons,** we must change the letter **c** to **ç** (c cedilla). Verb stems ending in **g,** like **manger,** also undergo a spelling change before the **-ons** ending in order to retain the [j] sound. Insert the letter **e** after the **g: mangeons.** This **e** is silent.

Écoutez et répétez:

| commencer | | | |
|---|---|---|---|
| je | commence | nous | commençons |
| tu | commences | vous | commencez |
| il/elle | commence | ils/elles | commencent |

| manger | | | |
|---|---|---|---|
| je | mange | nous | mangeons |
| tu | manges | vous | mangez |
| il/elle | mange | ils/elles | mangent |

**Vérifions!**

Cover the preceding information with a sheet of paper, then write the missing verb forms in the chart. Look over Appendix A in your text if you are unsure of any forms.

| | acheter | espérer | payer | manger | commencer | s'appeler |
|---|---|---|---|---|---|---|
| je (j') | | espère | | | | m'appelle |
| tu | | | | manges | | |
| il/elle | | | | | commence | |
| nous | achetons | | | | | |
| vous | | | | | | |
| ils/elles | | | paient | | | |

## Intégration des verbes

**La visite de Sarah.** Sarah Thomas passe la soirée chez les Malet, les cousins d'Agnès Rouet qui habitent à Aix-en-Provence. Ils dînent sur la terrasse. Écrivez la forme correcte de chaque verbe. Attention! Quelquefois, l'infinitif est la forme correcte.

SARAH: Que c'est agréable de manger sur la terrasse en plein air!

M^ME MALET: Oui, nous _____1 (commencer) à manger ici dès qu'il

_____2 (commencer) à faire chaud au printemps. En été, nous

_____3 (manger) ici tous les samedis et dimanches.

SARAH: Comment _____4 (s'appeler) ce fruit qu'on mange?

M. MALET: Ça, c'est une reine-claude. C'est un type de prune. Comment _____5

(appeler)-vous cela en anglais?

SARAH: Je sais que *prune*, c'est «plum» en anglais.

M^ME MALET: À propos, mangez-vous beaucoup de fruits frais en Amérique?

SARAH: Moins qu'en France, je pense. J'ai l'impression qu'ici vous pouvez

_____6 (acheter) une plus grande variété de fruits au supermarché.

M^ME MALET: Moi, ça, j'adore! J'_____7 (acheter) le plus de fruits possible quand ils

sont en saison. Comme ça, on les _____8 (payer) moins cher.

SARAH: Moi aussi, j'adore les fruits frais. J'_____9 (espérer) avoir l'occasion de

goûter toutes sortes de fruits. ... Dites, est-ce qu'on peut prendre une photo de tout le

monde? J'_____10 (envoyer) toujours des photos dans mes lettres à

mes parents.

CHAPITRE

3

# En ville

---

### Thèmes et grammaire

---

*S'orienter en ville*

**Activités de compréhension**

**Les directions.** Vous allez faire le plan de la ville. Écoutez et marquez les endroits suivants sur le plan.

|  |  |  |
|---|---|---|
| la boutique | la pharmacie | le café |
| la papeterie | la poste | le lycée |

LE PLAN DE LA VILLE

## Activités écrites

**A. Vocabulaire: Les endroits et les activités.** Écrivez la lettre de l'activité qu'on peut faire à chaque endroit.

1. _*h*_ au bureau de poste
2. _____ à la banque
3. _____ à la bibliothèque
4. _____ au musée
5. _____ au théâtre
6. _____ au parc
7. _____ au cinéma
8. _____ au gymnase

a. lire un magazine
b. voir une pièce
c. regarder des objets d'art
d. regarder un film
e. s'entraîner
f. déposer de l'argent
g. se promener
h. envoyer une lettre

**Attention! Étudier Grammaire 3.1.**

**B. D'après le plan.** Situez les bâtiments et les endroits suivants dans cette ville.

VOCABULAIRE UTILE

| | |
|---|---|
| à côté de | en face de |
| dans | entre |
| derrière | sous |
| devant | sur |

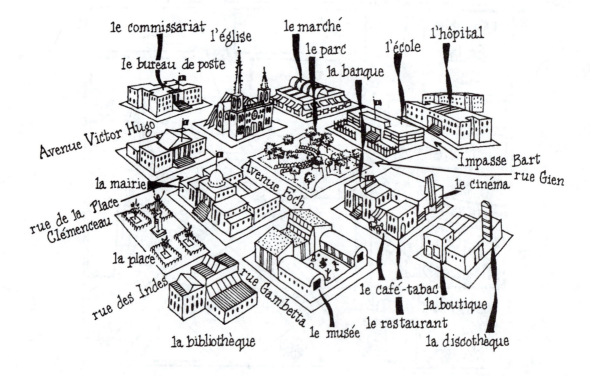

MODÈLE: le parc → Le parc est derrière la mairie et devant l'église, entre l'avenue Foch et la rue Gien.

1. la place _____

_____

2. l'hôpital _____

_____

3. la boutique _____

_____

4. le cinéma _____

_____

5. la bibliothèque _____

_____

Maintenant, répondez aux questions qu'on vous pose en ville en disant comment aller à l'endroit et où il est situé.

MODÈLE: Au bureau de poste, un vieux monsieur vous demande le chemin pour aller à l'hôpital. →
Prenez l'avenue Victor Hugo jusqu'à la rue Gien, tournez à droite et allez tout droit jusqu'à la rue des Indes. L'hôpital est à votre gauche, dans l'Impasse Bart, derrière l'école.

1. Sur la place, des adolescents demandent le chemin pour aller au café-tabac.

_____

_____

_____

2. Devant l'hôpital, une petite fille vous demande comment aller au parc.

_____

_____

_____

3. Au marché, un jeune homme vous demande comment aller au restaurant.

_____

_____

_____

4. À la banque, des touristes demandent le chemin pour aller au musée.

_____

_____

_____

**Attention! Étudier Grammaire 3.2.**

**C. Nathalie s'oriente dans la vie!** Nathalie pose beaucoup de questions à son père, Bernard. Complétez ses questions.

| | |
|---|---|
| combien | quand |
| comment | quel(s)/quelle(s) |
| où | qu'est-ce que |
| pourquoi | |

MODÈLE:  NATHALIE: *Où est-ce que tu travailles, Papa?*
BERNARD:  Je travaille dans un grand bâtiment au centre-ville.

NATHALIE: _____¹ est-ce que tu portes une cravate, Papa?

BERNARD:  Je porte une cravate parce que tous les hommes dans mon bureau portent une cravate.

NATHALIE: _____² est-ce que tu vas au bureau, Papa?

BERNARD:  Je vais au bureau en taxi aujourd'hui parce qu'il pleut.

NATHALIE: _____³ vas-tu rentrer, Papa?

BERNARD:  Je vais rentrer du bureau à 7 h 30.

NATHALIE: _____⁴ tu as dans ta serviette, Papa?

BERNARD:  J'ai des papiers pour un projet important.

NATHALIE: _____⁵ projet, Papa?

BERNARD:  C'est le plan d'un grand bâtiment, Nathalie.

NATHALIE: Mais _____,⁶ Papa? Tu as déjà un grand bâtiment. C'est là où tu travailles!

BERNARD:  Mais *c'est* mon travail! C'est un projet pour mon travail.

NATHALIE: _____⁷ est ton travail, Papa?

BERNARD:  Je suis ingénieur, Nathalie.

NATHALIE: _____⁸ c'est qu'un ingénieur, Papa?

BERNARD:  Un ingénieur, c'est un… , c'est un… Écoute, Nathalie! Ça suffit! Je suis en retard. Au revoir!

NATHALIE: Maman! _____⁹ est-ce que Papa refuse de répondre à mes questions?

# *La ville et les transports*

## Activités de compréhension

**Les moyens de transport.** Il fait gris et il pleut à Paris. Jean-Yves et Sarah se retrouvent dans un petit café. Écoutez d'abord la conversation au moins deux fois. Puis, complétez les phrases en choisissant la meilleure terminaison.

NOUVEAU VOCABULAIRE

| | | | |
|---|---|---|---|
| pluvieux | *rainy* | aux heures de pointe | *at rush hour* |
| la circulation | *traffic* | incroyable | *unbelievable* |

1. Jean-Yves ne prend pas sa mobylette aujourd'hui _____.

2. Sarah est une vraie Parisienne _____.

3. Jean-Yves et Sarah aiment le métro parce que _____.

4. Sarah dit que la circulation est terrible tous les jours _____.

5. Selon Sarah, en Amérique on doit toujours circuler en voiture _____.

6. Jean-Yves et Sarah vont faire une promenade _____.

a. parce qu'elle prend le métro

b. parce qu'il fait du soleil maintenant

c. parce que les distances sont incroyables

d. c'est pratique et rapide

e. parce qu'il fait mauvais

f. aux heures de pointe

## Activités écrites

**A. Vocabulaire: Se débrouiller en ville.** Complétez les phrases suivantes avec les mots appropriés.

POSSIBILITÉS

| | | |
|---|---|---|
| un casque | les deux sens | feu rouge |
| la circulation | un embouteillage | une foule |
| coin de la rue | le feu de signalisation | heures de pointe |

MODÈLE: On doit avoir de la patience dans *un embouteillage.*

1. Il y a beaucoup de circulation aux _____.

2. On prend l'autobus au _____.

3. Pour rouler à moto ou à vélo, il faut porter _____.

4. On doit s'arrêter et attendre au _____.

5. Avant de traverser la rue, il faut regarder dans _____.

6. Il faut arrêter sa voiture quand _____ passe à l'orange.

**Attention! Étudier Grammaire 3.3 et 3.4.**

**B. Comment y aller?** Complétez ces phrases avec la forme correcte du verbe **prendre**.

MODÈLE: Les Parisiens *prennent* le métro. C'est rapide et économique.

1. Quand tu as un rendez-vous important au centre-ville, est-ce que tu _____ un taxi?

2. Pour aller à la fac, mes amis et moi, nous _____ l'autobus.

3. Mes frères sont des cyclistes fanatiques. Ils _____ leurs bicyclettes pour aller à l'école.

4. Pour éviter les problèmes de stationnement à Paris et pour économiser son argent, Jean-Yves Lescart _____ son scooter.

5. Dans votre ville, quel moyen de transport _____ -vous le plus souvent?

6. Moi, je ne voudrais pas contribuer à la pollution de l'air. Alors, je ne _____ pas souvent ma voiture. Je préfère marcher.

**C. Règles importantes.** Qu'est-ce qu'il faut faire pour se promener ou conduire en sécurité en ville? Qu'est-ce qu'il ne faut pas faire?

MODÈLES: En voiture, *il faut* avoir beaucoup de patience.
À pied, *il ne faut pas* courir entre les voitures dans la rue.

1. À pied, _____ regarder dans les deux sens avant de traverser la rue.

2. En voiture, _____ rouler rapidement dans le centre-ville.

3. En voiture, _____ signaler quand on va tourner à droite ou à gauche.

4. À pied, _____ insulter les mauvais conducteurs.

5. En voiture, _____ être patient et courtois envers les autres conducteurs.

**D. Conseils.** Que doivent faire ces personnes dans les situations suivantes, à votre avis? Utilisez **devoir** + infinitif dans vos réponses. SUGGESTIONS: porter un casque, obéir aux règles, regarder dans les deux sens…

MODÈLE: Il pleut et je suis pressé(e). → Vous devez (Tu dois) prendre le métro.

1. Mon ami n'aime pas conduire et contribuer à la pollution.

_____

2. Ma sœur ne sait pas le chemin pour aller à la bibliothèque.

_____

3. Les cyclistes sont en danger quand ils pédalent dans les rues.

_____

4. Les agents de police me donnent une contravention (*ticket*) quand je gare (*park*) ma voiture dans une zone interdite.

_____

5. La circulation est intense et vous voulez traverser la rue.

_____

# *L*es achats

## Activités de compréhension

**A. Que la liste est longue!** Agnès est malade et elle ne peut pas sortir. Son ami Jean-Yves lui rend visite et accepte de faire quelques courses pour elle. Mais la liste est longue… Écoutez pour voir ce qu'Agnès demande de faire à Jean-Yves. Ensuite, indiquez si les phrases suivantes sont vraies (**V**) ou fausses (**F**).

NOUVEAU VOCABULAIRE

| | | | |
|---|---|---|---|
| pauvre | *poor* | (me) distraire | *to entertain (myself)* |
| malade | *sick* | un service | *favor* |
| (tu as / j'ai) besoin | *(you/I) need* | me remonter le moral | *to cheer me up* |
| (en) profiter | *to take advantage (of it)* | | |
| donc | *so* | la pâtisserie | *pastry shop* |
| le dernier livre d'*Astérix* | *the latest* Astérix *comic book* | entendu | *okay* |

Vrai (**V**) ou faux (**F**)?

1. _____ Jean-Yves n'a pas envie de faire des courses pour Agnès.

2. _____ Elle a besoin de médicaments et de vitamines.

3. _____ Jean-Yves va lui acheter le journal.

4. _____ Agnès voudrait du café et un croissant.

5. _____ Jean-Yves va passer à la pharmacie, à la librairie et à l'épicerie.

**B. Jean-Yves va faire des courses.** Jean-Yves décide de s'organiser pour faire toutes les courses pour son amie Agnès. Il appelle différents magasins. Écoutez les renseignements que Jean-Yves demande. Ensuite, complétez les notes de Jean-Yves.

| | | | |
|---|---|---|---|
| fermer | *to close* | Je vous en prie. | *You're welcome.* |
| sauf | *except* | | |

*Maison de la presse*
—*ferme à* _____
—*dernier <u>Astérix?</u>* _____ *(oui ou non?)*
—*adresse:* _____ *rue du Pape, en face de la* _____

*Pâtisserie Eiffel*
—*ferme à* _____
—*adresse:* _____ *rue Lévêque, à côté d'une* _____

## Activités écrites

**A. Vocabulaire: Les magasins.** Où peut-on acheter ces produits? Écrivez le nom des produits à côté du nom du magasin ou de l'endroit où on peut les trouver.

LES PRODUITS

| | | |
|---|---|---|
| de l'aspirine | des enveloppes | un plan de la ville |
| des biscuits au chocolat | un journal | un roman policier |
| une brosse à dents | de la limonade | des stylos |
| un chapeau | des médicaments | des timbres |
| du dentifrice | du papier à lettres | des vêtements |
| du déodorant | | |

MODÈLE: une maison de la presse → un journal et un plan de la ville

1. une pharmacie _____

2. un supermarché _____

3. un bureau de poste _____

4. une boutique _____

5. une papeterie _____

6. une librairie _____

**Attention! Étudier Grammaire 3.5 et 3.6.**

**B. Au supermarché.** Vous aidez votre sœur à faire ses achats. Complétez ses réponses en employant la forme correcte: **ce, cet, cette** ou **ces.**

MODÈLE: —On prend cette eau minérale?
—Oui, et aussi *ce* jus (*m.*) de fruits.

1. —On prend ce vin blanc?

   —Non, je préfère _____ beaujolais (_m._).

2. —Tu aimes ce parfum?

   —Je préfère _____ eau (_f._) de cologne.

3. —On prend ce gâteau?

   —Oui, et aussi _____ biscuits (_m._).

4. —Tu veux prendre ces bonbons?

   —Non, je préfère prendre _____ glace (_f._).

5. —Tu aimes ce tee-shirt?

   —Oui, et _____ anorak (_m._) est très pratique.

6. —Ce papier à lettres est très joli.

   —Oui, mais j'aime mieux _____ cartes postales (_f._).

C. **Les boissons.** Répondez aux questions en employant l'article partitif approprié ou **de**.

   MODÈLE: Le matin, est-ce que vous prenez du jus d'orange? →
   Oui, je prends du jus d'orange (un verre de jus d'orange). (Non, je ne prends pas de jus d'orange.)

1. Est-ce que vous prenez du café le matin? _____

   _____

2. Qu'est-ce que vous prenez avec le dîner: du lait, de l'eau, du thé ou du coca? _____

   _____

3. Prenez-vous quelquefois du vin? Quand? _____

   _____

4. Achetez-vous de la bière quelquefois? Pourquoi? _____

   _____

5. Achetez-vous des boissons au supermarché? Quelles boissons achetez-vous? De l'eau

   minérale? De la limonade? Du jus de fruits? _____

   _____

# _L_es distractions

## Activités de compréhension

A. **Le Vidéo Club.** Voici sur Radio Monte-Carlo une publicité pour les amateurs de cinéma. Complétez la publicité avec les renseignements que vous entendez.

| en vente | *for sale* | meilleur(e) | *best* |
|---|---|---|---|
| en location | *for rent* | s'abonner | *to subscribe* |
| dernier | *latest* | mensuel | *monthly* |
| les films policiers | *detective films* | | |

le vidéo club

AMATEURS DE CINÉMA!

Le VIDÉO CLUB vous offre une large _____<sup>1</sup>

de films, des classiques et aussi tous les

_____<sup>2</sup> films. Nous avons la

_____<sup>3</sup> sélection de la ville!

_____<sup>4</sup> *rue Victor Hugo*

*tél.: 05.* _____<sup>5</sup> *.78.* _____<sup>6</sup> *.92*

Louez ou achetez et abonnez-vous

pour recevoir des _____<sup>7</sup> plus intéressants

et notre _____<sup>8</sup> mensuel.

REGARDEZ VOS FILMS PRÉFÉRÉS TOUT EN RESTANT CHEZ VOUS!

**B. Les projets pour le week-end.** C'est samedi matin. Rachid, un ami d'Agnès, vient d'entendre la publicité à la radio pendant qu'il nettoie son studio. Il décide de s'arrêter et de téléphoner à Agnès pour voir si elle a des projets pour le week-end. Écoutez et indiquez les activités d'Agnès (**A**), de Rachid (**R**) et d'Agnès et Rachid (**A, R**).

| | | | |
|---|---|---|---|
| comme d'habitude | *as usual* | la teinturerie | *dry cleaner* |
| (je) nettoie | *(I) clean* | la messe | *(Catholic) mass* |
| la lessive | *laundry* | Bonne idée! | *Good idea!* |

1. _____ nettoyer son appartement

2. _____ faire les vitrines

3. _____ aller à l'épicerie et à la teinturerie

4. _____ aller à une soirée

5. _____ manger dans un restaurant marocain

6. _____ louer un film au vidéo club

## Activités écrites

**A. Vocabulaire: En ville ou chez toi?** Indiquez si on fait normalement ces activités en ville (**V**) ou à la maison (**M**).

1. __*V*__ voir des films étrangers au cinéma

6. _____ lire un livre

2. _____ aller à un spectacle musical

7. _____ voir une pièce

3. _____ surfer sur Internet

8. _____ cuisiner pour des amis

4. _____ faire des achats dans les grands magasins

9. _____ dormir tard

5. _____ faire les vitrines

10. _____ danser

**Attention! Étudier Grammaire 3.7.**

**B. Les projets de vacances de Sarah Thomas.** Employez la forme correcte du verbe **partir**.

MODÈLE: Jean-Yves, tu *pars* demain, n'est-ce pas?

Ce sont les vacances de Noël et tout le monde _____.[1] Agnès et sa sœur

_____[2] demain à Nantes, chez leurs parents, et mon amie Fatima _____[3]

pour Bordeaux. Moi, je _____[4] cet après-midi pour Strasbourg. Ma famille et moi, nous

_____[5] à la montagne faire du ski la semaine prochaine.

**C. Problème de fatigue.** Bernard Lasalle parle à sa femme Christine. Employez la forme correcte du verbe approprié: **dormir, s'endormir** ou **sortir**.

BERNARD: Je suis toujours fatigué. Je pense que je ne ___*dors*___ pas assez.

CHRISTINE: Tu ne _____[1] pas bien, chéri?

BERNARD: Si, je _____[2] bien, mais nous nous couchons trop tard.

CHRISTINE: C'est vrai que nous _____[3] pratiquement tous les soirs en ce moment et que

nous rentrons tard.

BERNARD: Et le résultat, c'est que nous _____[4] après minuit. Ce soir, je ne

_____[5] pas! Je vais me coucher de bonne heure!

**D. Que faites-vous le week-end?** Répondez aux questions suivantes.

MODÈLE: Est-ce que vous partez quelquefois en week-end avec votre famille? Si oui, où allez-vous? →
Oui, je pars avec ma famille. Nous allons chez mes grands-parents ou dans notre maison de campagne.

1. Sortez-vous avec vos amis? Si oui, qu'est-ce que vous aimez faire ensemble?

_____

_____

2. Vous couchez-vous tôt ou tard le samedi soir? À quelle heure vous endormez-vous, d'habitude? Pourquoi?

_____

_____

3. Partez-vous parfois à la campagne ou dans une autre ville? Avec qui? Qu'est-ce que vous y faites?

_____

_____

4. Dormez-vous tard le matin pendant le week-end, d'habitude? Pourquoi? Est-ce que vous allez dormir tard le week-end prochain?

_____

_____

**E. Le week-end en France.** Lisez cet extrait de *Francoscopie* et dites si les phrases sont vraies (**V**) ou fausses (**F**).

---

**Les week-ends des Français**

- 4 % des Français partent en week-end toutes les semaines, 13 % une ou deux fois par mois, 26 % quelquefois dans l'année, 24 % rarement, 31 % jamais.
- 10 % vont en général dans leur résidence secondaire, 55 % chez des parents,[a] 43 % chez des amis, 13 % à l'hôtel, 16 % en camping.
- 90 % utilisent en général la voiture, 11 % le train, 4 % le car, 3 % l'avion. 28 % font moins de 100 km pour se rendre sur leur lieu de séjour, 34 % entre 100 et 200 km, 26 % entre 200 et 500 km, 8 % plus de 500 km.
- 7 % partent le vendredi après-midi, 23 % le vendredi soir, 24 % tôt le samedi matin, 33 % le samedi en fin de matinée ou en début d'après-midi.

---

[a]*relatives*

LE WEEK-END,...

1. ____ la majorité des Français vont chez des parents (dans leur famille).

2. ____ en général, les Français prennent le train pour partir.

3. ____ la plupart des Français partent le vendredi.

4. ____ beaucoup de Français voyagent en avion.

5. ____ la majorité des Français partent toutes les semaines.

Et vous? Quand partez-vous en week-end? (Toutes les semaines, deux fois par mois,... ) Écrivez un paragraphe au sujet de vos habitudes et vos activités typiques. Utilisez une autre feuille de papier.

MODÈLE: En général, je pars en week-end deux fois par mois. Je vais chez ma tante, à la montagne...

# Intégration

# À vos écrans! 📼

**Scène:** Acheter des timbres et poster un colis

**Aperçu:** Dans cet épisode, Jacques va à la poste pour envoyer un colis et une carte postale. Lisez le **Nouveau vocabulaire** et l'activité, puis regardez la vidéo. Regardez-la plusieurs fois, si nécessaire.

NOUVEAU VOCABULAIRE

| | |
|---|---|
| par courrier recommandé | *by registered mail* |
| il faut que vous remplissiez ce formulaire | *you have to fill out this form* |
| merci quand même | *thank you anyway* |
| votre colis pèse... | *your parcel weighs . . .* |
| ça coûte | *it costs* |
| Est-ce que je devrais... ? | *Should I . . . ?* |
| l'assurer | *to insure it* |
| vous pouvez nous rencontrer | *you can meet us* |

Numérotez les phrases par ordre chronologique.

_____ a. «J'ai aussi une carte postale. C'est combien, une carte postale pour le Canada?»

_____ b. «Votre colis pèse 2 kilos.»

_____ c. «Alors, pour le colis et la carte postale, ça fait 6 euros.»

_____ d. «Je voudrais envoyer ce colis à Paris. Est-ce que je devrais l'envoyer par courrier recommandé ou l'assurer?»

_____ e. «Je ne peux pas lire le code postal.»

**Chanson populaire**

Elle roucoule,° coule, coule,                                                 *coos*
Dès qu'°elle entre dans Paris,                                              Dès... Quand
Elle s'enroule,° roule, roule,                                                  *rolls around*
Autour de° ses quais fleuris,                                                 Autour... *Around*
Elle chante, chante, chante, chante,
Chante le jour et la nuit,
Car° la Seine est une amante°                                          Parce que / femme qui aime
Et son amant c'est Paris.

Quelles sont les actions de la Seine, d'après le poème? Cochez-les (✓).

1. _____ Elle roucoule.                              4. _____ Elle écoute.

2. _____ Elle parle.                                    5. _____ Elle s'enroule.

3. _____ Elle chante.                                 6. _____ Elle danse.

*À vos stylos!* ✏️

**Situation:**  À l'ordinateur, vous décidez de faire une nouvelle page à votre site Web.

**Intention:**  Vous voulez préparer une description très intéressante de votre ville et de ses attractions principales.

**Méthode:**  Préparez la description. D'abord, décrivez la ville (la population, le centre, les quartiers résidentiels, etc.). Ensuite, faites une liste de ses attractions. Finalement, combinez les deux et écrivez votre description.

    MODÈLE:  Cambridge est une ville très intéressante, avec une population de... La place Harvard, c'est le centre de Cambridge: on y trouve le métro, une très grande maison de la presse... Les restaurants de Cambridge sont excellents...

_____

_____

_____

_____

_____

_____

_____

_____

_____

_____

_____

# os Rencontres

**Épisode 3:** On fait connaissance

**Avant l'écoute.** D'après les informations de l'épisode précédent, indiquez si les phrases suivantes sont vraies (**V**) ou fausses (**F**).

1. _____ Steve rencontre Isabelle, une jeune Française.

2. _____ Isabelle habite à Toulouse.

3. _____ Steve renverse du champagne sur le pantalon d'Isabelle.

**Situation:** Une semaine plus tard chez les Lefèvre, Steve, Isabelle, Raphaël et Christelle parlent de leur famille et du sport.

NOUVEAU VOCABULAIRE

| | | | |
|---|---|---|---|
| Ne t'inquiète pas. | *Don't worry.* | retrouver | *to join, to meet* |
| grâce à | *thanks to* | Ne te réjouis pas trop. | *Don't rejoice too much.* |
| un euro | *European Union common currency* | séduire | *to seduce* |
| la natation | *swimming* | réussir à | *to succeed in* |
| à ce sujet | *about this* | | |

**Après l'écoute.** Indiquez si les phrases suivantes sont vraies (**V**) ou fausses (**F**).

1. _____ Steve doit acheter un nouveau chemisier pour Isabelle.

2. _____ Steve sait jouer du jazz.

3. _____ Isabelle n'aime pas le jazz.

4. _____ Isabelle est une personne sportive.

5. _____ Steve a trois sœurs aux États-Unis.

6. _____ Raphaël s'intéresse aux filles.

7. _____ Les amis décident d'aller jouer au football.

8. _____ Raphaël va venir avec les autres.

9. _____ Raphaël pense que Steve veut séduire Isabelle.

# os La prononciation et l'orthographe

# Consonants

Most French and English consonants are similar in pronunciation. Here are a few exceptions.

**A. The letter *c*.** As in English, the letter **c** in French has two sounds. It has the hard [k] sound before consonants and before **a, o,** and **u.** It has the soft [s] sound before **e, i,** and **y,** and when written with a cedilla (**ç**).

**Écoutez et répétez:** cravate / camarade / comme / Cuba / c'est ça / cinéma / Cyrille / français

**B. The combination *qu.*** This combination is pronounced as [k], and it occurs mostly before **a, e,** and **i.**

**Écoutez et répétez:** quand / quel / qui / qu'est-ce que c'est?

**C. The letter *g.*** The letter **g** has two sounds. It has the hard [g] sound before consonants and before **a, o,** and **u.** It has the soft [j] sound before **e, i,** and **y.**

**Écoutez et répétez:** grand / golf / fatigue / guide / page / âge / manager / biologie

**D. The combination *gn.*** The combination **gn** is similar to the *ny* sound in the English word *canyon.* In French, it is a single sound, made by pressing the tongue against the roof of the mouth.

**Écoutez et répétez:** campagne / se baigner / gagner / Allemagne

**E. The letter *s.*** The letter **s** has two different sounds in French, [s] and [z].

- It has the [s] sound at the beginning of words or before consonants: **sept, stylo, veste.**
- It has the [s] sound when doubled: **intéressant.**
- A single **s** has the [z] sound between vowels: **rose.**
- At the end of a word, **s** is often pronounced [z] when there is a liaison before a word beginning with a vowel: **mes amis.** Otherwise, it is usually silent at the end of a word: **pas.**

**Écoutez et répétez:** salut / salle de classe / brosse / pessimiste / sociable / raisonnable / chaise / studieuse / pas encore

**F. The letter *x.*** The letter **x** has several sounds in French.

- In the middle of a word, **x** is usually pronounced as in English: as [ks], **excellent;** as [gz], **exemple.**
- It is usually silent at the end of a word: **les châteaux.**
- When there is liaison, however, final **x** has the [z] sound: **six heures.**
- It has the [s] sound when the numbers **six** and **dix** have no noun following. Otherwise, when there is no liaison, it is silent. Compare: **Il y en a six** [s]; **Il y a six livres.**

**Écoutez et répétez:** une excellente idée / un exemple / deux beaux garçons / de nouveaux amis / elle a dix ans / il y en a dix / il y a dix crayons

**G. The letter *r.*** The French [r] sound usually requires some concentrated practice on the part of English speakers. This sound is made at the back of the throat with the tip of the tongue resting behind the lower front teeth.

**Écoutez et répétez:** rose / père / sœur / quart / lire / pour / barbe / brosse

**H. The letter *h.*** In French, the letter **h** is never pronounced.

**Écoutez et répétez:** habitant / homme / heure / hôpital / horloge

**I. The letter *w.*** The letter **w** is rare in French. Depending on the word, it is pronounced either as [w], as in **whiskey,** or as [v], as in **wagon.**

Here is a summary of French consonant sounds. Listen carefully, and repeat each word after the speaker.

| LETTER | SOUND | EXAMPLE | LETTER | SOUND | EXAMPLE |
|--------|-------|---------|--------|-------|---------|
| b | [b] | barbe | c | [s] | cinéma |
| c | [k] | carte | ç | [s] | garçon |

| LETTER | SOUND | EXAMPLE | LETTER | SOUND | EXAMPLE |
|--------|-------|---------|--------|-------|---------|
| ch | [sh] | chapeau | n | [n] | neuf |
| d | [d] | danser | p | [p] | papier |
| f | [f] | français | ph | [f] | photographe |
| g | [g] | garçon | qu | [k] | quatre |
| g | [j] | généreux | r | [r] | restaurant |
| gu | [g] | guitare | s | [s] | salut |
| gn | [ny] | campagne | s | [z] | rose |
| h | (silent) | habiter | ss | [s] | classe |
| j | [j] | joli | t | [t] | total |
| k | [k] | kilomètre | v | [v] | vent |
| l | [l] | lettre | z | [z] | zéro |
| m | [m] | madame | | | |

# Dictée

**Le Vidéo Club.** Vous entendrez la dictée trois fois. La première fois, écoutez. La deuxième fois, écrivez ce que vous entendez. La troisième fois, écoutez pour vérifier ce que vous avez écrit.

_____

_____

_____

_____

_____

_____

# Le verbe français

## Some irregular verbs ending in **-ir** and **-re** (verbs like **dormir; être, avoir, aller, faire**)

Verbs ending in **-ir** and **-re** are not so numerous as verbs ending in **-er**. However, many of the most common French verbs end in **-ir** and **-re** and most irregular verbs fall into these categories. Verbs ending in **-ir** usually have the endings **-s, -s, -t** throughout the singular.

A. **Verbs like** *dormir* **(to sleep) and** *sortir* **(to go out).** Note that the stems of these verbs end in two consonants: **dorm-ir, sort-ir.** Throughout the singular, they drop the final consonant of the stem before the endings **-s, -s, -t.**

**Écoutez et répétez:**

| | dormir | | | | sortir | | |
|---|---|---|---|---|---|---|---|
| je | dors | nous | dorm**ons** | je | sors | nous | sort**ons** |
| tu | dors | vous | dorm**ez** | tu | sors | vous | sort**ez** |
| il/elle | dort | ils/elles | dorm**ent** | il/elle | sort | ils/elles | sort**ent** |

Other verbs like **sortir** and **dormir: partir** (*to leave, go away*), **s'endormir** (*to fall asleep*), **mentir** (*to lie*), **se sentir** (*to feel*).

The following are the four most common irregular verbs in French.

B.  **The verb *être* (to be).** The verb *to be* is irregular in most European languages, including English: *am, is, are,* and so on. It is not surprising, then, that the French verb **être** is quite irregular. Its singular forms end in **-s, -s, -t,** but its plural forms have none of the expected endings.

Écoutez et répétez:

|  | | | être |
| --- | --- | --- | --- |
| je | suis | nous | sommes |
| tu | es | vous | êtes |
| il/elle | est | ils/elles | sont |

C.  **The verb *avoir* (to have).** The stem **av-** appears only in the **nous** and **vous** forms. Otherwise, this verb is completely irregular. Notice that **ils ont** rhymes with **ils sont,** but be careful to distinguish them in pronunciation: **ils ont** has a [z] sound (due to liaison), whereas **ils sont** has an [s] sound.

Écoutez et répétez:

|  | | | avoir |
| --- | --- | --- | --- |
| j' | ai | nous | avons |
| tu | as | vous | avez |
| il/elle | a | ils/elles | ont |

D.  **The verb *aller* (to go).** Though the verb **aller** ends in **-er,** it shows few of the expected forms. The stem **all-** appears only in the **nous** and **vous** forms. The L-forms all begin with **v-.** It might help to keep in mind that the six forms of **aller** rhyme with those of **avoir.** The first-person singular of **aller,** however, ends in **-s.**

Écoutez et répétez:

|  | | | aller |
| --- | --- | --- | --- |
| je | vais | nous | allons |
| tu | vas | vous | allez |
| il/elle | va | ils/elles | vont |

E.  **The verb *faire* (to do, make).** The singular forms of **faire** are regular: the endings **-s, -s, -t** are added to the stem **fai-.** Listen carefully to the exceptional pronunciation of **ai** in the **nous** form: **faisons.** The **vous** form does not end in the expected **-ez,** but it might help to notice that **vous faites** rhymes with **vous êtes.** Similarly, **ils font** rhymes with **ils vont, ils ont,** and **ils sont.**

Écoutez et répétez:

|  | | | faire |
| --- | --- | --- | --- |
| je | fais | nous | faisons |
| tu | fais | vous | faites |
| il/elle | fait | ils/elles | font |

# *V*érifions!

Cover the preceding information with a piece of paper and see if you can complete the following chart. Then check your answers and review any areas of uncertainty.

|  | sortir | mentir | être | avoir | aller | faire |
|---|---|---|---|---|---|---|
| je (j') | *sors* |  |  |  |  |  |
| tu |  |  | *es* |  |  |  |
| il/elle/on |  |  |  |  | *va* |  |
| nous |  |  |  |  |  | *faisons* |
| vous |  | *mentez* |  |  |  |  |
| ils/elles |  |  |  | *ont* |  |  |

## Intégration des verbes

**Sondage.** Quelles sont vos habitudes quotidiennes? Complétez les questions et les réponses avec les verbes indiqués. Ensuite, choisissez une réponse selon vos habitudes.

1. (s'endormir) Est-ce que vous vous _____ facilement la nuit?

   Oui, je m'_____ facilement. OU

   Non, je ne m'_____ pas facilement.

2. (dormir) Combien d'heures _____-vous par jour?

   En général, je _____ _____ heures par jour.

3. (sortir) Combien de fois par mois _____-vous avec des amis?

   En général, je _____ avec des amis _____ fois par mois.

4. (partir) Combien de fois par an (année) _____-vous en voyage?

   En général, je _____ en voyage _____ fois par an.

5. (se sentir) En général, vous _____-vous bien?

   Oui, en général, je me _____ bien. OU

   Non, en général, je ne me _____ pas bien.

6. (aller) En général, combien de fois par an _____-vous chez le médecin?

   En général, je _____ chez le médecin _____ fois par an.

7. (faire) _____-vous régulièrement du sport ou de l'exercice?

   Oui, je _____ régulièrement du sport ou de l'exercice. OU

   Non, je ne _____ pas régulièrement de sport ou d'exercice.

8. (être) En général, votre logement (appartement, etc.) _____-il en ordre ou en

désordre?

En général, mon logement _____ en ordre/désordre.

9. (faire) _____-vous souvent des cauchemars (*nightmares*)?

Oui, je _____ souvent des cauchemars. OU

Non, je ne _____ pas souvent de cauchemars.

10. (mentir) _____-vous souvent?

Oui, je _____ souvent. OU

Non, je ne _____ pas souvent.

*C H A P I T R E*

# La maison et le quartier

4

---

## Thèmes et grammaire

---

*Les pièces et les meubles*

### Activités de compréhension

**A. Les meubles anciens.** Adrienne Petit déjeune chez sa meilleure amie Florence. Choisissez la meilleure réponse.

NOUVEAU VOCABULAIRE

| | | | |
|---|---|---|---|
| le bois | *wood* | le verre | *glass* |
| brillant(e) | *shiny* | les antiquités (*f.*) | *antiques* |
| ancien(ne) | *antique* | | |

1. La nouvelle table est faite...
   a. de bois.
   b. de verre et de métal.

2. Adrienne pense que les meubles anciens sont...
   a. moins jolis que les meubles modernes.
   b. plus jolis que les meubles modernes.

3. Maintenant Florence a envie de changer...
   a. les meubles du salon.
   b. les rideaux et la moquette (*carpet*) du salon.

4. Florence voudrait acheter maintenant...
   a. un canapé.
   b. une commode.

**B. Le magasin de meubles Mobiconfort.** Adrienne rentre chez elle, met la télévision et regarde la publicité suivante pour le magasin de meubles Mobiconfort. Choisissez la meilleure réponse.

NOUVEAU VOCABULAIRE

ne manquez pas *don't miss*                          l'affaire du siècle   *the deal of the century*
des rabais (*m.*)   *reductions*

1.  Cette occasion unique est offerte…
    a.  cette semaine.
    b.  ce mois-ci.

2.  Mobiconfort vous offre des rabais…
    a.  sur tous les meubles.
    b.  sur les chambres à coucher.

3.  Pour la chambre à coucher, vous avez…
    a.  le grand lit, une table de nuit et deux armoires.
    b.  le grand lit, deux tables de nuit et l'armoire.

4.  On propose le canapé, la table basse et une lampe pour…
    a.  la salle à manger.
    b.  le salon.

5.  Le magasin est ouvert tous les jours…
    a.  de 8 h à 20 h.
    b.  de 10 h à 21 h.

## Activités écrites

**A. Vocabulaire: Devinettes.** Lisez la description, puis identifiez la pièce, l'objet ou l'accessoire.

| | | |
|---|---|---|
| une chambre | une cuisinière | une salle de bains |
| une commode | des rideaux | une salle de séjour |
| une cuisine | une salle à manger | un tableau |

MODÈLE:   On marche sur cet objet. → _____*un tapis*_____

1.  On y trouve un lit, une table de nuit et une commode. _____

2.  On les suspend aux fenêtres. _____

3.  On y trouve un canapé, une table basse et des fauteuils. _____

4. On l'utilise pour préparer le dîner ou un autre repas. _____

5. On y trouve un lavabo et une baignoire. _____

6. On y trouve une table, des chaises et un buffet. _____

7. On le met au mur. _____

8. On y trouve des placards, un évier et une cuisinière. _____

**B. Définitions.** Identifiez la bonne description pour chaque appareil ménager.

a. un four à micro-ondes
b. un fer à repasser
c. un lave-vaisselle
d. un aspirateur
e. un radio-réveil
f. une machine à laver
g. un répondeur
h. une cafetière

1. _____ Il nous réveille le matin.

2. _____ On l'utilise pour préparer très vite son dîner.

3. _____ Cet appareil fait automatiquement du café.

4. _____ On l'utilise pour laver ses vêtements.

5. _____ Il répond au téléphone pendant notre absence.

6. _____ On l'utilise pour faire du pressing à la maison.

7. _____ Cet appareil fait la vaisselle.

8. _____ On l'utilise pour nettoyer un tapis.

## Attention! Étudier Grammaire 4.1 et 4.2.

**C. La maison de mes rêves.** Décrivez les pièces que vous voudriez avoir un jour.

| agréable | confortable | moderne | pratique |
| beau/belle | élégant(e) | nouveau/nouvelle | rustique |
| bien équipé(e) | grand(e) | petit(e) | simple |
| bon(ne) | joli(e) | plein(e) de… | vieux/vieille |

MODÈLE: la bibliothèque → Je voudrais avoir une grande bibliothèque élégante pleine de livres.

1. la salle de bains _____

_____

2. la cuisine _____

_____

3. la chambre à coucher _____

_____

4. le salon _____

_____

5. la salle à manger _____

_____

**D. Deux chambres.** Comparez la chambre de Raoul et celle de Daniel en utilisant **plus de, moins de** ou **autant de.**

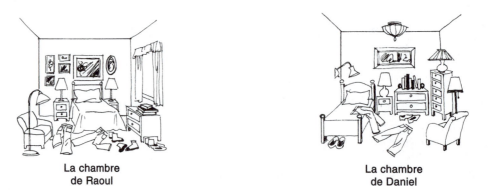

La chambre
de Raoul

La chambre
de Daniel

MODÈLE:  (commodes) Il y a plus de commodes dans la chambre de Daniel.

1.  (chaussures) _____

2.  (lampes) _____

3.  (jeans) _____

4.  (tables de nuit) _____

5.  (fauteuils) _____

6.  (tableaux) _____

**E. Avantages et inconvénients.** Comparez les meubles, l'équipement ménager et les pièces en utilisant un adjectif de la liste ou de votre choix. Employez **plus/moins/aussi… que** et **meilleur que.**

| | |
|---|---|
| bon(ne) | pratique |
| confortable | utile |
| important(e) | ? |
| indispensable | |

MODÈLE:  Dans un petit appartement (un canapé / un canapé transformable en lit) →
Dans un petit appartement, un canapé est moins pratique qu'un canapé transformable en lit.

1.  Quand on est pressé (un four à micro-ondes / une cuisinière électrique)

_____

2.  Si l'on veut inviter beaucoup d'amis à dîner (une petite table / une grande table)

_____

3.  Dans une cuisine bien équipée (un réfrigérateur / une cuisinière)

_____

4.  Si on aime lire et écrire (une salle de séjour / une bibliothèque)

_____

5.  Pour se brosser les dents (un évier / un lavabo)

_____

6. Après un match de volley-ball (un lavabo / une douche)

_____

# *L*e logement

### Activités de compréhension

**A. Le nouvel appartement.** Marie Lasalle rend visite à son amie Évelyne qui vient de déménager (*has just moved*). Évelyne lui fait faire le tour de son nouvel appartement. Devinez dans quelle pièce elles sont. Mettez un numéro (1–5) à côté du nom de chaque pièce pour indiquer l'ordre de la visite.

NOUVEAU VOCABULAIRE

| | | | |
|---|---|---|---|
| (elle) rend visite à | *(she) visits* | un tableau | *painting* |
| déménager | *to move* | le mur | *wall* |
| spacieux/spacieuse | *roomy* | des soldes (*m.*) | *sales, sale prices* |
| clair(e) | *well-lighted* | la bonne taille | *the right size* |

_____ la chambre à coucher

_____ la salle à manger

_____ la salle de bains

_____ la cuisine

_____ le salon

**B. La résidence Les Lilas.** Voici une publicité pour la résidence Les Lilas dans le Lavandou. Indiquez si les personnes suivantes seraient (*would be*) probablement intéressées (+) ou pas (−) par des vacances aux Lilas.

| la résidence | *apartment complex* | équipé(e) | *equipped* |
| le port | *port, harbor* | le lancement | *grand opening* |
| la vue | *view* | | |

QUELQU'UN QUI…

1. _____ aime passer ses vacances à la montagne.

2. _____ aime nager et faire de la voile.

3. _____ aime dîner sur la terrasse.

4. _____ préfère l'animation des grandes villes.

5. _____ préfère manger au restaurant.

6. _____ a une belle voiture.

7. _____ veut faire du camping pendant ses vacances.

## Activités écrites

**A. Vocabulaire: Le logement et les immeubles.** Écrivez la lettre de la bonne définition.

1. _____ un ascenseur
2. _____ un immeuble
3. _____ un locataire
4. _____ le rez-de-chaussée
5. _____ un étage
6. _____ un quartier
7. _____ le loyer
8. _____ le toit

a. personne qui loue une habitation
b. étage d'un édifice, au niveau du sol
c. partie d'une ville avec une certaine unité
d. surface supérieure d'un édifice
e. grand édifice urbain à plusieurs étages
f. argent payé pour louer une habitation
g. intervalle entre deux planchers dans un édifice
h. voiture utilisée pour monter ou descendre d'un étage à l'autre

**Attention! Étudier Grammaire 4.3.**

**B. Tel père, tel fils?** (*Like father, like son?*) Raoul se compare à ses parents.

VERBES À UTILISER

| agir (*to act*) | finir |
| bâtir | réfléchir |
| choisir | réussir |

Moi, je suis tout le contraire de mes parents. J'ai tendance à agir impulsivement, mais eux ils

n'_____[1] jamais sans beaucoup réfléchir, surtout quand il est question d'argent.

Par exemple, moi, quand je _____[2] un meuble pour mon appartement, j'achète

toujours la première chose qui me plaît (*that I like*). Pas mes parents. Eux, ils cherchent partout et

puis ils _____[3] longuement à leur choix. Il est vrai qu'ils _____[4] souvent à trouver des bonnes affaires. Mais moi, je n'ai pas autant de patience pour les achats.

Après un ou deux magasins, je veux en finir (*to be done with it*).

En ce moment, mon frère _____⁵ une maison de campagne pour mes parents.

Heureusement, lui, il a beaucoup de patience. Il _____⁶ maintenant l'intérieur,

pendant que mes parents _____⁷ le décor.

C. **Comparaisons.** Écrivez un paragraphe pour expliquer qui peut facilement faire les choses suivantes, les locataires de la Villa Daunay, les locataires du Domaine du Thou ou les deux.

SUGGESTIONS

se promener à la campagne

jouer au tennis

faire des courses sans prendre la voiture

rencontrer des amis au café

profiter d'une variété de distractions

nager

goûter au calme

dîner au restaurant

prendre les transports en commun pour aller au travail

_____

_____

_____

_____

_____

_____

_____

_____

**D. Descriptions.** Consultez la publicité pour la Villa Daunay et le Domaine du Thou de l'activité precédente et écrivez un paragraphe pour chacune des situations suivantes.

1.  Vous travaillez au centre de Paris et vous avez un appartement avec balcon dans la Villa Daunay. Énumérez tous les avantages d'y habiter.

    J'aime vivre au centre de Paris parce que (qu') _____

    _____ .

    La Villa Daunay est parfaite pour moi parce que (qu') _____

    _____

    _____

    _____

    _____

    _____ .

2.  Votre ami est ingénieur à Narbonne et il a loué un appartement au Domaine du Thou. Il vous écrit une lettre dans laquelle il parle avec enthousiasme de sa nouvelle résidence. Finissez sa description.

    J'aime beaucoup vivre au Domaine du Thou. Je suis obligé d'aller au travail en voiture, bien

    sûr, mais _____

    _____

    _____

    _____

    _____ .

# Les tâches et les loisirs

## Activités de compréhension

**A. Quelle corvée!** Agnès téléphone à son ami Jean-Yves pour l'inviter à une soirée, mais Jean-Yves est trop occupé. Écoutez la conversation et décidez qui dirait (*would say*) les phrases suivantes, Agnès (**A**) ou Jean-Yves (**JY**).

NOUVEAU VOCABULAIRE

Quelle corvée!   *What drudgery!*        je dois ranger   *I have to straighten up*

1. _____ Nous allons à une soirée ce soir.

2. _____ Quelle surprise! Tu ranges ton studio?

3. _____ Je ne peux pas venir avec toi.

4. _____ Ma mère va venir me rendre visite.

5. _____ Tu dois avoir une nouvelle petite amie.

6. _____ Je déteste faire les tâches ménagères.

**B. Les préparatifs.** Comme dans toutes les familles quand on a de la visite, la famille Lasalle décide de préparer la maison pour l'arrivée des grands-parents. Christine et Bernard distribuent les tâches. Écoutez la répartition du travail dans la famille Lasalle. Ensuite, indiquez quelle(s) tâche(s) chaque personne va faire. (Quelques personnes ont plusieurs tâches.)

NOUVEAU VOCABULAIRE

la répartition          *division*            j'écris              *I'm writing*
Vous devez m'aider.     *You have to help me.*  faire la poussière   *to do the dusting*
la nourriture           *food*

1. _____ acheter la nourriture

2. _____ passer l'aspirateur

3. _____ tondre le gazon

4. _____ préparer la chambre des grands-parents

5. _____ sortir les ordures

6. _____ faire la poussière

7. _____ faire du bricolage

a. Bernard
b. Camille
c. Nathalie
d. Marie-Christine
e. Christine

**Activités écrites**

**A. Vocabulaire: Les tâches ménagères.** Trouvez un synonyme pour chaque expression.

1. _____ nettoyer les tapis avec un appareil électrique
2. _____ laver les assiettes et les ustensiles
3. _____ nettoyer toute la maison
4. _____ mettre chaque objet à sa place
5. _____ préparer les repas
6. _____ acheter des provisions
7. _____ laver les vêtements sales dans la machine à laver
8. _____ donner de l'eau aux plantes

a. ranger
b. faire la lessive
c. arroser les plantes
d. faire la cuisine
e. faire le ménage
f. passer l'aspirateur
g. faire la vaisselle
h. faire les courses

**Attention! Étudier Grammaire 4.4 et 4.5.**

**B. Rendez-vous au Monoprix.** Sarah Thomas raconte son après-midi. Complétez les phrases avec la forme correcte de chaque verbe.

Aujourd'hui, ma camarade de chambre Agnès et moi, nous allons faire des courses au Monoprix. J'_____[1] (attendre) Agnès devant le magasin, mais elle n'arrive pas! Alors, je vais au café en face et je _____[2] (prendre) un café. Dix minutes après, j'_____[3] (entendre) mon nom. C'est Agnès!

Nous entrons dans le magasin et nous _____[4] (prendre) l'ascenseur pour monter au premier étage. C'est là que l'on _____[5] (vendre) les jeux de société. Agnès regarde un jeu de Monopoly. «Non, non, pas de Monopoly. Je _____[6] (perdre) toujours à ce jeu!» Alors, nous _____[7] (prendre) un jeu de Scrabble et nous passons à la caisse. Il y a beaucoup de clients et nous _____[8] (attendre) dix minutes avant de payer. On _____[9] (perdre) beaucoup de temps dans les magasins!

Enfin, nous _____[10] (descendre) au rez-de-chaussée. Au moment de sortir du magasin, nous _____[11] (entendre) quelqu'un qui nous appelle. C'est Mireille, notre voisine. Alors, nous rentrons ensemble à la maison.

**C. À la maison.** Employez les pronoms d'objet direct **le, la, l', les** pour dire qui fait les choses suivantes chez vous et quand.

MODÈLE: faire la cuisine →
Ma camarade de chambre la fait tous les soirs.
(Personne ne la fait. Nous mangeons au restau-U.)

1. faire le ménage _____
2. faire les courses _____

3. arroser les plantes _____

4. tondre le gazon _____

5. utiliser souvent le four à micro-ondes _____

6. faire la lessive _____

7. écouter la chaîne stéréo _____

8. regarder la télé le soir _____

**D. Composition: Un samedi typique.** Écrivez une rédaction où vous décrivez un samedi typique pour vous. Quelles courses faites-vous? Quelles tâches ménagères? Quels devoirs? Est-ce que vous vous amusez aussi? Que faites-vous pour vous amuser?

MODÈLE: Le samedi, je vais souvent faire les courses au marché en plein air… Ensuite, je range…

_____

_____

_____

_____

_____

_____

_____

_____

# *L*a vie de quartier

## Activités de compréhension

**Une vieille amie.** Julien Leroux rencontre une vieille amie, Nicole, dans un grand magasin, les Galeries Lafayette. Ils commencent à discuter. Cochez (✓) les raisons pour lesquelles Nicole aime son nouveau quartier.

NOUVEAU VOCABULAIRE

| | | | |
|---|---|---|---|
| avoir de la chance | *to be fortunate* | Toutes mes félicitations! | *Congratulations!* |
| des petits commerces | *small businesses* | | |

1. _____ C'est près d'un parc.

2. _____ Il y a une piscine.

3. _____ Les voisins sont sympathiques.

4. _____ Il y a des petits commerces.

5. _____ Il y a des restaurants et des théâtres.

6. _____ Il y a un supermarché.

## Activités écrites

**A. Vocabulaire: Dans le quartier.** Qu'est-ce que nous faisons dans les endroits suivants?

MODÈLE:   au garage → Nous y parlons avec le mécanicien et nous y faisons réparer notre voiture.

1. au cinéma _____

2. au lavomatic _____

3. au self-service _____

4. au parc _____

5. chez le fleuriste _____

6. à la piscine _____

7. chez le cordonnier _____

8. à la pharmacie _____

## Attention! Étudier Grammaire 4.6 et 4.7.

**B. Les gens du quartier.** Complétez les phrases avec la forme correcte du verbe **connaître.**

J'aime les gens de mon quartier. Tout le monde est très aimable. Je _____[1] bien le

facteur et il me _____.[2] Tous mes voisins me _____[3] et me disent

bonjour le matin. Les petits commerçants du quartier et moi, nous nous _____[4]

depuis longtemps et nous bavardons quand je fais mes courses. Et vous, est-ce que vous

_____[5] aussi les gens qui habitent dans votre quartier?

**C. Connaissez-vous votre quartier?** Complétez les phrases avec la forme correcte de **connaître** ou de **savoir.**

Est-ce que vous _____[1] bien votre quartier? _____[2] -vous le nom

de toutes les rues principales de votre ville? Beaucoup de gens ne _____[3] pas bien

leur ville et ne _____[4] pas expliquer le chemin aux gens perdus. Dans le quartier

où j'habite, nous _____[5] tous nos voisins et nous _____[6] le nom de tous les gens qui y travaillent (le facteur, les agents de police, etc.). Quand on

_____<sup>7</sup> bien ses voisins, c'est beaucoup plus sympathique et en plus, c'est une

espèce (*sort*) d'assurance contre les cambrioleurs (*burglars*), n'est-ce pas?

**D. Mon quartier.** Agnès Rouet parle du quartier où elle habite. Complétez les phrases avec **avoir l'air, avoir besoin, avoir de la chance, avoir faim, avoir envie, avoir honte, avoir raison** ou **avoir soif.**

J'aime mon quartier parce que j'ai tout le nécessaire près de chez moi. Si j'ai _____<sup>1</sup>

de provisions, il y a une petite épicerie au coin de la rue. Quand j'ai _____<sup>2</sup> de

faire la lessive, il y a un lavomatic à deux rues d'ici. Si j'ai _____<sup>3</sup> et je n'ai pas

_____<sup>4</sup> de faire la cuisine, il y a un petit restaurant en face. Quand j'ai

_____<sup>5</sup> et que j'ai _____<sup>6</sup> de voir des amis, je peux aller au café

à côté.

   Moi, je trouve que mes voisins et moi, nous avons _____<sup>7</sup> d'habiter dans ce

quartier. Non seulement il y a tous les magasins nécessaires, mais en plus, les commerçants sont

très sympathiques. Est-ce que j'ai _____<sup>8</sup> d'aimer mon quartier? Je pense que oui.

Il n'est pas chic; en fait, il a _____<sup>9</sup> assez ordinaire. Mais je n'ai certainement pas

_____<sup>10</sup> d'y habiter.

**E. Mon quartier.** Qu'est-ce que vous aimez dans un quartier? Lisez la liste suivante et classez les éléments par ordre d'importance.

_____ une brasserie à proximité                    _____ des maisons entourées de jardins

_____ des restaurants tout près                     _____ la présence de la police

_____ des voisins sympathiques                     _____ un cinéma à cinq minutes

_____ un magasin de vidéos dans le coin       _____ des petits commerces

_____ un parc                                              _____ une épicerie ou un supermarché

Maintenant, écrivez une description du quartier où vous habitez ou du quartier où votre famille habite. Décrivez quels types de logements on peut y trouver, les gens qu'on peut y rencontrer, les commerces, les possibilités de récréation, les inconvénients et les avantages. À votre avis, est-ce que le quartier a besoin de quelque chose pour le rendre plus intéressant? Qu'est-ce que vous voudriez changer? Aimez-vous ce quartier? Pourquoi?

_____

_____

_____

_____

_____

_____

_____

# Intégration

À vos écrans!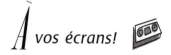

**Scène:** Chercher un appartement

**Aperçu:** Dans cet épisode, Aimée n'est pas contente de sa camarade de chambre. Elle explique pourquoi à sa copine Claire. Lisez le **Nouveau vocabulaire** et l'activité, puis regardez la vidéo. Regardez-la plusieurs fois, si nécessaire.

NOUVEAU VOCABULAIRE

| | |
|---|---|
| chambre à louer | *room for rent* |
| Ma colocataire est folle. | *My roommate is crazy.* |

Indiquez si c'est Claire (**C**) ou Aimée (**A**) qui parle.

1. _____ «Je cherche un appartement tranquille.»

2. _____ «Ma colocataire est folle. Elle joue de la trompette tout le temps.»

3. _____ «Je connais cette personne et ce studio.»

4. _____ «J'ai besoin de trouver une autre solution.»

5. _____ «Pourquoi ne pas chercher une colocataire, une personne pour aider avec le loyer?»

6. _____ «Le studio n'est pas très grand, mais il y a une grande fenêtre et beaucoup de lumière.»

À l'écoute!

### Histoire médiévale: Renard° et Chantecler

Renard a la réputation d'être un animal intelligent, égoïste et rusé. Il se croit° plus intelligent que les autres animaux. Mais quelquefois il se trompe.° En voici un exemple.

Un jour, Renard visite la ferme et il écoute chanter Chantecler, le coq splendide. Renard, qui a très faim, décide d'utiliser une petite ruse. Il regarde Chantecler dans les yeux et lui dit: «Ah, Chantecler, tu n'as pas peur de moi! Nous sommes cousins, tu sais. Et tu chantes si bien! Mais tu chantes moins fort que mon oncle, ton père respecté. Ferme les yeux, comme lui, quand tu chantes. Comme ça, tu vas chanter aussi fort que lui.»

Chantecler est un peu inquiet, mais Renard lui parle d'une manière très flatteuse.° Alors, il ferme les yeux et commence à chanter très fort. Et pendant que Chantecler chante, les yeux fermés, Renard le saisit dans sa bouche énorme. Chantecler pousse des cris, mais hélas! Renard est trop rapide. La fermière° entend les cris du coq et elle court° après Renard. Trop tard! Renard se sauve,° en emportant Chantecler dans sa bouche. À ce moment-là, le coq a une idée brillante. «Renard, écoute! Tu n'entends pas toutes les insultes de cette femme? Lance-lui des insultes à ton tour°! Ça va la surprendre° et elle va s'arrêter.»

*Fox*

Il... Il pense qu'il est / se... fait une erreur

avec des compliments

femme qui habite dans une ferme / *runs* / se... part vite

à... aussi / faire une surprise

En entendant cela,° Renard ouvre la bouche pour répondre aux insultes de la femme. Chantecler profite de l'occasion pour se libérer et il s'envole° dans un arbre. De là-haut, il bat des ailes° et chante très fort. Renard, triste et découragé, est obligé de partir sans dîner. Et depuis,° le coq chante toujours les yeux grands ouverts.

*En... Quand il entend le coq / flies / bat... flaps his wings / après*

Indiquez si les phrases suivantes sont vraies (**V**) ou fausses (**F**).

1. _____ Renard voudrait manger Chantecler.

2. _____ Renard insulte Chantecler.

3. _____ Chantecler saisit Renard dans sa bouche.

4. _____ Chantecler persuade Renard d'ouvrir la bouche pour crier des insultes.

5. _____ Chantecler se libère de la bouche de Renard.

6. _____ Renard est obligé de partir sans dîner.

# À vos stylos!

**Situation:** Comme devoir pour le cours de français, vous devez écrire une rédaction où vous comparez deux résidences.

**Intention:** Vous voulez comparer votre logement actuel et la maison de vos rêves.

**Méthode:** D'abord, organisez vos idées. Faites la liste de ce que vous voulez mentionner (nombre de pièces, meubles et équipement, décor, situation du logement, etc.). Ensuite, donnez deux ou trois détails sur les deux maisons, sous chaque catégorie (mon logement / une chambre; maison idéale / dix chambres + piscine). Enfin, écrivez votre rédaction.

MODÈLE: J'habite maintenant une chambre à la cité-U, mais un jour, je vais habiter une grande maison près de Big Sur. Dans mon logement actuel, il y a un lit, une table, une lampe… Dans ma maison idéale, il y a…

_____

_____

_____

_____

_____

_____

_____

_____

_____

_____

_____

## Rencontres

**Épisode 4:** Querelle de famille

**Avant l'écoute.** D'après les informations de l'épisode précédent, indiquez si les phrases suivantes sont vraies (**V**) ou fausses (**F**).

1. _____ Steve et Isabelle aiment beaucoup le jazz.

2. _____ Steve, Christelle et Isabelle vont aller à la piscine ensemble.

3. _____ Steve ne trouve pas Isabelle intéressante.

**Situation:** Jean-Claude et Annick Lefèvre se disputent dans leur salon.

NOUVEAU VOCABULAIRE

| | | | |
|---|---|---|---|
| Dis-moi | *Tell me* | d'ailleurs | *moreover, anyway* |
| croire | *to believe* | J'en ai marre! | *I've had enough!* |
| au lieu de | *instead of* | des mots croisés | *crosswords* |
| d'ici | *from here* | | |

**Après l'écoute.** Indiquez qui pense les choses suivantes: Annick (**A**), Jean-Claude (**JC**) ou les deux (**A, JC**).

1. _____ Steve s'intéresse à Isabelle.

2. _____ Isabelle est trop indépendante.

3. _____ Isabelle devrait (*should*) habiter chez ses parents.

4. _____ Isabelle est assez âgée pour décider de son mode de vie.

5. _____ C'est normal pour une femme de faire du sport.

6. _____ Une femme doit souvent être à la maison.

7. _____ L'autre membre du couple lit trop le journal.

8. _____ Les deux époux doivent discuter de leur relation.

## La prononciation et l'orthographe

## Nasal vowels

French has vowel sounds that are nasalized, which means that the sounds are made in both the mouth and the nasal cavity. These sounds have no real counterparts in English. However, they are not difficult to produce. Just listen carefully to the recording and imitate the pronunciation of your instructor.

**A. Spelling.** Nasalized vowels are spelled with a vowel followed by either the letter **m** or **n: lampe, bien, non.** In addition, the **m** or **n** must end the word or else it must be followed by another consonant: **nom, dans, blonde.**

In *Deux mondes,* you will sometimes see a tilde (~) over the vowel and a slash through the letter of the nasal consonant to remind you not to pronounce the consonant, but instead to nasalize the vowel sound: ẽn̸chãn̸té.

**Écoutez et répétez:** enchanté / plante / bien / un blouson / un chien / combien / étudiant / intéressant / intelligent / blond / ils sont

**B. Nasal vowel sounds.** There are three nasal vowel sounds in standard modern French, each of which can be spelled in several ways.*

- **am, an, em, en**
  These four spellings represent a nasal vowel sound similar to the English vowel of *Don,* but with the vowel heavily nasalized and without a pronounced **n.** We represent this sound as [ã].

  **Écoutez et répétez:** grand / français / lampe / blanche / commencer / enfant / comment

- **om, on**
  These two spellings represent a nasal vowel sound similar to the English vowel of *bone,* but heavily nasalized. We represent this sound as [õ].

  **Écoutez et répétez:** nom / bonjour / sont / blouson / mon garçon blond

- **im, in, aim, ain, (i)en, ein, un, um**
  These various spellings represent a nasal vowel whose sound lies between the vowel sounds of English *man* and *men.* There is no **n** sound, and the vowel is heavily nasalized. We represent this sound as [ẽ].

  **Écoutez et répétez:** mince / bien / combien / chien / cousin / copain / main / un magasin / américain / rien / plein / lundi / brun / parfum

**C. Nasal vs. nonnasal vowels.** As already noted, for a vowel to be nasal, the nasal consonant must either end the word, as in **bon,** or be followed by a nonnasal consonant, as in **sont.** However, a vowel is almost never nasalized if the nasal consonant is immediately followed by a vowel, as in **ami** or **brune,** or by another nasal consonant, as in the word **comme.**

**Écoutez et répétez:** Note that the masculine words in the first column contain nasal vowels, whereas the feminine words in the second do not.

| | |
|---|---|
| un | une |
| bon | bonne |
| an | Anne |
| brun | brune |
| américain | américaine |
| italien | italienne |
| canadien | canadienne |

---

*Some speakers of French pronounce four different nasal vowels. These speakers differentiate between the nasal vowel of **un** or **lundi** and the one of **mince** or **cousin.** Thus, for these speakers, the phrase **un bon vin blanc** (*a good white wine*) contains the four different nasal sounds.

# *D*ictée

**Ma maison.** Vous entendrez la dictée trois fois. La première fois, écoutez. La deuxième fois, écrivez ce que vous entendez. La troisième fois, écoutez pour vérifier ce que vous avez écrit.

_____

_____

_____

_____

_____

_____

## Le verbe français

## *R*egular verbs ending in *-ir* and *-re; ouvrir*

There are two patterns for second conjugation **-ir** verbs. In the previous chapter, we looked at verbs such as **dormir** and **sortir,** which drop the final consonant of the stem in the singular forms. Only a few **-ir** verbs are conjugated this way. The majority of regular **-ir** verbs are conjugated like **finir** (*to finish*).

A.  **Verbs like** *finir.* Regular second conjugation verbs have two present tense stems: one for singular forms, ending in **i;** and one for plural forms, ending in **iss.** The endings shown in the following chart are added to these stems.

**Écoutez et répétez:**

| finir | | | |
|---|---|---|---|
| je | fin**is** | nous | finiss**ons** |
| tu | fin**is** | vous | finiss**ez** |
| il/elle | fin**it** | ils/elles | finiss**ent** |

Note that the singular forms are all pronounced alike. Note, too, that the final **-ss** of the plural stem is always pronounced, because the following plural endings all begin with a vowel. You may recall that the singular and third-person plural forms of **-er** verbs are pronounced alike: **parlé, parlés, parlé, parlent.** However, this is never the case with verbs like **finir: finis, finis, finit, finissent.**

Other verbs that are conjugated like **finir: agir** (*to act*), **choisir** (*to choose*), **démolir** (*to demolish*), **réfléchir (à)** (*to think about*), **réussir (à)** (*to be successful at*), and **vieillir** (*to get old*).

B.  **Verbs like** *ouvrir* **(to open).** There are a few **-ir** verbs, such as **ouvrir,** that are conjugated like first conjugation **-er** verbs. All these verbs have stems ending in **vr** or **fr.**

**Écoutez et répétez:**

| ouvrir | | | |
|---|---|---|---|
| j' | ouvr**e** | nous | ouvr**ons** |
| tu | ouvr**es** | vous | ouvr**ez** |
| il/elle | ouvr**e** | ils/elles | ouvr**ent** |

Other verbs like **ouvrir: couvrir** (*to cover*), **découvrir** (*to discover*), **offrir** (*to offer, give*).

C. **Verbs like *attendre*.** Most regular third conjugation or **-re** verbs have stems ending in **d: attendre** (*to wait for*), **vendre** (*to sell*). The regular person endings are added to the stem, except for the third-person singular, where **-t** is not added.

**Écoutez et répétez:**

|  | attendre |  |  |
|---|---|---|---|
| j' | attend**s** | nous | attend**ons** |
| tu | attend**s** | vous | attend**ez** |
| il/elle | attend | ils/elles | attend**ent** |

Note that the **d** of the singular stem is not pronounced, because a consonant (or nothing) follows. However, the **d** of the plural stem is pronounced, because a vowel follows. Listen carefully: **attend, attendent.**

Other verbs that are conjugated like **attendre: entendre** (*to hear*), **descendre** (*to go down, get out of* [*a vehicle*]), **perdre** (*to lose, waste*), **répandre** (*to scatter, spread*), **répondre (à)** (*to answer*), **tondre** (*to mow*), and **vendre** (*to sell*).

*Vérifions!*

Cover the preceding information with a piece of paper and see if you can complete the following chart. Then check your answers and review any areas of uncertainty.

|  | réfléchir | dormir | répondre | sortir | ouvrir |
|---|---|---|---|---|---|
| Malik |  |  | *répond* |  |  |
| mes amis | *réfléchissent* |  |  |  |  |
| je (j') |  |  |  |  | *ouvre* |
| Barbara et moi |  | *dormons* |  |  |  |
| vous |  |  |  |  |  |
| tu |  |  |  | *sors* |  |

**Intégration des verbes**

**Les différences culturelles.** La classe de M^me Martin reçoit la visite de Christine Aubry, une étudiante française. Ensemble, ils discutent de certaines différences culturelles. Complétez leur conversation avec les verbes indiqués.

CHRISTINE: Il y a en ce moment beaucoup de jeunes en France qui _____[1] (souffrir) vraiment de la crise économique. Même s'ils _____[2] (finir) leurs études, ils _____[3] (réussir) rarement à trouver tout de suite un emploi satisfaisant dans le domaine de leurs études. C'est pour cette raison que beaucoup de jeunes _____[4] (choisir) de continuer à habiter chez leurs parents, bien au-delà de l'âge de vingt ou même vingt-cinq ans quelquefois. Il me semble aussi qu'ils

_____5 (attendre) plus longtemps avant de commencer une vie de couple, pour pouvoir établir d'abord leur indépendance financière.

DANIEL: C'est vrai que la situation économique est très différente ici, ce qui influence d'ailleurs énormément l'attitude des jeunes. Nous avons de la chance, puisque notre économie marche bien. C'est évident autour de nous: il y a tout le temps un nouveau magasin, souvent très grand, qui _____6 (ouvrir) ses portes et qui _____7 (vendre) des quantités inimaginables de produits très chers.

DENISE: Moi, je trouve que cette prospérité a certaines conséquences regrettables. Par exemple, je suis souvent surprise de voir qu'on _____8 (démolir) un bâtiment pour en construire un autre, même si l'ancien bâtiment est encore en bon état. Je pense que les gens ici _____9 (perdre) le respect du passé.

LOUIS: Eh bien, moi je pense que toi, Denise, tu _____10 (vieillir)! Tu as déjà les opinions d'une vieille personne.

DENISE: Mais non, je suis très sérieuse. C'est simplement que je _____11 (réfléchir) un peu plus que toi aux conséquences de tout ce développement commercial!

CHAPITRE 5

# Dans le passé

---

## Thèmes et grammaire

---

### La vie quotidienne

**Activités de compréhension**

🎧 **A. Dîner familial.** C'est le soir et les Colin se retrouvent à table pour le dîner. Chacun parle de sa journée. Indiquez si les phrases sont vraies ou fausses.

NOUVEAU VOCABULAIRE

| | | | |
|---|---|---|---|
| un(e) collègue | *colleague* | une conférence | *lecture* |
| j'ai rendu | *I turned in* | silencieux/silencieuse | *quiet* |
| une note | *grade* | ça ne se voit même pas | *you can't even see it* |
| c'est promis | *it's promised* | | |

Vrai (**V**) ou faux (**F**)?

1. ____ Claudine a dîné avec une collègue.

2. ____ Charles a rendu un devoir de chimie.

3. ____ Joël va finir ses devoirs après le dîner.

4. ____ Marise a pris l'autobus pour aller à la fac.

5. ____ Clarisse n'a pas eu de chance ce jour-là.

🎧 **B. Une journée horrible.** Après le dîner, Clarisse va dans la chambre de sa sœur Marise pour lui raconter son horrible journée en détail. Cochez (✓) les phrases qui indiquent une raison pour laquelle Clarisse est malheureuse.

NOUVEAU VOCABULAIRE

une fête   *party, celebration*          j'en ai marre   *I'm fed up with it all*

1. _____ Elle n'a pas réussi à son examen.

2. _____ Ses parents ne sont pas contents d'elle.

3. _____ La voiture ne marche pas (*isn't working*) maintenant.

4. _____ Sa sœur a pris son sac préféré.

5. _____ Elle est tombée dans l'escalier.

6. _____ Elle n'a pas la permission d'aller à la fête d'Alain.


**Activités écrites**

**A. Vocabulaire: Ça veut dire quoi?** Écrivez à côté de l'expression de temps la lettre correspondante à sa définition.

1. _____ hier

2. _____ la semaine dernière

3. _____ pendant un mois

4. _____ tous les deux mois

5. _____ la semaine prochaine

a. durant 30 jours
b. tous les 60 jours
c. la semaine après cette semaine
d. la semaine avant cette semaine
e. le jour avant aujourd'hui

Maintenant, testez votre connaissance des verbes. Choisissez la bonne réponse.

1. sécher un cours → On (va / ne va pas) à son cours.

2. rencontrer des copains → On (va / ne va pas) voir ses copains.

3. attendre le professeur → On arrive (avant / après) le professeur.

4. assister à une conférence → On (va / ne va pas) aller à ce cours.

5. rendre un devoir → On (donne / ne donne pas) son devoir au professeur.

**Attention! Étudier Grammaire 5.1.**

**B. Qu'avez-vous fait?** Est-ce que vous avez fait les activités suivantes la semaine dernière?

MODÈLES:   travailler → Oui, j'ai travaillé lundi et mercredi.

rendre tous mes devoirs → Non, je n'ai pas rendu tous mes devoirs.

1. étudier à la bibliothèque _____

_____

2. dîner (déjeuner) au restaurant avec des amis _____

_____

3. répondre à une lettre _____

_____

4. finir un devoir important _____

_____

5. attendre quelqu'un (qui?) _____

_____

6. ranger ma chambre _____

_____

7. sécher un cours _____

_____

8. choisir un cadeau pour quelqu'un _____

_____

9. acheter un vêtement _____

_____

10. regarder un bon film _____

_____

**C. La vie en France.** Ce tableau montre les tendances récentes des activités des Français. Complétez les phrases en employant le passé composé.

| Proportion de Français ayant pratiqué l'activité suivante en 2004: | |
|---|---|
| • regarder la télévision tous les jours ou presque | 87 % |
| • danser au moins 5 ou 6 fois par an | 34 % |
| • écouter la radio tous les jours ou presque | 82 % |
| • jouer aux cartes ou à d'autres jeux de société chaque semaine ou presque | 12 % |
| • jouer de la musique régulièrement ou presque | 6 % |
| • jardiner tous les jours ou presque à la belle saison | 17 % |
| • assister à un spectacle au moins 5 fois par an | 53 % |

MODÈLE:   6 % des Français... → ont joué de la musique tous les jours ou presque.

1. 87 % des Français _____

_____

2. 82 % des Français _____

_____

3. 53 % des Français _____

_____

4. 34 % des Français _____

_____

5. 17 % des Français _____

_____

6. 12 % des Français _____

_____

**D. Les habitudes.** Maintenant dites avec quelle fréquence au cours de l'année dernière, vos parents et leurs amis ont fait les activités de l'exercice C.

MODÈLE:   Ils ont dansé de temps en temps. (Ils n'ont pas dansé.)

1. _____

2. _____

3. _____

4. _____

5. _____

6. _____

# *L*es expériences

## Activités de compréhension

**A. Nous sommes allés au cinéma.** Charles Colin est en train de parler au téléphone avec son ami Paul. Mettez les phrases dans le bon ordre (1–7).

NOUVEAU VOCABULAIRE

| | | | |
|---|---|---|---|
| est en train de parler | *is speaking* | au milieu | *in the middle* |
| un film d'épouvante | *horror movie* | avoir bon goût | *to have good taste* |
| nul(le) | *bad, worthless* | | |

_____ a. Charles et Stéphanie sont arrivés à la pizzeria.

_____ b. Charles s'est endormi.

_____ c. Le film a commencé.

_____ d. Paul et Caroline ont fini de dîner.

_____ e. Charles et Stéphanie ont quitté le restaurant.

_____ f. Charles et Stéphanie sont allés au cinéma.

_____ g. Paul et Caroline sont sortis de la pizzeria.

**B.  Les vacances d'Adrienne.** Adrienne Petit passe ses vacances en Corse cette année. La fin de ses vacances approche et elle écrit une carte postale à son amie Florence. Indiquez si les phrases sont vraies ou fausses.

NOUVEAU VOCABULAIRE

bronzé(e)   *suntanned*          un moniteur   *instructor*

Vrai (**V**) ou faux (**F**)?

SELON SA CARTE POSTALE,...

1.  _____ Adrienne est contente de ses vacances.

2.  _____ elle a bien profité des magasins.

3.  _____ il a fait beau pendant ses vacances.

4.  _____ elle est experte en planche à voile.

5.  _____ elle s'est levée tôt tous les matins.

6.  _____ elle a acheté quelque chose pour Florence.

**Activités écrites**

**A.  Vocabulaire: Un matin difficile.** Complétez le paragraphe en choisissant les participes passés logiques.

| | |
|---|---|
| appris | eu |
| bu | mis |
| couru | offert |
| dû | ouvert |
| entendu | voulu |

Hier matin, j'ai _____[1] des ennuis. D'abord, j'ai _____[2] la pluie sur le toit et je n'ai pas _____[3] me lever. Puis mon chien Médor a _____[4] dans ma chambre, les pattes couvertes de boue (*mud*)! J'ai _____[5] nettoyer la boue avant de me doucher. Enfin, j'ai _____[6] mes vêtements et j'ai _____[7] un bon café au lait. Mais au moment de partir, j'ai _____[8] une mauvaise nouvelle. Pas d'autobus aujourd'hui à cause d'une grève (*strike*)! J'ai _____[9] la porte et regardé la pluie. Et puis, un rayon de soleil est apparu sous la forme de ma copine Élodie et de sa petite Renault rouge. Elle a _____[10] de m'emmener à la fac!

**Attention! Étudier Grammaire 5.2.**

**B. Mon ami(e) et moi.** Complétez ces tableaux en écrivant les activités que ces deux personnes ont faites hier.

*Hier*

*Moi*

Hier, j'___ _____[1] et ensuite
(courir)

j'___ _____[2] du café et un
(prendre)

croissant. J'___ _____[3] le
(lire)

journal et puis j'___ _____[4]
(mettre)

mes vêtements. Enfin, j'___ _____[5]
(conduire)

à la fac où j'___ _____[6] à
(assister)

mon cours d'anglais.

*Mon ami(e)*

Hier, il/elle ___ _____[1]
(recevoir)

un chèque pour son anniversaire et

il/elle ___ _____[2] acheter
(vouloir)

des DVD. Au magasin, il/elle

___ _____[3] obligé d'attendre
(être)

15 minutes avant de payer. Il/Elle

___ _____[4] son cours de
(manquer)

maths. Puis il/elle ___ _____[5]
(faire)

des courses dans quelques autres magasins et

juste au moment de quitter le dernier magasin,

il/elle ___ _____[6] son
(voir)

professeur de maths dans la rue! Quelle

malchance!

**C. Les grandes vacances.** L'été dernier, Adrienne Petit et quelques copains ont loué une maison près de Nice. Ils ont passé un mois ensemble. Racontez ce qu'ils ont fait pendant leurs vacances.

NOUVEAU VOCABULAIRE

faire des achats — *to go shopping*          faire la grasse matinée — *to sleep in*
faire un feu de camp — *to make a campfire*

*Les vacances d'Adrienne*

*Adrienne et ses copains ont passé beaucoup de temps à la plage. Ils...*

_____

_____

_____

_____

_____

_____

_____

_____

# *L*e week-end et les loisirs

## Activités de comprehénsion

**A. Jean-Yves et sa mère.** Après les cours, Jean-Yves et Agnès discutent au café de la visite de la mère de Jean-Yves à Paris. Indiquez si les phrases suivantes sont vraies ou fausses.

NOUVEAU VOCABULAIRE

| | | | |
|---|---|---|---|
| heureusement que | *it's fortunate that* | un interrogatoire | *cross-examination* |
| surtout | *especially* | n'a pas arrêté | *didn't stop* |

Vrai (**V**) ou faux (**F**)?

1. _____ La mère de Jean-Yves a aidé Jean-Yves à nettoyer son studio.

2. _____ Elle a voulu visiter les monuments de Paris.

3. _____ Avec Jean-Yves, elle est montée en haut de l'Arc de Triomphe.

4. _____ Elle a rencontré les amis de Jean-Yves.

5. _____ Selon Jean-Yves, elle n'a pas arrêté de lui poser des questions.

6. _____ Jean-Yves l'a invitée à revenir à Paris le mois prochain.

**B. Compte rendu de la mère de Jean-Yves.** Écoutons maintenant ce que la mère de Jean-Yves a pensé de sa visite à Paris. Elle raconte tout à son mari. Complétez les phrases d'après ce que dit M^me Lescart.

NOUVEAU VOCABULAIRE

| | | | |
|---|---|---|---|
| ce que | *what (that which)* | discret/discrète | *discreet* |
| clair(e) | *bright, sunny* | éviter | *to avoid* |
| sale | *dirty* | dans quinze jours | *in two weeks* |
| de toute façon | *anyway* | | |

1. _____ Oui, j'ai été très contente…

2. _____ Oui, je sais, mais je l'ai trouvé…

3. _____ Nous avons décidé…

4. _____ Nous nous sommes promenés au Quartier latin…

5. _____ Tu sais, j'ai été très discrète…

6. _____ J'ai décidé d'y retourner dans quinze jours…

a. assez sale.
b. et, bien sûr, au jardin du Luxembourg.
c. pour lui faire plaisir, bien sûr.
d. et j'ai surtout évité le sujet des filles.
e. de le revoir.
f. de faire les touristes.

## Activités écrites

**Attention! Étudier Grammaire 5.3 et 5.4.**

**A. Champlain.** Choisissez le verbe logique pour compléter cette petite histoire de Samuel de Champlain.

| | |
|---|---|
| est descendu | est parti |
| est né | est revenu |

MODÈLE: Champlain *est né* en France en 1567.

1. Il _____ en Amérique du Nord en 1603.

2. Plus tard, il _____ vers le sud jusqu'à la côte de la Nouvelle-Angleterre.

3. Ensuite, en 1608, il _____ dans le nord pour fonder la ville de Québec.

| | |
|---|---|
| est mort | est retourné |
| est rentré | |

4. Enfin, Champlain _____ en France, mais il _____ en Nouvelle-France

plusieurs fois.

5. Il _____ à Québec en 1635.

**B. Il y a combien de temps?** Avez-vous fait les activités suivantes cette année? Quand et avec qui est-ce que vous les avez faites?

> MODÈLE: (aller au cinéma) → Je suis allé(e) au cinéma il y a une semaine, avec des copains. (Je ne suis pas allé[e] au cinéma cette année.)

SUGGESTIONS

| | |
|---|---|
| avant-hier | le mois dernier |
| hier | la semaine dernière |
| il y a une semaine (deux jours... ) | ? |

1. (aller à une fête) _____

   _____

2. (partir en week-end) _____

   _____

3. (rentrer au petit matin) _____

   _____

4. (tomber) _____

   _____

5. (rester à la maison le week-end) _____

   _____

**C. Un jour à la fac.** Vous parlez avec un(e) camarade de votre journée d'hier (ou de votre dernier jour à l'université). Écrivez ses questions et vos réponses.

> MODÈLE: —Tu *t'es levé(e)* à quelle heure? (se lever)
> —Je me suis levé(e) à sept heures et demie.

1. —Tu _____ le matin? (se baigner)

   —_____

2. —Tu _____ à la fac à quelle heure? (arriver)

   —_____

3. —Tu _____ en cours de français? (s'amuser)

   —_____

4. —Tu _____ à un autre cours? (aller)

   —_____

5. —Tu _____ à la fac jusqu'à quelle heure? (rester)

   —_____

6. —Tu _____ chez toi à quelle heure? (rentrer)

—_____

7. —Tu _____ le soir? (se promener)

—_____

8. —Tu _____ à quelle heure? (se coucher)

—_____

**D. Les activités probables.** Qui a probablement fait ces activités samedi dernier?

            Francis et Marie Lasalle (70 et 69 ans)          Adrienne Petit (28 ans)

            Nathalie Lasalle (6 ans) et sa sœur Marie-Christine (8 ans)    Emmanuel Colin (15 ans)

    MODÈLE:   aller à un concert de rock avec des copains →
                Emmanuel est allé à un concert de rock avec ses copains.

1. se lever à 7 h du matin pour regarder *Maison et jardin* à la télé

_____

_____

2. rester au lit jusqu'à 10 h 30 pour lire *La revue des sports extrêmes.*

_____

_____

3. aller au cirque avec ses parents

_____

_____

4. rentrer à 2 h du matin

_____

_____

5. sortir à un match de foot avec une bande de copains

_____

_____

6. partir en week-end de ski avec des collègues

_____

_____

7. s'endormir devant la télé vers 9 h samedi soir

_____

_____

**E. Composition: Une occasion importante.** Décrivez un événement spécial auquel vous avez assisté. Où et avec qui y êtes-vous allé(e)? Qu'est-ce que vous avez fait pendant cet événement? À quelle heure êtes-vous rentré(e)? Et vous, personnellement, qu'est-ce que vous avez fait avant d'y aller? Est-ce que vous avez acheté un vêtement? Êtes-vous allé(e) chez le coiffeur?

> MODÈLE: Je suis allé(e) au mariage de mon cousin avec ma sœur. Nous...
> Moi, avant d'y aller, j'ai (je me suis)...

_____

_____

_____

_____

_____

_____

_____

_____

# *F*aits personnels et historiques

## Activités de compréhension

**A. L'album de famille des Colin.** Il pleut aujourd'hui et la famille Colin reste à la maison. Les enfants essaient de se distraire. Emmanuel a trouvé un vieil album de photos et pose des questions à sa mère Claudine. Il veut tout savoir sur l'histoire de leur famille. Indiquez si les phrases suivantes sont vraies ou fausses.

NOUVEAU VOCABULAIRE

| | | | |
|---|---|---|---|
| se distraire | *to amuse oneself* | blessé(e) | *wounded* |
| reconnaître | *to recognize* | une couette | *pigtail* |
| pendant | *during* | avoir l'air content | *to seem happy* |
| la guerre | *war* | la retraite | *retirement* |

Vrai (**V**) ou faux (**F**)?

1. _____ Emmanuel n'a pas reconnu ses grands-parents.

2. _____ Ses grands-parents se sont mariés en 1948.

3. _____ Son grand-père est parti à la guerre.

4. _____ Il a trouvé la photo de sa mère très belle.

5. _____ Il a déjà vu la photo de son oncle Bernard.

6. _____ Sur la dernière photo, sa mère est une petite fille.

**B. Deux devinettes.** Joël s'ennuie et Emmanuel lui propose de jouer avec lui au jeu des devinettes. Il va lui décrire deux personnages historiques français très célèbres et Joël doit deviner leur identité. Cochez (✓) le nom des personnages qu'il décrit.

NOUVEAU VOCABULAIRE

| | | | |
|---|---|---|---|
| deviner | *to guess* | un tricorne | *three-cornered hat* |
| épouser | *to marry* | un roi | *king* |
| un cœur | *heart* | seul(e) | *single* |
| une bataille | *battle* | | |

1. Qui est le premier personnage?

_____ Louis XIV                          _____ Napoléon

_____ Jacques Cartier                    _____ Voltaire

2. Qui est le deuxième personnage?

_____ Louis XIV                          _____ Napoléon

_____ Jacques Cartier                    _____ Voltaire

### Activités écrites

**A. Vocabulaire: Une rédaction.** M^me Martin a demandé à ses étudiants d'écrire une rédaction sur l'histoire de leur famille aux États-Unis. Complétez la composition de Louis Thibaudet en utilisant les mots suivants: **accompagné, ancêtres, découvert, devenu, émigrer, entendu parler, mythes, plat, venus, voulu.**

L'histoire de ma famille

Mes _____¹ sont _____² sur ce continent pour plusieurs

raisons. Le premier, Pierre-Auguste Thibaudet, avait _____³ de la vaste

richesse du nouveau monde, alors il a _____⁴ Cavelier de La Salle lors

de son expédition de 1682. Deux siècles plus tard, mes arrière-grands-parents du côté

de ma mère ont _____⁵ vivre sous un gouvernement démocratique, alors,

ils ont décidé d'_____⁶. Lors de leur arrivée, mes ancêtres ont

_____⁷ un vaste pays fascinant. Personne n'est _____⁸

très riche, malgré (despite) les _____⁹. Et je suppose que mes ancêtres

ont tous découvert que le monde n'est pas _____¹⁰, mais rond!

**Attention! Étudier Grammaire 5.5.**

B. **Exagérations.** Ange est excessivement optimiste. Par contre, Elvire est trop négative et pessimiste. Écrivez les opinions négatives d'Elvire en utilisant **ne… rien, ne… personne, ne… jamais, ne… plus** ou **ne… pas encore.**

> MODÈLE: ANGE: *Tout* est pour le mieux dans notre monde.
>
> ELVIRE: *Rien n'est pour le mieux dans notre monde.*

1. ANGE: On doit avoir confiance dans *tout le monde.*

   ELVIRE: _____

2. ANGE: En général, *les gens* disent la vérité.

   ELVIRE: _____

3. ANGE: Le gouvernement s'intéresse *toujours* à l'écologie.

   ELVIRE: _____

4. ANGE: D'habitude, il y a *quelque chose* d'intéressant à la télé.

   ELVIRE: _____

5. ANGE: Nous avons *déjà* découvert les secrets de l'univers.

   ELVIRE: _____

6. ANGE: Nous avons *toujours* conservé nos ressources naturelles.

   ELVIRE: _____

C. **Une mauvaise journée.** Imaginez un jour où tout est allé très mal pour vous. Vous êtes de mauvaise humeur et maintenant vous répondez aux questions que vos parents vous posent. Utilisez les expressions suivantes dans vos réponses.

> ne… jamais            ne… personne (personne ne… )            ne… rien (rien ne… )
>
> ne… pas encore      ne… plus

MODÈLE: Avec qui es-tu allé(e) à la fac aujourd'hui? →
Je n'y suis allé(e) avec personne. J'ai dû y aller tout(e) seul(e).

1. Est-ce que tu as fait quelque chose d'intéressant ce matin?

   _____

2. As-tu rencontré quelqu'un de nouveau à la fac?

   _____

3. Qui t'a téléphoné après les cours?

   _____

4. Est-ce que tu as reçu quelque chose d'intéressant au courrier aujourd'hui?

   _____

5. As-tu encore de l'argent pour le reste de la semaine?

   _____

6. As-tu déjà fini tout ton travail pour demain?

   _____

7. Est-ce que tu as déjà retrouvé ton carnet d'adresses que tu as perdu hier?

   _____

8. Qu'est-ce qui a bien marché pour toi aujourd'hui?

   _____

**D. Composition: Ma vie.** Écrivez votre biographie, en employant des verbes au passé composé. Commencez par votre date et votre lieu de naissance et mettez-y tous les événements importants de votre vie. N'oubliez pas d'ajouter les choses que vous avez toujours voulu faire, mais que vous n'avez jamais faites.

MODÈLE: Je suis né(e) à Baltimore le 8 novembre 1986. J'ai commencé l'école en… J'ai toujours voulu visiter l'Afrique, mais je ne l'ai jamais fait parce que…

_____

_____

_____

_____

_____

_____

_____

# À vos écrans!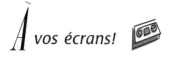

**Scène:**  Raconter des événements

**Aperçu:**  Dans cet épisode, Jacques, Claire et Aimée ont passé un week-end mouvementé. Lisez le **Nouveau vocabulaire** et l'activité, puis regardez la vidéo. Regardez-la plusieurs fois, si nécessaire.

NOUVEAU VOCABULAIRE

| | |
|---|---|
| les sans-abri | *homeless* |
| balayer | *to sweep* |
| il a plu | *it rained* |

Indiquez si les phrases suivantes sont vraies (**V**) ou fausses (**F**).

1. _____ Aimée s'est réveillée samedi matin et il y avait des vêtements et des déchets partout.

2. _____ Jacques ne croit pas que son petit chien a créé un tel désordre.

3. _____ Aimée a exposé quelques tableaux au parc samedi.

4. _____ Claire a fait les vitrines samedi matin.

5. _____ Jacques est allé à la montagne pour faire du ski nautique.

6. _____ Jacques explique qu'il a plu tout le week-end et il est resté dans sa tente à lire un livre de philosophie.

7. _____ C'est Aimée qui est responsable du désordre dans le studio.

8. _____ À la fin, Claire présente des excuses à Jacques.

# À l'écoute!

## Le Proverbe
### Adapté du conte de Marcel Aymé

Ce jeudi soir, comme d'habitude, M. Jacotin était de mauvaise humeur. Il a regardé sa famille: sa femme, ses deux filles âgées de seize et de dix-sept ans, et son fils Lucien, un garçon de treize ans. Enfin, il a pris sa place à table dans la salle à manger et a fixé son fils d'un regard dur.

—Veux-tu me dire ce que tu as fait cet après-midi? Est-ce que tu as fini tes devoirs?

—Mes devoirs? a murmuré Lucien. Euh, j'ai travaillé hier soir en rentrant de classe. Je n'ai pas encore fini mon devoir de français.

—Quoi? Un devoir de français que ton professeur t'a donné vendredi dernier? Tu l'as depuis huit jours et tu n'as pas trouvé le moyen de le faire? Je n'ai pas la chance, moi, d'avoir un fils comme Lucien Béruchard: un fils premier en français,

premier en calcul. C'est agréable pour moi, qui travaille au bureau avec
Béruchard père de l'entendre constamment me raconter les succès de son fils.

M. Jacotin a continué à lui parler longuement sur le même ton. Lucien avait
sommeil et il pensait à autre chose. Il connaissait trop bien ce discours. Mais
quand son père a proposé de l'aider à écrire son devoir de français, il s'est
réveillé bien vite et l'a regardé d'un air effrayé.° *frightened*

Père et fils se sont mis à la tâche, qui a duré au moins deux heures. Il était
question d'expliquer le proverbe «rien ne sert de courir, il faut partir à point».
Enfin, M. Jacotin, tout en prononçant son sermon, a donné une plume à Lucien
et a commencé à lui dicter tout le devoir.

Pendant que son père lui dictait tout le contenu du devoir, Lucien a
commencé à s'inquiéter. Son professeur leur avait bien dit de ne pas utiliser la
comparaison avec «Le lièvre° et la tortue°» pour expliquer le proverbe parce *hare / tortoise*
que c'était trop banal. Hélas! Comment expliquer la composition au professeur?
Mais il a fini la copie et s'est excusé pour aller se coucher. Le lendemain, il a
rendu le devoir à son professeur.

Chaque soir au dîner la semaine suivante, M. Jacotin a voulu savoir si le
professeur avait rendu le devoir. Le professeur a finalement rendu les devoirs
en disant que la classe n'avait pas compris les instructions et que personne
n'avait reçu de bonne note, sauf le petit Béruchard. Quant à la composition de
Lucien, il a dit devant la classe: «Mais vous, Jacotin, vous avez rempli six pages
en restant constamment en dehors° du sujet, de plus vous avez adopté un ton *en... à l'extérieur*
insupportable. Cette fois, vous vous êtes dépassé°! Je vais lire votre rédaction à *surpassé*
la classe comme mauvais exemple.»

Ce soir-là au dîner, M. Jacotin a de nouveau demandé si le professeur avait
rendu le devoir. Lucien ne savait pas quoi dire.

—Mon devoir?

—Tu es dans la lune! s'est écrié M. Jacotin. Oui, ton devoir de français. On
te l'a rendu?

Lucien a regardé son père et il a compris que son père avait risqué tout son
prestige, son infaillibilité de chef de famille, quand il avait décidé d'aider Lucien
avec le devoir. Il allait perdre la face devant sa famille et son collègue Béruchard.

—Enfin, est-ce qu'on t'a rendu ton devoir?

—Oui. Le professeur s'en est même servi de modèle pour la classe.

Le visage du père était radieux et il a regardé sa famille d'un air triomphant.
Et puis, le père a touché l'épaule de son fils et lui a dit d'un ton affectueux: «Tu
vois, mon enfant, quand on entreprend un travail, il faut d'abord réfléchir. Voilà
ce que je voulais te faire comprendre. À partir de maintenant, tous tes devoirs de
français, nous allons les faire ensemble.»

Dites si à votre avis chaque phrase est vraie (**V**) ou fausse (**F**).

1. _____ M. Jacotin est une personne simple et agréable.

2. _____ Lucien est un étudiant studieux.

3. _____ Le professeur a lu le devoir de Lucien devant la classe.

4. _____ Lucien a compris qu'il pouvait faire du mal à son père.

5. _____ Le père a dit qu'ils allaient faire le devoir de français ensemble à l'avenir parce qu'il a
voulu punir Lucien.

6. _____ Béruchard père travaillait au même bureau que M. Jacotin.

7. _____ Le fils de Béruchard a reçu la meilleure note de la classe.

**Allons plus loin!** Est-ce que Lucien a appris la leçon que son père voulait lui enseigner? Quelle leçon a-t-il apprise, à votre avis?

# À vos stylos!

**Situation:** Vous allez écrire une lettre à Ramón, un camarade qui étudie le français dans une autre université et qui est allé en France pour deux semaines. Vous voulez lui poser des questions sur son voyage.

**Intention:** Vous voudriez savoir s'il s'est bien débrouillé en français et s'il a eu des difficultés de communication. Vous voudriez aussi savoir ce qu'il a vu (les choses qu'il a vues), ce qu'il a mangé et ce qu'il a fait pour s'amuser.

**Méthode:** Avant de commencer, faites une liste des questions que vous allez lui poser. Ensuite, organisez vos questions de manière logique. Enfin, écrivez la lettre.

MODÈLE:

Cher Ramón,

Alors, tu as fait un bon voyage en France? Est-ce que tu as eu... ? Tu es allé au Louvre? au Centre Pompidou? Qu'est-ce que... ? ...

Bien à toi,
(votre nom)

IDÉES

| | |
|---|---|
| les achats | les musées |
| le cinéma | la nourriture |
| les gens | les prix |
| l'hôtel | les taxis |
| les monuments | le théâtre |

# ೞ Rencontres

**Épisode 5:** Vol à la piscine

**Avant l'écoute.** D'après les informations de l'épisode précédent, indiquez si les phrases suivantes sont vraies (**V**) ou fausses (**F**).

1. _____ Annick et Jean-Claude partagent les mêmes idées.

2. _____ Annick et Jean-Claude décident de passer le week-end ensemble.

**Situation:** Dans le jardin chez les Lefèvre, Christelle et Steve parlent d'Isabelle avant d'aller à la piscine.

NOUVEAU VOCABULAIRE

| | | | |
|---|---|---|---|
| un vol | *theft* | j'ai du mal | *I have difficulty* |
| se disputer | *to fight, argue* | au juste | *exactly* |
| à cause de | *because of* | un portefeuille | *wallet* |
| les affaires | *belongings* | il a disparu | *it has disappeared* |
| dedans | *inside* | les papiers | *documents* |
| le trottoir | *sidewalk* | voler | *to steal* |

**Après l'écoute.** Indiquez si les phrases suivantes sont vraies (**V**) ou fausses (**F**).

1. _____ Steve remarque un homme avec des lunettes et une veste rouge.

2. _____ L'homme part à bicyclette.

3. _____ Steve révèle à Christelle qu'il pense beaucoup à Isabelle.

4. _____ À la piscine, Steve veut acheter quelque chose à boire.

5. _____ À la piscine, quelqu'un vole l'appareil photo de Steve.

6. _____ Steve décide d'aller au commissariat tout de suite.

7. _____ Steve n'a plus d'argent.

8. _____ Steve est très heureux à la fin de l'épisode.

# ೞ La prononciation et l'orthographe

# More about liaison (common contexts)

As you already know, most final consonants of a word are not pronounced: trois. If the word that follows begins with a vowel sound, however, then the consonant may be pronounced, as in **trois_enfants.** However, liaison does not take place between all words. You will learn about some of the more common contexts for liaison in this chapter.

A. **Plural subject pronouns.** There is always liaison between the **s** of the plural subject pronouns **nous, vous, ils,** and **elles** and a following verb that begins with a vowel sound: **nous_aimons, vous_aimez, elles_aiment.** Keep in mind that final **s**, in liaison, is pronounced as [z].

**Écoutez et répétez:**

1. Nous_allons souvent chez nos grands-parents.

2. Ils_ont deux chats.

3. Ils_aiment jouer avec moi.

4. Le soir, nous_écoutons les histoires de grand-père.

5. Est-ce que vous_avez aussi des grands-parents?

B. **Plural determiners.** In French, plural determiners always end in **s: les, des, ces, mes, tes, ses, nos, vos, leurs.** Liaison occurs whenever the next word begins with a vowel sound. The **s** has the [z] sound.

**Écoutez et répétez:**

1. Ce sont des_étudiants canadiens.

2. Voici nos_amis sénégalais.

3. Voilà mes_adorables nièces.

4. Ce sont leurs_oncles.

C. **Singular possessives ending in -*n*.** These are **mon, ton,** and **son,** and they are always used before singular words beginning with vowel sounds: **mon_ami, mon_amie.** Liaison always occurs before a vowel sound.

**Écoutez et répétez:**

1. Voici mon_idée.

2. On va faire une fête pour ton_anniversaire.

3. Paul et son_amie vont venir.

4. Tu invites aussi ton_autre cousin.

D. **The verb *être* and a following word.** When a word that begins with a vowel sound follows a form of the verb **être,** there is generally liaison between the final consonant of the form of **être** and the following vowel sound, as in **je suis_américain.**

**Écoutez et répétez:**

1. Je suis_américaine.

2. Rachid est_ivoirien et Fatima est_algérienne.

3. Ils sont_ici pour leurs_études.

4. Nous sommes_amis.

# Dictée

**Une carte postale de Marie Lasalle.** Vous entendrez la dictée trois fois. La première fois, écoutez. La deuxième fois, écrivez ce que vous entendez. La troisième fois, écoutez pour vérifier ce que vous avez écrit.

_____

_____

_____

_____

_____

_____

_____

## Le verbe français

# The *passé composé*

The **passé composé** is called a compound tense because it is composed of two elements: an auxiliary verb (**avoir** or **être**) and a past participle—**j'ai dormi** (*I slept, have slept*), **nous sommes entrés** (*we entered, have entered*), **elles se sont lavées** (*they [f.] washed themselves, have washed themselves*). Note that the past participle shows agreement for gender and number for the verbs conjugated with **être**.

A. **Regular past participles.** The past participles of most verbs end in a vowel: **é** for the first conjugation, **i** for the second, and **u** for the third. These vowels are added directly to the stems. Note that **aller** has a regular past participle.

**Écoutez et répétez:** Look at the chart, and repeat the past participle after the speaker. (Note that the infinitive and the past participle of first conjugation verbs are pronounced the same: **parler, parlé.**)

| INFINITIVE | STEM | PAST PARTICIPLE |
|---|---|---|
| parler | parl- | parlé |
| espérer | espér- | espéré |
| employer | employ- | employé |
| commencer | commenc- | commencé |
| aller | all- | allé |
| finir | fin- | fini |
| choisir | chois- | choisi |
| dormir | dorm- | dormi |
| sentir | sent- | senti |
| attendre | attend- | attendu |
| vendre | vend- | vendu |
| répondre | répond- | répondu |

**B. Irregular past participles.** Most second and third conjugation verbs that are irregular in the present tense have irregular past participles. Note in particular the past participles of the verbs **être** and **avoir.**

**Écoutez et répétez:** être, été / avoir, eu

All other irregular past participles can be divided into three groups:

- **Past participles ending in *u*.** A few -ir verbs add **u** instead of **i** to their stems to form the past participle. Verbs ending in **-oir** also form their past participle with **u**.

  **Écoutez et répétez:** venir, venu / obtenir, obtenu / courir, couru / vouloir, voulu / falloir, fallu

  Several other verbs form their past participles by replacing their final stem vowel(s) and any following consonants with **u**.

  **Écoutez et répétez:** voir, vu / croire, cru / boire, bu / lire, lu / devoir, dû / recevoir, reçu / savoir, su / pouvoir, pu / pleuvoir, plu / connaître, connu

Note the addition of a circumflex accent in the past participle **dû** to distinguish it from the partitive article **du,** and the addition of a cedilla in the past participle **reçu** to retain the [s] sound.

- **Past participles ending in *t*.** The following verbs add **t** after removing the **-re** ending. Therefore, the past participles of these verbs are identical to the third-person singular forms of the present tense.

  **Écoutez et répétez:** dire, dit / écrire, écrit / faire, fait

  Those **-ir** verbs whose stems end in **fr** or **vr** insert the vowel **e** between the two consonants before adding the **t.**

  **Écoutez et répétez:** offrir, offert / ouvrir, ouvert

  **Past participles ending in *is*.** The following verbs form their past participles by replacing their final stem vowel and the following consonants with **is.**

  **Écoutez et répétez:** mettre, mis / prendre, pris / apprendre, appris

## Vérifions!

Cover the preceding information with a piece of paper and see if you can complete the following chart. Then check your work and review any areas of uncertainty.

| INFINITIVE | PAST PARTICIPLE | INFINITIVE | PAST PARTICIPLE |
|---|---|---|---|
| manger | *mangé* | offrir | |
| finir | | mettre | |
| vendre | | faire | |
| avoir | | recevoir | *reçu* |
| être | | vouloir | |
| venir | | ouvrir | |
| devoir | | prendre | |
| dire | *dit* | boire | |

## Intégration des verbes

**Les vacances de Noël.** M^me Martin rencontre une collègue, Jacqueline Bernier, au retour des vacances de Noël. Complétez leur conversation avec le passé composé des verbes indiqués.

JACQUELINE:  Bonjour, Denise, tu _____[1] (passer) de bonnes vacances?

DENISE:  Oui, très bonnes, merci. Et toi?

JACQUELINE:  Oui, pas mal. J'_____[2] (être) malade quelques jours, mais rien de grave.

DENISE:  Heureusement. Est-ce que tu _____[3] (finir) tout le travail dont tu

m'avais parlé?

JACQUELINE:  Eh non! Il n'y ____ pas ____[4] (avoir) de miracle! Mais, j'_____[5]

(pouvoir) faire quand même pas mal de choses.

DENISE:  J'espère que tu ____ aussi _____[6] (prendre) le temps de t'amuser un

peu.

JACQUELINE:  Oh, oui. Tu sais, les enfants et moi, nous _____[7] (faire) quelques sorties

ensemble: au musée, au zoo, aux magasins de jouets. Et toi, qu'est-ce que tu

_____[8] (faire) d'intéressant?

DENISE: Rien d'exceptionnel. J'_____⁹ (voir) quelques films,

j'_____¹⁰ (écrire) beaucoup de lettres, j'_____¹¹ (lire)

un roman, et un jour, j'_____¹² (rester) au lit jusqu'à 10 h! Et puis, nous

_____¹³ (recevoir) la visite de mes beaux-parents pendant trois jours.

JACQUELINE: C'est quand même beaucoup!

CHAPITRE

# L'enfance et la jeunesse

6

## Thèmes et grammaire

### Les activités de l'enfance

**Activités de compréhension**

**Quels bons souvenirs!** Marise et Emmanuel, comme la plupart des jeunes, se souviennent avec nostalgie du temps qu'ils passaient avec leurs grands-parents Francis et Marie. Écoutez-les parler de leurs souvenirs d'enfance. Ensuite, trouvez la bonne fin pour chaque phrase.

NOUVEAU VOCABULAIRE

| | | | |
|---|---|---|---|
| (ils) se souviennent | *(they) remember* | tellement | *so much* |
| un goûter | *snack* | un mousquetaire | *musketeer* |
| raconter | *to tell* | ils nous gâtaient | *they spoiled us* |

1. _____ Elle (grand-maman) nous préparait…

2. _____ Oui, un bon goûter, et puis elle nous racontait…

3. _____ Oui, moi, j'étais un mousquetaire…

4. _____ On jouait à cache-cache.…

5. _____ Oh, là là, le chien qui courait…

a. et toi, une princesse.
b. un bon goûter.
c. des histoires extraordinaires.
d. et grand-papa nous cherchait.
e. dans les fleurs de grand-maman.

**Activités écrites**

**A. Vocabulaire: Jeux d'enfance.** Indiquez les activités qui sont typiquement pour enfants (**E**) et celles qui sont pour adultes (**A**).

1. _____ jouer à cache-cache

2. _____ jouer au golf

3. _____ regarder les dessins animés

4. _____ lire le journal le matin

5. _____ jouer au ballon dans le jardin

6. _____ s'entraîner au gymnase

7. _____ bâtir des châteaux de sable

8. _____ grimper aux arbres

**Attention! Étudier Grammaire 6.1 et 6.2.**

**B. Minidialogues.** Complétez ces phrases avec le présent des verbes indiqués.

1. Raoul parle avec son ami Louis.

   RAOUL:  Est-ce que tu _____ (lire) des magazines français?

   LOUIS:  Oui, je _____ (lire) un peu *Paris Match* et *L'Express*.

2. M^me Lasalle parle à la maîtresse d'école de sa fille Nathalie.

   M^ME LASALLE:  Nos filles _____ (lire) beaucoup. Elles vont tous les samedis à la

   bibliothèque municipale.

3. Barbara parle avec son amie Nicole.

   NICOLE:  En cours de français, est-ce que vous _____ (écrire) des compositions?

   BARBARA:  Oui, et nous _____ (écrire) beaucoup dans nos cahiers: des dictées, du

   vocabulaire et des rédactions.

4. Denise et Jacqueline parlent avec Paul, le nouvel assistant de français.

   JACQUELINE:  Comment _____-on (dire) «*You're welcome*» en français?

   PAUL:  On _____ (dire) «De rien» ou «Je vous en prie». Les commerçants

   _____ (dire) parfois «C'est moi qui vous remercie», ou tout simplement

   «C'est moi». Et vous, qu'est-ce que vous _____ (dire) en anglais?

Complétez ces phrases avec l'imparfait des verbes indiqués.

5. M^me Martin parle à Barbara.

   M^ME MARTIN:  Est-ce que vous _____ (lire) *Le Petit Prince* de Saint-Exupéry?

   BARBARA:  Oui, je l' _____, (lire) mais seulement en anglais. Je voudrais le lire en

   français.

   M^ME MARTIN:  Savez-vous que Saint-Exupéry ____ aussi _____ (écrire) des romans?

   BARBARA:  Oui, vous l'_____ (dire) en classe un jour.

**C. Les petits Français.** Lisez les résultats de l'enquête à la page suivante et répondez aux questions.

MODÈLE:  Y avait-il des enfants qui n'aimaient pas s'occuper d'un animal? →
Oui, vingt-huit pour cent n'aimaient pas s'occuper d'un animal.

1. Est-ce que la majorité des enfants aimaient aller à l'école?

2. Combien d'enfants n'aimaient pas faire des courses avec leurs parents?

   _____

3. Qu'est-ce que la majorité des enfants préféraient, aller à l'école ou jouer seul?

   _____

4. Quelle était l'activité préférée de ces petits Français?

   _____

5. Quelle activité faisaient-ils le moins, probablement?

   _____

6. Lesquelles de ces activités faisiez-vous quand vous étiez petit(e)? Lesquelles n'aimiez-vous
   pas? Quelles autres activités faisiez-vous souvent?

   _____

   _____

   _____

   _____

**SONDAGE** BAYARD PRESSE ET « LA MARCHE DU SIECLE »

# Enquête auprès des 5-6 ans :
## des peurs, de l'avenir, du bonheur et des héros

**LE BONHEUR**

QUESTION 1 : Est-ce que tu aimes beaucoup, un peu ou pas du tout...

|  | BEAUCOUP | UN PEU | PAS DU TOUT | SANS OPINION |
|---|---|---|---|---|
| jouer avec tes copains et tes copines | 87 | 10 | 3 | — |
| regarder la télé | 77 | 19 | 4 | — |
| aller à l'école | 71 | 20 | 9 | — |
| faire des courses avec tes parents dans les magasins | 54 | 25 | 21 | — |
| t'occuper d'un animal | 54 | 14 | 28 | 4 |
| jouer tout seul | 38 | 22 | 40 | — |

**D. Quand j'étais petit.** Jean-Yves Lescart parle de son enfance. Complétez ses phrases avec
l'imparfait.

MODÈLE: *J'allais* au cinéma avec mes parents.

1. Mon frère et moi, nous _____ (tondre) le gazon chez nous.

2. Ma sœur et ses amies _____ (jouer) souvent à cache-cache.

3. Nous _____ (manger) beaucoup de glaces en été.

4. Mes parents _____ (faire) de la bicyclette avec nous.

5. Nous _____ (savoir) nager et nous _____ (aller) à la piscine en été.

6. J'_____ (avoir) beaucoup de Legos. Je _____ (bâtir) des choses

   fantastiques.

7. Ma mère _____ (lire) les bandes dessinées à ma petite sœur.

8. Et vous, les Américains, est-ce que vous _____ (faire) les mêmes choses que nous,

   ou _____-vous (avoir) d'autres occupations?

9. Toi, personnellement, qu'est-ce que tu _____ (aimer) faire quand tu _____

   (être) petit(e)?

E. **Composition: Ma vie vers l'âge de 9 ans.** Suivez le modèle pour écrire une description de votre enfance en employant l'imparfait.

   MODÈLE: Presque tous les jours, avant d'aller à l'école, je… Quand je rentrais de l'école, mes amis et moi, nous… Si j'étais malade et je ne pouvais pas aller à l'école, je… Quand il pleuvait le samedi, je… Pendant les vacances d'été, je… Ma famille et moi, nous…

   _____

   _____

   _____

   _____

   _____

   _____

   _____

   _____

# *L*a jeunesse

### Activités de compréhension

**Souvenirs d'enfance.** Raoul et Daniel parlent de leur enfance. Daniel vivait à New York et Raoul à Trois-Rivières, au Québec. Écoutez leur conversation, puis indiquez si les phrases suivantes sont vraies ou fausses.

NOUVEAU VOCABULAIRE

| | | | |
|---|---|---|---|
| le lac Saint-Jean | *lake north of Quebec* | je me demande | *I wonder* |
| faire du patin à roulettes | *to rollerskate* | autant | *as much* |
| gratuit | *free of charge* | | |

Vrai (**V**) ou faux (**F**)?

1. _____ En hiver, Daniel allait très souvent nager à la piscine municipale.

2. _____ Raoul et ses amis pêchaient aussi et ensuite ils pique-niquaient.

3. _____ Daniel devait payer pour faire du patin à roulettes.

4. _____ Raoul faisait aussi du patin à roulettes.

5. _____ Daniel patinait dans les rues de New York.

## Activités écrites

**A. Vocabulaire: La vie au lycée.** D'abord, choisissez la définition de chaque expression, puis complétez chaque phrase en utilisant le terme approprié à la forme qui convient.

1. _____ *manifester un sentiment de bonne humeur et de gaieté;* Je dois

   _____ quand je lis des passages comiques.

   a. être doué(e)
   b. faire le pitre
   c. se passionner
   d. rêver
   e. rire
   f. rouspéter

2. _____ *avoir des aptitudes (en musique, maths, etc.);* Notre copine Céline

   _____ pour les sports. Elle est championne de ski.

3. _____ *exprimer son mécontentement ou son opposition;* Brigitte n'est jamais

   contente. Elle _____ constamment.

4. _____ *désirer; imaginer (un voyage, une carrière,... )* Je suis pauvre, mais je

   _____ de voyager un jour.

5. _____ *faire le clown, le bouffon;* Laurent ne peut pas rester tranquille. Il

   _____ pour faire rire ses copains.

6. _____ *aimer ou s'intéresser beaucoup;* Mon petit cousin

   _____ pour les vélos. Il en a trois!

## Attention! Étudier Grammaire 6.3 et 6.4.

**B. Au lycée.** Comparez la façon de vivre de vos camarades de classe à la vôtre à l'époque du lycée. Aviez-vous les mêmes attitudes, ou étiez-vous différent(e)? Expliquez pourquoi en utilisant l'imparfait.

MODÈLE: vouloir gagner de l'argent →
Mes camarades de classe voulaient gagner de l'argent. Moi, je voulais m'amuser. (Moi aussi, je voulais gagner de l'argent.)

1. pouvoir sortir sans demander la permission

_____

_____

2. s'intéresser beaucoup aux cours

_____

_____

3. être obligé(e) d'aider à la maison

_____

_____

4. devoir travailler pour gagner de l'argent de poche

_____

_____

5. avoir peur d'être different(e)

_____

_____

C. **Un récit personnel.** Marie Lasalle nous raconte sa vie à l'âge de 15 ans. Complétez son récit par **qui, que** ou **où.**

L'école de filles _____*où*_____[1] nous allions était tout près de chez nous. Nous pouvions y aller à pied. Notre professeur s'appelait Mᵐᵉ Kaffès. C'était une personne _____[2] nous respections beaucoup et _____[3] savait maintenir l'ordre dans la classe. Reine était la personne dans la classe _____[4] s'inquiétait tout le temps. Marthe était celle _____[5] nous n'aimions pas parce qu'elle n'avait pas de tact. En général, nous aimions beaucoup l'école, mais nous n'étions pas tristes les jours _____[6] nous ne nous sentions pas bien et où nous étions donc obligées de rester chez nous. Il n'y avait pas de télé, mais nous pouvions écouter la radio et lire des livres _____[7] nous trouvions à la bibliothèque.

D. **Préférences et opinions.** Qu'est-ce que vos camarades de classe et vous aimiez quand vous étiez au lycée? Qu'est-ce que vous n'aimiez pas? Expliquez en utilisant **qui, que** ou **où.**

MODÈLE: les cours → Nous aimions les cours où nous pouvions discuter de sujets intéressants. Nous détestions les profs qui ne nous permettaient pas de parler.

1. les professeurs

_____

2. les jours

   _____

3. les discussions entre amis

   _____

4. les examens

   _____

5. les étudiants

   _____

# *L*es rapports avec les autres

## Activités de compréhension

**Des parents différents.** Vous allez entendre nos deux amis, Sarah et Jean-Yves, discuter de comment étaient leurs parents et de ce qu'ils faisaient quand ils étaient au lycée. Identifiez qui aurait pu (*could have*) dire les choses suivantes, Jean-Yves (**JY**) ou Sarah (**S**).

NOUVEAU VOCABULAIRE

| | | | |
|---|---|---|---|
| je devais avoir | *I had to have* | constamment | *constantly* |
| la permission de minuit | *permission to stay out until midnight* | des conseils | *advice* |
| | | en bande | *in a group* |
| le tien / le mien | *yours / mine* | une boum | *party* |

1. _____ Moi, pas de problème pour sortir, mais je devais avoir de bonnes notes.

2. _____ À minuit, mon père m'attendait devant la porte!

3. _____ Mon père aussi travaillait beaucoup.

4. _____ Ma mère me donnait constamment des conseils.

5. _____ J'adorais aller à des matchs de football américain.

6. _____ J'aimais sortir en bande avec mes amis.

**Activités écrites**

A. **Vocabulaire: Les émotions et les rapports avec les autres.** Trouvez le verbe réfléchi qui correspond à chaque définition.

1. _____ assumer la responsabilité de quelque chose
2. _____ garder l'image de quelque chose du passé
3. _____ avoir de bonnes relations avec quelqu'un
4. _____ partir
5. _____ avoir des soucis, être pessimiste en ce qui concerne l'avenir
6. _____ avoir une discussion violente avec quelqu'un
7. _____ prendre intérêt à
8. _____ devenir irrité

a. s'en aller
b. se disputer avec quelqu'un
c. s'en occuper
d. se fâcher
e. s'inquiéter
f. s'intéresser à
g. s'entendre avec quelqu'un
h. s'en souvenir

**Attention! Étudier Grammaire 6.5 et 6.6.**

B. **À l'âge de 15 ans.** Est-ce que vous étiez un adolescent (une adolescente) typique? Complétez les questions et puis répondez en employant **me, vous, leur, lui** ou **nous**.

MODÈLE: —Est-ce que vos parents *vous* permettaient de conduire leur voiture?
—Oui, ils *me* permettaient de conduire leur voiture. (Non, ils ne *me*... )

1. —Qu'est-ce que vos parents _____ disaient quand vous rentriez trop tard?

   —Ils _____ disaient _____.

2. —Est-ce que vous _____ obéissiez, d'habitude? (à vos parents)

   —Je _____ obéissais _____.

3. —Étiez-vous généreux/généreuse envers votre meilleur ami (meilleure amie)? _____ prêtiez-vous souvent vos affaires?

   —Je _____ prêtais _____.

4. —Est-ce que vos professeurs _____ donnaient (à vous et à vos camarades de classe) beaucoup de travail?

   —Ils _____ donnaient _____.

5. —Est-ce que vos parents _____ permettaient (à vous, vos frères et vos sœurs) de sortir quand vous le vouliez?

   —Ils _____ permettaient de sortir _____.

6. —Et votre meilleur ami (meilleure amie), _____ téléphoniez-vous très souvent?

   —Je _____ téléphonais _____.

**C. Mes rapports avec les autres.** Comment vous entendiez-vous avec les autres quand vous aviez 15 ans? Répondez aux questions suivantes pour expliquer vos émotions et vos rapports avec votre famille, vos amis, vos professeurs, etc.

MODÈLE: Dans quelles circonstances vous énerviez-vous? →
Je m'énervais quand je devais nettoyer ma chambre (quand on me disait de rentrer avant dix heures... )

1. Vous entendiez-vous toujours avec tous vos amis?

   _____

2. De quoi (ou de qui) aviez-vous peur? Pourquoi?

   _____

3. Comment vous sentiez-vous quand vos parents vous punissaient?

   _____

4. Quand est-ce que vous vous inquiétiez?

   _____

5. Est-ce que vous vous disputiez souvent avec vos frères et sœurs? Quand?

   _____

6. Que faisiez-vous quand vous vous fâchiez?

   _____

**D. Les émotions et les rapports avec les autres.** Regardez les dessins et répondez aux questions en employant l'imparfait.

| LES RAPPORTS AVEC LES AUTRES | LES ÉMOTIONS |
|---|---|
| s'en aller | avoir peur |
| se battre | être (content[e], nerveux/nerveuse... ) |
| se disputer | s'inquiéter (de ses finances... ) |
| s'entendre | se sentir (fatigué[e], triste... ) |
| se fâcher | vouloir... |

MODÈLE: Pourquoi est-ce que ce jeune homme s'est caché derrière un arbre? →
Il avait peur de l'ours. Il voulait s'en aller.

1. Pourquoi ce couple a-t-il décidé de consulter un conseiller conjugal? (deux raisons)

_____

_____

2. Qu'est-ce que le père de cette jeune fille faisait quand elle avait de petits accidents de voiture?

_____

_____

3. Pourquoi est-ce que ce jeune homme a changé de travail? Quel rapport avait-il avec son patron (boss)?

_____

_____

4. Pourquoi est-ce que cette femme refaisait son budget tous les mois?

_____

_____

5. Comment est-ce que ce jeune homme s'entendait avec sa sœur quand il était petit? Que faisaient-ils?

_____

_____

6. Quelles étaient les émotions de l'institutrice au moment où elle voyait sa nouvelle classe pour la première fois?

_____

_____

# Souvenirs et événements du passé

## Activités de compréhension

**A. La première rencontre de Marie et Francis.** Joël Colin demande à ses grands-parents, Francis et Marie Lasalle, comment ils se sont rencontrés. Leurs versions sont un peu différentes: Après avoir écouté les deux versions, indiquez qui a dit les choses suivantes: Marie (**M**), Francis (**F**) ou les deux (**M, F**).

NOUVEAU VOCABULAIRE

| | | | |
|---|---|---|---|
| ce jour-là | *that day* | ça s'est passé | *it happened* |
| ignorer | *to ignore* | je venais de rencontrer | *I had just met* |
| il ne parlait qu'à… | *he talked only to . . .* | | *(run into)* |
| par hasard | *by chance* | d'ailleurs | *moreover* |

1. _____ Paul et Marie allaient voir une pièce de Molière au théâtre.

2. _____ Marie portait une robe rouge.

3. _____ Marie est arrivée en retard.

4. _____ Paul et Francis se trouvaient devant le théâtre quand Marie est arrivée.

5. _____ Paul a présenté Marie à Francis.

6. _____ Quand Paul lui a présenté Marie, Francis l'a totalement ignorée.

7. _____ Francis a tout de suite décidé d'épouser Marie.

8. _____ Marie a revu Francis plusieurs fois après, par hasard.

**B. Nos fêtes préférées.** Joël doit écrire une composition sur certains jours de fête et expliquer comment sa famille les célèbre. Écoutez le passage, puis indiquez à quelle fête correspond chaque événement. (Une réponse peut être utilisée plus d'une fois.)

NOUVEAU VOCABULAIRE

la fève dans la galette *the charm in the cake*
malheureusement *unfortunately*

1. _____ Le grand-père de Joël a oublié le muguet.
2. _____ Les camarades de Joël se sont moqués de lui.
3. _____ Son frère a trouvé la fève.
4. _____ Il n'a pas fait beau temps.
5. _____ Quelque chose est tombé sur la tête du chien.
6. _____ La grand-mère de Joël était furieuse.
7. _____ D'habitude, sa sœur a peur.

a. le 14 juillet
b. le 1$^{er}$ avril
c. le 6 janvier
d. la Chandeleur
e. le 1$^{er}$ mai

## Activités écrites

**A. Vocabulaire: Les fêtes.** Trouvez la fête qui correspond à chaque description.

1. __e__ C'est la fête catholique où l'on pense aux gens qui sont morts.
2. _____ C'est une fête juive au mois de novembre ou de décembre.
3. _____ C'est la fête qui commémore la prise de la Bastille.
4. _____ C'est une fête qu'on observe à La Nouvelle-Orléans.
5. _____ C'est la fête des amoureux.
6. _____ C'est une fête chrétienne qui a lieu au printemps.
7. _____ Pour cette fête qui vient après Noël, les Français mangent une galette spéciale.
8. _____ Pour cette fête, les Américains mangent beaucoup de dinde rôtie.

a. Pâques
b. la fête des Rois
c. le 14 juillet (la fête nationale)
d. Hanoukka
e. la Toussaint
f. la Saint-Valentin
g. le jour d'action de grâce
h. le mardi gras

**Attention! Étudier Grammaire 6.7 et 6.8.**

**B. Les fêtes américaines.** Complétez les phrases avec le présent de **voir** ou **croire**.

MODÈLE: Dans les familles chrétiennes, beaucoup d'enfants *croient* au père Noël.

1. La veille du nouvel an (le 31 décembre), on _____ beaucoup de personnes dans la rue.
2. Dans ma famille, nous _____ qu'il faut faire des résolutions pour la nouvelle année.
3. Est-ce que l'enfant typique _____ au lapin de Pâques (*Easter bunny*)?
4. Moi, je _____ tous mes amis pendant les fêtes.
5. Nous _____ des feux d'artifice le 4 juillet.
6. Est-ce que vous _____ que les traditions sont importantes?

**C. L'année d'Adrienne.** Voici ce qu'Adrienne Petit a fait à l'occasion de différentes fêtes l'année dernière. Dites si vous avez fait la même chose ou non. Sinon, dites ce que vous avez fait. (Si vous n'observez pas ces fêtes, décrivez d'autres fêtes que vous observez.)

| FÊTE | DATE | ACTIVITÉ |
|------|------|----------|
| la fête des Rois | 6 janvier | Elle a fait une galette et elle a invité des amis chez elle. |
| mardi gras | au mois de février | Elle est allée à un bal masqué. |
| dimanche de Pâques | 11 avril | Elle a aidé ses nièces et neveux à colorer des œufs. |
| la fête nationale | 14 juillet | L'après-midi, elle a pique-niqué avec des amis et le soir, elle a dansé dans la rue. |
| Hanoukka | 8 décembre | Elle est allée dîner chez des amis, où elle a joué au *dreidel*. |
| la veille de Noël | 24 décembre | Elle est allée à la messe de minuit. Ensuite, Adrienne et sa famille ont ouvert leurs cadeaux. |

MODÈLE: la fête nationale →
Adrienne a pique-niqué le 14 juillet. Moi, j'ai regardé un défilé et des feux d'artifice le 4 juillet.

1. la fête des Rois _____

   _____

2. mardi gras _____

   _____

3. Pâques _____

   _____

4. Hanoukka _____

   _____

5. la veille de Noël _____

   _____

**D. Composition: La fête que je préférais.** Décrivez la fête que vous préfériez quand vous étiez petit(e). Que faisiez-vous? Avec qui passiez-vous ce jour de fête d'habitude? Qu'est-ce que vous aimiez manger? Où aimiez-vous aller?

MODÈLE: Quand j'étais petite, je préférais la Pâque (*Passover*). On allait toujours chez mes grands-parents, où je voyais tous mes cousins, les amis de famille… Ma grand-mère préparait le repas traditionnel…

_____

_____

_____

_____

_____

# Intégration

## À vos écrans! 📼

**Scène:** Décrire des événements au passé

**Aperçu:** Dans cet épisode, Aimée raconte un accident qu'elle a eu sur sa mobylette. Lisez le **Nouveau vocabulaire** et l'activité, puis regardez la vidéo. Regardez-la plusieurs fois, si nécessaire.

NOUVEAU VOCABULAIRE

| | |
|---|---|
| Le pneu est crevé. | *The tire is flat.* |
| les clous | *nails* |
| une gamine | *little kid* |
| ma mère s'inquiétait toujours | *my mother was always worried* |
| en cachette | *secretly* |
| éraflé | *scratched* |
| dégonflé | *flat* |

Complétez les phrases suivantes d'après l'épisode.

1. Aimée est en retard parce que le pneu de sa mobylette est _____.

2. Claire pense qu'Aimée est entrée en collision avec _____.

3. Aimée explique à Claire qu'elle est passée sur _____ dans la rue.

4. Claire croit que _____ sont trop dangereuses.

5. Selon Claire, il faut être prudent après un tel accident et consulter _____.

6. Aimée explique que cela ne vaut pas la peine parce qu'elle a jeté _____ par

   terre. Elle n'est pas tombée.

## À l'écoute! 🎧

### Le curé° de Cucugnan
### D'après le conte d'Alphonse Daudet

prêtre, pasteur

L'abbé Martin était curé de… Cucugnan. Il aimait beaucoup ses Cucugnanais.
Mais pour lui, Cucugnan n'était pas le paradis sur terre parce que les
Cucugnanais n'allaient pas à la confession.* Tous les jours, l'abbé Martin
implorait le bon Dieu de l'aider avec ce problème. Et vous allez voir que Dieu
l'a entendu.

_____

*Confession (or penitence) is one of the sacraments of the Catholic Church.*

Un dimanche, l'abbé Martin a raconté un rêve qu'il avait fait la veille.° Les Cucugnanais l'ont écouté, d'abord avec un peu d'amusement, puis avec attention, et finalement, avec terreur. «Mes frères, a dit l'abbé Martin, croyez-moi, l'autre nuit, je me suis trouvé à la porte du Paradis. Saint-Pierre* m'a ouvert la porte. Mais imaginez ma surprise; il n'y avait pas de Cucugnanais au Paradis! Quoi! Pas de Cucugnanais au Paradis? Mais où étaient-ils, alors? Et Saint-Pierre m'a dit de les chercher au Purgatoire.† Alors, je suis allé au Purgatoire, mais personne de Cucugnan! Ensuite... je n'aime pas vous le dire, mais... j'ai pris la route de l'Enfer.° Et là,° j'ai trouvé tous les Cucugnanais.»

soir avant

*Hell* / à l'Enfer

L'abbé Martin a fait la liste des Cucugnanais qu'il avait trouvés en Enfer: Dauphine, Caterinet... la liste en était longue. Et les Cucugnanais ont crié de terreur, car tout le monde a reconnu° soit un oncle soit° un cousin, sur la liste. Ensuite, le bon abbé a annoncé un programme très rapide et efficace° pour confesser tous les Cucugnanais. «Quand le linge est sale, il faut le laver», a-t-il dit. Il a confessé tout le monde et, depuis ce dimanche mémorable, les Cucugnanais sont pleins de vertus.° Dimanche dernier, l'abbé Martin leur a raconté un autre de ses rêves. Cette fois-ci, il a vu une grande procession de Cucugnanais en robe blanche qui montait vers le Paradis derrière lui.

*recognized* / soit... *either . . . or* / *efficient*

pleins... *filled with virtues*

**Quel ordre?** Mettez les phrases dans l'ordre chronologique.

_____ a.  L'abbé Martin a rêvé qu'il n'y avait pas de Cucugnanais au Paradis.

_____ b.  Les Cucugnanais ont eu très peur en écoutant la liste de l'abbé Martin.

_____ c.  L'abbé Martin a rêvé que tous les Cucugnanais sont allés au Paradis.

_____ d.  Les Cucugnanais n'allaient pas à la confession.

_____ e.  L'abbé Martin a confessé tout le monde.

# À vos stylos! ✏️

**Situation:** Votre professeur de français a demandé que tous les étudiants écrivent une description de leur enfance. Il/Elle va lire les paragraphes en classe et la classe va essayer d'identifier la personne décrite.

**Intention:** Vous voulez écrire une description que vos camarades de classe peuvent reconnaître mais qui n'est pas trop évidente.

**Méthode:** Faites la liste des adjectifs et des traits physiques (couleur de vos cheveux... ) qui décrivent l'enfant que vous étiez. Ajoutez-y quelques activités que vous faisiez régulièrement. Enfin, écrivez le paragraphe, en utilisant l'imparfait.

MODÈLE:  Quand j'étais petit, j'étais blond: je n'avais pas les cheveux châtains comme maintenant. À cette époque-là, je n'étais pas très sportif...

---

*Saint Peter, the first and most important disciple of Christ, is believed by some Christians to guard the gates of heaven.
†For Catholics, purgatory is a place of temporary punishment in the afterlife.

_____

_____

_____

_____

_____

_____

_____

_____

_____

_____

_____

# ℛencontres

**Épisode 6:** Pertes et déceptions

**Avant l'écoute.** D'après les informations de l'épisode précédent, indiquez si les phrases suivantes sont vraies (**V**) ou fausses (**F**).

1. _____ Steve a remarqué un homme moustachu avec des lunettes.

2. _____ Quelqu'un a volé le portefeuille de Steve à la piscine.

3. _____ Steve est allé au commissariat déclarer le vol.

**Situation:** Le lendemain chez les Lefèvre, Annick décide d'emmener Steve au commissariat de police.

### NOUVEAU VOCABULAIRE

| | | | |
|---|---|---|---|
| une perte | *loss* | le moindre | *the slightest* |
| emmener | *to bring* | un portable | *cellular phone* |
| ce n'est pas la peine | *it's no use* | mon chou | *my darling* |
| épouser | *to marry* | une gifle | *a slap in the face* |
| nul(le) | *worthless* | | |

**Après l'écoute.** Formez des phrases en utilisant des éléments de chaque colonne. Remarquez que certains personnages seront mentionnés dans plus d'une phrase.

1. _____ Jean-Claude…

2. _____ Annick…

3. _____ Steve…

4. _____ Raphaël…

5. _____ Le policier…

6. _____ Virginie…

7. _____ Nathalie…

a. emmène Steve en ville.
b. est supposé aller à la bibliothèque.
c. veut aller au commissariat.
d. est la petite amie de Raphaël.
e. doit aller faire des courses.
f. se retrouve face à deux amies.
g. lit le journal.
h. ne comprend pas le nom qu'on lui dit.
i. donne une gifle à Raphaël.
j. veut aller au concert avec Virginie.

# *V*owel combinations

French has combinations of two or three vowels that often represent a single vowel sound. These vowel combinations generally include **i** or **u**.

**A. The combination *ou*.** The combination **ou** is always pronounced like the vowel sound of the word *group*. We use the symbol [ou] to represent this sound.

**Écoutez et répétez:** douze / rouge / moustache / vous écoutez / nous tournons

Now compare and contrast the [ü] sound with the [ou] sound.

**Écoutez et répétez:** tu / tout      du / doux

                      vue / vous    lu / loue

**B. The combinations *au* and *eau*.** These are both pronounced like the final sound of *auto* and represented by the symbol [ó].

**Écoutez et répétez:** chapeau jaune / nouveau manteau / au beau bureau / gâteau chaud

**C. The combinations *eu* and *œu*.** These can correspond to two different sounds:

- They are sometimes pronounced like the vowel sound in the word *purr*. We use the symbol [éu] to represent this sound. This sound most often appears at the end of a word (with or without a silent consonant) or before an **s** pronounced as [z]. Listen carefully: **veut, feu, heureuse.**
- They are sometimes pronounced like the vowel sound in the word *cuff,* but with rounded lips. We use the symbol [èu] for this sound. This sound occurs mostly at the end of a word when followed by a pronounced consonant other than [z]. Listen carefully: **peur, veulent.**

Compare and contrast the [éu] and [èu] sounds in the following pairs of words.

**Écoutez et répétez:** eux / heure      feu / feuille

                      peu / peur     veut / veulent

                      ceux / sœur    peut / peuvent

**D. The combinations *oi* and *oin*.** These combinations have the following sounds: [wa] and [wẽ]. Listen carefully: **quoi, coin.** Compare and contrast these sounds in the following pairs of words.

**Écoutez et répétez:** moi / moins      joie / joint

                      loi / loin      recevoir / besoin

                      soif / soin

**E. The combinations *ai* and *ei*.** These have the [è] sound in a final syllable followed by a pronounced consonant sound. Listen carefully: **semaine, Seine.** When followed by a written consonant that is not pronounced, they usually have the [é] sound: **anglais.**

**Écoutez et répétez:** chaise / semaine / il aime / la Seine / j'enseigne / peigne / aider / aimer / aigu / aisé

**F. The combinations, *il*, *ill*, and *ille*.** These can correspond to three slightly different sounds:

- **ill** and **ille** are generally pronounced as [iy]: **famille, fille.**
- **ill** and **ille** are sometimes pronounced [il]: **ville, villa, mille, million.**
- **il, ill,** or **ille** following a vowel is pronounced as [y]: **Versailles, Marseille, Montreuil.**

**Écoutez et répétez:** la fille s'habille

ville / villa / mille / tranquille

le travail / il travaille / feuille / se réveiller

**G. The letters *i*, *u*, and *ou* as vowels and parts of diphthongs.** These can form syllables by themselves: **si, tu, tout.** They can also blend with another vowel to form a diphthong: **bien, lui, oui.** In the following exercise, be sure to pronounce the diphthongs as a single syllable.

**Écoutez et répétez:** vient / troisième / depuis / je suis / dernier / viande / huit / ils viennent

# *D*ictée

**Les souvenirs de Raoul.** Vous entendrez la dictée trois fois. La première fois, écoutez. La deuxième fois, écrivez ce que vous entendez. La troisième fois, écoutez pour vérifier ce que vous avez écrit.

_____

_____

_____

_____

_____

_____

_____

_____

_____

_____

# Le verbe français

# *T*he imperfect tense

**A. Formation of the imperfect.** A present tense verb form is composed of a stem and a person ending. A verb in the imperfect tense has, in addition, a special marker to show that it is imperfect. This marker appears between the stem and the ending. The imperfect marker is **-ai-** for the L-forms and **-i-** for the **nous** and **vous** forms. Note these markers in combination with the endings **-s, -s, -t,** and **-ent** in the following charts.

To derive the stem required for the imperfect, remove the **-ons** ending from the **nous** form of the present: **parl-ons, finiss-ons, vend-ons.**

Écoutez et répétez:

| parler | | | |
|---|---|---|---|
| je | parlais | nous | parlions |
| tu | parlais | vous | parliez |
| il/elle | parlait | ils/elles | parlaient |

| finir | | | |
|---|---|---|---|
| je | finissais | nous | finissions |
| tu | finissais | vous | finissiez |
| il/elle | finissait | ils/elles | finissaient |

| vendre | | | |
|---|---|---|---|
| je | vendais | nous | vendions |
| tu | vendais | vous | vendiez |
| il/elle | vendait | ils/elles | vendaient |

B. **Verbs with spelling changes.** Let's review some first conjugation verbs with spelling changes. Stems ending in **c** or **g** change the **c** to **ç** (with a cedilla) or **g** to **ge**, respectively, before endings beginning with the vowels **a** or **o**. Since the L-forms of the imperfect begin with the vowel **a,** these changes must take place in all of those forms.

Écoutez et répétez:

| commencer | | | |
|---|---|---|---|
| je | commençais | nous | commencions |
| tu | commençais | vous | commenciez |
| il/elle | commençait | ils/elles | commençaient |

| manger | | | |
|---|---|---|---|
| je | mangeais | nous | mangions |
| tu | mangeais | vous | mangiez |
| il/elle | mangeait | ils/elles | mangeaient |

C. **Irregular verbs.** Except for **être,** verbs that are irregular in the present tense are regular in the imperfect. As with regular verbs, the imperfect stem of irregular verbs is generated by deleting the **-ons** ending from the **nous** form of the present tense. Here are some examples of the different kinds of irregular verbs. Read through the following chart while you listen to and repeat the imperfect forms.

Écoutez et répétez:

| INFINITIVE | **nous** FORM OF PRESENT | STEM | IMPERFECT |
|---|---|---|---|
| dormir | nous dormons | dorm- | je dormais |
| mettre | nous mettons | mett- | je mettais |
| écrire | nous écrivons | écriv- | j'écrivais |
| dire | nous disons | dis- | je disais |
| connaître | nous connaissons | connaiss- | je connaissais |
| prendre | nous prenons | pren- | je prenais |
| voir | nous voyons | voy- | je voyais |
| savoir | nous savons | sav- | je savais |
| avoir | nous avons | av- | j'avais |
| aller | nous allons | all- | j'allais |
| faire | nous faisons | fais- | je faisais |

D. **Present vs. imperfect of *nous* and *vous* forms.** In the **nous** and **vous** forms, for most verbs, the only difference between the present and the imperfect is the **i** preceding the person ending.

**Écoutez et répétez:**

| PRESENT | IMPERFECT |
|---------|-----------|
| nous parlons | nous parlions |
| vous employez | vous employiez |
| nous finissons | nous finissions |
| vous vendez | vous vendiez |
| nous connaissons | nous connaissions |
| vous lisez | vous lisiez |

**E. The verb *être*.** The verb **être** has a special stem for the imperfect: **ét-**.

**Écoutez et répétez:**

| | être | | |
|---|---|---|---|
| j' étais | | nous | étions |
| tu étais | | vous | étiez |
| il/elle était | | ils/elles | étaient |

## Vérifions!

Cover the preceding information with a piece of paper and see if you can complete the following chart. Then check your work and review any areas of uncertainty.

| | chanter | choisir | rendre | placer | nager | dire | être |
|---|---|---|---|---|---|---|---|
| Paul | chantait | | | | | | était |
| vous | | | rendiez | | nagiez | | |
| Ali et moi | | | | | | | |
| les profs | | | | plaçaient | | | |
| tu | | | | | | disais | |
| je (j') | | choisissais | | | | | |

## Intégration des verbes

**La colo.** Claudine Colin et Christine Lasalle racontent leurs souvenirs des colonies de vacances (*summer camp*). Complétez leur conversation avec l'imparfait des verbes indiqués.

CHRISTINE: Je me souviens, à partir de l'âge de cinq ans, ma mère m'_____[1]

(envoyer) en colo tous les étés. Et je n'_____[2] (aimer) pas ça. Moi

je n'_____[3] (être) pas sportive. Alors, je me souviens, quand il

_____[4] (falloir) faire une promenade, je _____[5]

(dire) toujours, «Ah non, j'y vais pas!» Je _____[6] (préférer) les travaux

manuels (*arts and crafts*).

CLAUDINE: Oui, les activités où tu _____[7] (rester) bien assise (*seated*), c'est ça?

CHRISTINE: Oui, c'est ça. C'_____8 (être) amusant, et on _____9 (faire) toutes sortes de trucs. Mais les promenades, l'activité physique, j'_____10 (avoir) horreur de ça!

CLAUDINE: Moi, au contraire, j'_____11 (adorer) tous les jeux où on _____12 (bouger [to move]), où on n'_____13 (être) pas assis. Je ne _____14 (pouvoir) pas rester assise sur une chaise.

*C H A P I T R E*

# À table!

7

---

## Thèmes **et** grammaire

---

*L*es aliments et les boissons

### Activités de compréhension

**On n'a plus rien dans le frigo!** Agnès vient d'ouvrir le frigo et il est vide! Elle décide avec sa camarade d'appartement, Sarah, d'aller au supermarché. Indiquez si les phrases sont vraies ou fausses.

NOUVEAU VOCABULAIRE

| | | | |
|---|---|---|---|
| une biscotte | *pre-toasted slice of bread* | un régime | *diet* |
| ajouter | *to add* | les matières grasses | *fats* |

Vrai (**V**) ou faux (**F**)?

1. _____ Sarah et Agnès vont à Casino parce que c'est le supermarché le plus près de chez elles.

2. _____ Elles mangent des yaourts au petit déjeuner.

3. _____ Elles ne mangent pas de bacon.

4. _____ Elles mangent de la soupe au déjeuner.

5. _____ Pour le dîner, elles vont acheter du poulet et du poisson.

6. _____ Sarah propose d'acheter des desserts.

7. _____ Agnès veut suivre un régime pour perdre du poids.

### Activités écrites

**A. Vocabulaire: Cherchez l'intrus.** Identifiez les aliments qui ne sont pas associés normalement avec les plats ou les repas suivants. (Certaines questions ont plus d'une réponse.)

1. au petit déjeuner:
   a. du rosbif
   b. un fruit
   c. des œufs
   d. du pain

2. comme salade:
   a. une tomate
   b. un concombre
   c. des frites
   d. des radis

3. dans une soupe aux légumes:
   a. des haricots verts
   b. des carottes
   c. du poisson
   d. des yaourts

4. au dîner:
   a. des haricots verts
   b. des hors-d'œuvres
   c. de la confiture
   d. du rosbif

5. dans un plat végétarien:
   a. des radis
   b. des haricots
   c. une côtelette de porc
   d. du poulet

6. comme dessert:
   a. une tarte aux pommes
   b. une glace à la vanille
   c. une tranche de pizza
   d. du gâteau au chocolat

**Attention! Étudier Grammaire 7.1 et 7.2.**

B. **Coutumes internationales.** Complétez les phrases avec des articles partitifs (**du, de la, de l'**), des articles indéfinis (**un, une, des**) ou **de**.

1. Au petit déjeuner, les Américains aiment prendre _____ céréales et beaucoup _____ café.

2. En Russie, on mange _____ poisson fumé au petit déjeuner.

3. Au dîner en France, on prend souvent _____ soupe. Les enfants ne boivent pas _____ lait.

4. Au Sénégal, on mange _____ plat qui contient _____ poulet, _____ citron et

   _____ épices.

Complétez les phrases suivantes avec des articles partitifs, des articles indéfinis, des articles définis (**le, la, l', les**) ou **de**.

5. En Angleterre, on aime _____ thé et on prend _____ marmelade (*f.*) au petit déjeuner.

6. Au Mexique, on boit un verre _____ tequila avec _____ citron vert et un peu

   _____ sel.

7. On utilise beaucoup _____ légumes dans _____ cuisine chinoise.

8. Dans beaucoup de pays, on prend _____ fruits comme dessert.

C. **Les boissons favorites.** Complétez les phases avec des formes de **boire**. Puis répondez à la question en utilisant **du, de la,** ou **de l'**.

   MODÈLE: Que *buvez*-vous dans un fast-food? → Je bois du coca.

1. Qu'est-ce que vous _____ quand vous avez très soif?

   _____

2. Que _____ les bébés le plus souvent?

   _____

3. Qu'est-ce qu'un gourmet typique _____ avec son dîner?

_____

4. Est-ce que nous _____ beaucoup de bière aux États-Unis?

_____

5. Vos amis et vous, que _____-vous dans les soirées?

_____

# Que manger avant le running?

**Vous pratiquez régulièrement ce sport? Selon l'heure choisie, vos besoins alimentaires sont différents. Voici trois mini-menus pour courir sans soucis.**

**Vous courez le matin**
→Optez pour un petit déjeuner copieux composé d'un bol de lait (ou d'un yaourt) avec des céréales (50 g), de trois tranches de pain avec du beurre, d'un peu de miel[a] ou de confiture et d'un fruit frais.

**Vous courez l'après-midi**
→ A l'heure du déjeuner prenez un repas léger constitué de crudités assaisonnées raisonnablement, d'une escalope de dinde ou de poulet[b] (120 g) accompagnée de pâtes[c] ou de pommes de terre (200 g) et d'un fruit frais.

**Vous courez en fin de journée**
→ Prenez une collation[d] qui comprendra à la fois une barre énergétique aux céréales, un yaourt nature et un fruit frais.

**conseil**

Petit déjeuner et déjeuner doivent être pris au minimum trois heures avant de courir, de manière à ce que l'organisme puisse les assimiler.

Remerciements à Brigitte Coudray du Cerin

[a]honey  [b]chicken  [c]pasta  [d]snack

**D. Les besoins alimentaires.** Lisez l'article, puis dites si les phrases sont vraies (**V**) ou fausses (**F**). Si fausses, barrez (cross out) la partie incorrecte et écrivez la correction à sa place.

1. _____ On doit prendre le petit déjeuner et le déjeuner au moins trois heures avant de courir.

2. _____ Avant de courir le matin, il vaut mieux manger une collation qui comprend une barre énergétique aux céréales, un yaourt nature et un fruit frais.

3. _____ On recommande aux coureurs de manger du bacon et des œufs le matin.

4. _____ Comme déjeuner, on doit manger 500 grammes de poulet ou de dinde.

5. _____ Un fruit frais est recommandé à chaque repas ou collation.

**À vous la parole!** Est-ce que vous faites du sport? Lequel? (Sinon, pourquoi pas?) Quels aliments vous donnent le plus d'énergie? Les mangez-vous toujours avant de faire de l'activité physique? Pourquoi?

_____

_____

_____

_____

_____

# On fait les provisions

## Activités de compréhension

🎧 **A. Les supermarchés Casino.** Vous allez entendre une publicité pour la chaîne de supermarchés Casino. Complétez les phrases d'après la publicité.

NOUVEAU VOCABULAIRE

| | | | |
|---|---|---|---|
| la meilleure qualité | *the best quality* | de bonnes affaires | *bargains* |
| frais | *fresh* | dépenser moins | *to spend less* |

1. Les supermarchés Casino offrent la meilleure _____, les meilleurs

   _____ et la meilleure _____.

2. Tous leurs produits sont toujours _____.

3. En promotion cette semaine:

   • les jus d'orange ou d'abricot à _____ euros le litre.

   • le jambon à _____ euros.

   • les yaourts à _____ euros.

   • la glace à la vanille à _____ euros le bac.

   • le bifteck à _____ euros le kilo.

🎧 **B. Les fromages «La Prairie».** Écoutez cette publicité pour les fromages «La Prairie». Puis indiquez si les phrases suivantes sont vraies ou fausses.

NOUVEAU VOCABULAIRE

| | | | |
|---|---|---|---|
| gourmand (*m.*) | *glutton* | tartiner | *to spread (on bread)* |
| le rayon | *department* | un plateau | *tray* |
| des pâtes molles (*f.*) | *soft cheeses* | | |

Vrai (**V**) ou faux (**F**)?

1. _____ On vend les fromages «La Prairie» dans les supermarchés.

2. _____ Il n'y a qu'une sorte de fromage «La Prairie».

3. _____ Ces fromages n'ont pas plus de 40 % de matières grasses.

4. _____ D'après la pub, toute la famille aime les fromages «La Prairie».

5. _____ Le fromage est une source de protéines et de vitamine C.

**Activités écrites**

**A. Vocabulaire: Les aliments.** Classez les aliments suivants et dites où on peut les acheter en France.

    **Catégories:** des fruits, des légumes, un produit laitier, de la viande, du poisson, un fruit de mer, une boisson

    **Magasins:** (dans) une boucherie, une charcuterie, une épicerie; chez le marchand de… (poissons, fruits, légumes, vins)

MODÈLE: les citrons → Les citrons sont des fruits. On peut en acheter chez le marchand de fruits.

1. les cerises _____

_____

_____

2. le beurre _____

_____

_____

3. les pommes de terre _____

_____

_____

4. le bœuf _____

_____

_____

5. le vin _____

_____

_____

6. les saucisses _____

_____

_____

7. les pêches _____

_____

_____

8. le saumon _____

_____

_____

9. la crème _____

_____

_____

10. le homard _____

_____

_____

**Attention! Étudier Grammaire 7.3.**

B. **Habitudes alimentaires.** Dites si vous aimez chaque plat ou aliment, et si vous en mangez ou si vous en buvez souvent.

MODÈLE: le gâteau au chocolat →
Moi, j'adore le gâteau au chocolat. J'en mange de temps en temps.

1. les crevettes _____

_____

2. les champignons _____

_____

3. le jus d'orange _____

_____

4. le camembert (un fromage) _____

_____

5. la moutarde de Dijon _____

_____

6. l'eau minérale _____

_____

7. le poulet rôti _____

_____

8. la soupe aux carottes _____

_____

C. **Préférences.** Quels sont les aliments et les boissons favoris de vos parents, vos sœurs et frères, votre mari/femme, votre petit ami (petite amie), votre chien ou votre chat? Décrivez les goûts de trois personnes (ou animaux).

MODÈLE: Mon amie Annie adore le poisson avec du citron, les artichauts, les pommes de terre frites et le gâteau au chocolat. Elle aime boire du thé glacé et, quelquefois, du vin blanc.

1. _____

_____

2. _____

_____

3. _____

_____

D. **Habitudes françaises.** Regardez ce tableau qui compare l'évolution de la consommation de certains aliments en France. Ensuite, dites si vous êtes d'accord ou non avec les phrases, et justifiez votre opinion en utilisant le pronom **en.**

MODÈLE: Les Français ont consommé plus de lait frais en 1980 qu'en 1970. →
Non, ils en ont consommé moins.

## Un an de nourriture

Evolution des quantités de certains aliments consommés par personne et par an (en kg ou litre):

| | 1995 | 1980 | 1970 |
|---|---|---|---|
| - Pommes de terre (kg) | 64,1 | 68,0 | 95,6 |
| - Légumes frais (kg) | 89,7 | 68,5 | 70,4 |
| - Bœuf (kg) | 16,7 | 18,5 | 15,6 |
| - Volaille[a] (kg) | 22,6 | 17,1 | 14,2 |
| - Œufs (kg) | 15,5 | 14,7 | 11,5 |
| - Poissons, coquillages, crustacés (frais et surgelés, en kg) | 16,4 | 13,4 | 10,8 |
| - Lait frais (litre) | 74,4 | 74,0 | 95,2 |
| - Huile alimentaire (kg) | 12,8 | 11,5 | 8,1 |
| - Sucre (kg) | 8,9 | 15,0 | 20,4 |
| - Vins courants[b] (litre) | 40,6 | 77,1 | 95,6 |
| - Vins AOC (litre) | 25,5 | 11,3 | 8,0 |
| - Bière (litre) | 37,4 | 44,2 | 41,4 |
| - Eaux minérales et de source (litre) | 108,2 | 47,4 | 39,9 |

[a]poultry  [b]ordinary

Les Français…

1. ont consommé autant d'œufs en 1995 qu'en 1980.

   _____

2. ont bu très peu d'eau minérale en 1995.

   _____

3. ont utilisé moins de sucre en 1970 qu'en 1980.

   _____

4. ont mangé autant de bœuf en 1995 qu'en 1980.

   _____

5. ont acheté plus de vins de bonne qualité (AOC) en 1970 qu'en 1980.

   _____

**À vous la parole!** Les Français d'aujourd'hui s'intéressent beaucoup à la valeur nutritive et au contenu calorique des aliments. Lisez le tableau et citez au moins trois exemples qui reflètent cette tendance. Est-ce qu'on peut dire la même chose des Américains (ou des habitants de votre pays d'origine)? Pourquoi?

_____

_____

_____

_____

_____

# L'art de la cuisine

### Activités de compréhension

**A. Impossible de se décider!** Ousmane et Adrienne veulent aller dîner au restaurant, mais Adrienne a beaucoup de mal à se décider. Choisissez la phrase qui décrit le mieux la réaction d'Adrienne à chacune des suggestions d'Ousmane.

NOUVEAU VOCABULAIRE

| | | | |
|---|---|---|---|
| avoir du mal (à) | *to have trouble* | épicé(e) | *spicy* |
| ça fait grossir | *that makes you gain weight* | tu as des drôles d'idées | *what a crazy idea* |

1. la Maison du Steak
   a. Les prix sont trop élevés.
   b. Adrienne ne veut pas manger de viande.
   c. Elle y a déjà mangé la semaine passée.

2. le restaurant italien
   a. Adrienne n'aime pas les pâtes.
   b. Les pizzas font grossir.
   c. Elle n'aime pas la pizza.

3. le restaurant indien
   a. Les prix sont trop élevés.
   b. Ils n'ont que du curry.
   c. Adrienne n'aime pas les plats très épicés.

4. La Marée
   a. Adrienne n'exprime pas d'objection claire.
   b. Elle n'aime pas les fruits de mer.
   c. Ils n'ont pas de coquilles Saint-Jacques.

5. McDo (McDonald's)
   a. Ça fait grossir.
   b. C'est une suggestion bizarre.
   c. C'est une bonne idée.

6. Finalement, Adrienne propose d'aller dans un restaurant _____.

**B. Bon anniversaire de mariage!** Christine et Bernard Lasalle célèbrent aujourd'hui leur anniversaire de mariage. Ils sont en train de décider de ce qu'ils vont faire. Entourez les aliments qui sont mentionnés dans le dialogue.

NOUVEAU VOCABULAIRE

| | | | |
|---|---|---|---|
| rajouter | *to add* | de la noix de muscade | *nutmeg* |
| du gruyère râpé | *grated Swiss cheese* | (Paul) Bocuse | *famous French chef* |
| des blancs d'œufs | *egg whites* | je t'emmène | *I'm taking you* |

1. Bernard propose pour le menu _____.
   a. une salade verte
   b. un soufflé
   c. des escalopes de veau
   d. un plateau de fromages
   e. une soupe aux champignons
   f. une mousse au chocolat

2. La recette du soufflé au fromage contient les ingrédients suivants:
   a. de la sauce béchamel
   b. du fromage blanc
   c. du gruyère râpé
   d. des blancs d'œufs
   e. des jaunes d'œufs
   f. du sel et du poivre

## Activités écrites

**A. Vocabulaire: La table et les plats.** Cherchez la bonne définition pour chaque objet ou chaque plat.

1. _____ un couvert
2. _____ un couteau
3. _____ une assiette
4. _____ une quiche
5. _____ des provisions
6. _____ une salade niçoise
7. _____ une bouillabaisse
8. _____ une recette de cuisine
9. _____ une sauce vinaigrette
10. _____ des coquilles Saint-Jacques

a. des produits qu'on achète pour préparer un repas
b. une salade composée du riz, des légumes et du thon
c. une tarte à base d'œufs et de crème
d. l'instrument de table utilisé pour couper
e. des fruits de mer
f. l'ensemble de la vaisselle nécessaire pour le repas d'une personne
g. la pièce de vaisselle plate où on met des aliments
h. les indications pour préparer un plat
i. une soupe composée de poissons et de fruits de mer
j. un mélange d'huile, de vinaigre et d'épices

**Attention! Étudier Grammaire 7.4.**

**B. Devinettes.** Les étudiants de M^me Martin se posent des questions sur la cuisine en France. Complétez chacune de leurs questions avec **qui, qu'est-ce qui, que, qu'est-ce que** ou **quoi.** Ensuite, complétez la réponse à l'aide d'un terme de la liste.

> **Les réponses:** une bouillabaisse; un chef de cuisine; une crème caramel; des œufs, du jus de citron et de l'huile; du poisson et des fruits de mer; du poulet ou du poisson

1. DENISE: _____ est fait de lait, d'œufs et de sucre caramélisé?

   C'est un dessert populaire en France.

   ÉTIENNE: C'est _____.

2. BARBARA: Avec _____ boit-on un vin blanc sec?

   ALBERT: On prend un vin blanc sec avec _____.

3. JACQUELINE: _____ on met dans une sauce mayonnaise?

   LOUIS: On y met _____.

4. ALBERT: _____ mangent beaucoup de touristes qui vont à

   Marseille?

   ÉTIENNE: C'est facile! Ils mangent _____.

5. LOUIS: Avec _____ fait-on la bouillabaisse?

   DENISE: On la fait avec _____.

6.   ÉTIENNE: _____ prépare les plats dans un bon restaurant?

   BARBARA:  C'est _____ qui les prépare.

**C. Préférences alimentaires.** Complétez ce tableau pour indiquer vos préférences et pour savoir si vous mangez un régime très nutritif ou pas. Ensuite, écrivez votre conclusion.

| |
|---|
| **aliments nutritifs que j'aime beaucoup** |
| **aliments nutritifs que je n'aime pas** |
| **aliments non-nutritifs ou mauvais pour la santé que je consomme** |

Conclusion: _____

_____

_____

# Au restaurant

## Activités de compréhension

**A. Un bon restaurant.** Jean-Yves et Agnès se retrouvent après les cours et vont déjeuner dans un restaurant au Quartier latin. Écoutez la conversation avec le serveur et cochez (✓) les plats choisis par Agnès ou par Jean-Yves.

NOUVEAU VOCABULAIRE

| | | | |
|---|---|---|---|
| vous convient-elle? | *does it suit you?* | le gigot | *leg of lamb* |
| la sole meunière | *sole lightly floured and sauteed in butter* | le potage | *soup* |
| | | le flan | *custard tart* |
| le pâté de campagne | *seasoned meat paste* | les profiteroles (*f.*) | *miniature cream puffs* |

LES ENTRÉES

_____ la soupe de poissons

_____ le pâté de campagne

_____ le potage de légumes

_____ la quiche

LES PLATS

_____ la sole meunière

_____ le rôti de porc

_____ le gigot

_____ la bouillabaisse

LES DESSERTS

_____ la tarte aux pommes

_____ une glace

_____ un sorbet

_____ les profiteroles au chocolat

**B. Le restaurant Casablanca.** Voici une publicité pour le restaurant Casablanca. Écoutez-la, puis indiquez si les phrases sont vraies ou fausses.

NOUVEAU VOCABULAIRE

| | | | |
|---|---|---|---|
| le Maghreb | *North Africa* | souper | *to eat supper* |
| le méchoui | *barbecued mutton* | l'arrondissement (*m.*) | *district* |
| l'ambiance (*f.*) | *atmosphere* | | |

Vrai (**V**) ou faux (**F**)?

1. _____ Le restaurant Casablanca se trouve au Maroc.

2. _____ Le restaurant vous offre une grande variété de spécialités végétariennes.

3. _____ Il offre aussi une ambiance agréable avec de la musique.

4. _____ Le Casablanca se trouve au 15, avenue de l'Opéra.

5. _____ On peut réserver en appelant le 01.45.07.12.79.

## Activités écrites

**A. Vocabulaire: Au restaurant.** Joël décrit un dîner avec ses parents. Complétez les phrases avec les termes de la liste suivante.

| | | | |
|---|---|---|---|
| l'addition | commande | le pourboire | le service |
| un bifteck saignant | le maître d'hôtel | la serveuse | le sommelier |

1. _____ nous a conduits à notre table.

2. _____ est venu avec la liste de vins.

3. Ensuite, quelqu'un a pris notre _____.

4. Papa a commandé _____ et maman a demandé le sien bien cuit.

5. Un peu plus tard, _____ a apporté notre dîner.

6. Après le dessert, papa a payé _____.

7. Il a noté que _____ n'était pas compris dans l'addition.

8. Alors, il a laissé _____ sur la table et nous sommes partis.

**Attention! Étudier Grammaire 7.5 et 7.6.**

**B. Un dîner spécial.** M. et M^me Martin sont allés dans un restaurant français de La Nouvelle-Orléans pour fêter leur anniversaire de mariage. Dites ce qu'ils sont *en train de faire* sur chaque image.

1. _M. et Mme Martin sont en train de choisir leurs plats._ _____

2. Le chef est en train de _____

3. Le serveur _____

4. _____

5. _____

6. _____

7. _____

C. **Un dîner chez Julien.** Bénédicte, la petite amie de Julien, a eu une promotion à son travail. Pour fêter l'occasion, Julien a invité des amis à dîner chez lui. Combinez les deux phrases en employant **avant de** + infinitif ou **après** + infinitif passé.

MODÈLE: Julien a préparé une sauce tomate. Puis, il a fait bouillir (*boiled*) des pâtes. →
Avant de faire bouillir des pâtes, Julien a préparé une sauce tomate. *ou*
Après avoir préparé une sauce tomate, Julien a fait bouillir des pâtes.

1. Julien a mis une belle nappe (*tablecloth*) sur la table. Puis, il a mis les couverts.

Avant de _____

_____

2. Il a allumé des bougies (*candles*). Puis, il a éteint les lumières.

Après _____

_____

3. Il a goûté le vin. Puis, il a servi le vin.

Avant de _____

_____

4. Il a passé les plats et le pain. Puis, il a dit «bon appétit».

Après _____

_____

5. Il a fait le café. Puis, il a servi le dessert.

Avant de _____

_____

6. Il a offert une liqueur à ses invités. Puis, il a porté un toast en l'honneur de Bénédicte.

Après _____

_____

**D. Dans le Midi.** Voici des publicités pour quelques restaurants qui se trouvent à Marseille. Lisez-les et dites si les phrases suivantes sont vraies (**V**) ou fausses (**F**). Si elles sont fausses, corrigez-les.

## ○ LES BONNES TABLES

**LA PECHERIE** (Port de pêche de Saumaty, tél. 04.91.46.24.33). —Spécialités de grillades de poissons, coquillages, bourride, bouillabaisse. Menu : 20 à 45 € plus carte. Salle panoramique pour banquets, mariages, séminaires. Parking privé, gardé, gratuit. Fermé dimanche soir et lundi.

**DIMITRI** (6, rue Méolan, 13001 Marseille, tél. 04.91.54.09.68). —Fermé dimanche et lundi. Traiteur, épicerie fine, cuisine russe et hongroise. Menu et carte : Blinis, Strogonoff, Goulasch, etc.

**CIRCUS** (5, rue du Chantier, 13007 Marseille, tél. 04.91.33.77.22 et 04.91.33.75.06). —« Dîner - spectacle - discothèque ». Un dîner sans couteaux ni fourchettes. Une ambiance décontractée. Ouvert les jeudis, vendredis, samedis. Possibilité de soirées privées les autres jours

de la semaine, 40 € tout compris. Le menu et le spectacle changent tous les mois. Réservations obligatoires.

**PIZZERIA PORTOFINO** (93, Promenade de la Plage, 13008 Marseille, tél. 04.91.71.49.42). — Fermé le lundi. Les vraies spécialités italiennes, aubergines à la parmesane, moules farcies au four, chaussons à la Portofino. Site agréable, vue panoramique sur mer.

**ASHOKA (RESTAURANT INDIEN)** (7, rue Fortia, place Thiars, Vieux-Port, côté Supermarché Anglo-French, 13001, tél. 04.91.33.18.80).—Spécialités tandori, khorma, byrianis, curry, grillades de poissons à l'indienne, plats à emporter. Ouvert tous les midis et soirs sauf le lundi. Terrasse extérieure 40 places. Nouveau parking du cours d'Estienne-d'Orves situé à 10 mètres.

1. _____ On peut danser à *La Pêcherie*.

_____

2. _____ On sert des plats russes et hongrois chez *Dimitri*.

_____

3. _____ *Ashoka* offre des spécialités indiennes.

_____

4. _____ On ne peut pas dîner à *La pizzeria Portofino* le dimanche.

_____

5. _____ *La pizzeria Portofino* a une vue panoramique sur mer.

_____

6. _____ On n'utilise ni (*neither*) fourchette ni (*nor*) couteau au *Circus*.

_____

7. _____ *Ashoka* offre des plats à emporter (*plats à manger à la maison*).

_____

8. _____ On peut manger de la bouillabaisse au *Circus*.

_____

E. **Composition: Un dîner mémorable.** Décrivez une soirée imaginaire que vous avez passée dans un des restaurants mentionnés dans les publicités de l'exercice D. Qu'est-ce que vous avez mangé et bu? Avec qui y êtes-vous allé(e)? Comment étaient l'ambiance et le service? Vous êtes-vous bien amusé(e)s?

MODÈLE: L'année dernière, pour fêter l'anniversaire de mon petit frère, ma famille et moi, nous sommes allés au *Circus*.

C'est un restaurant très amusant où…

_____

_____

_____

_____

_____

_____

_____

_____

_____

_____

# Intégration

$\grave{A}$ *vos écrans!*

**Scène:** Commander au restaurant

**Aperçu:** Dans cet épisode, Aimée, Claire et Jacques prennent un verre au café. Lisez le **Nouveau vocabulaire** et l'activité, puis regardez la vidéo. Regardez-la plusieurs fois, si nécessaire.

| | |
|---|---|
| c'est noté | *I'll remember* |
| un citron pressé | *fresh lemonade* |
| Ne bouge pas! | *Don't move!* |

Choisissez la bonne réponse.

1. Aimée va prendre _____.
   a. un citron pressé    b. un café    c. de l'eau

2. Aimée dessine _____ de Jacques.
   a. les yeux    b. la bouche    c. les cheveux

3. Claire prend _____.
   a. un thé    b. une limonade    c. un café crème

4. Le serveur recommande à Aimée _____.
   a. le croque-monsieur    b. la salade de tomates    c. le poisson du jour

5. Jacques commande _____.
   a. du jus d'orange    b. de l'eau    c. du vin rouge

# ℭ𝒜 *l'écoute!*

## Le jugement
### Adapté d'une histoire de Rabelais

Un jour, un pauvre° mangeait son pain devant une rôtisserie à Paris. À l'intérieur, il pouvait voir toutes les bonnes choses sur le feu du rôtisseur.° Tout d'un coup, le rôtisseur l'a vu et lui a demandé ce qu'il faisait là. Le pauvre a répondu qu'il sentait° les bonnes odeurs des rôtis en mangeant° son pain. En entendant cela, le rôtisseur s'est fâché et lui a demandé de l'argent pour sentir l'odeur de ses viandes. Le pauvre a refusé de le payer, les deux hommes ont commencé à se disputer et beaucoup de spectateurs se sont approchés pour écouter la dispute.

Un homme qui passait dans la rue a demandé la raison de la dispute. Quand il a entendu l'histoire, il a demandé que le pauvre lui donne une pièce de monnaie. Ensuite, il a jeté° la pièce par terre plusieurs fois, en écoutant le bruit qu'elle faisait quand elle frappait° la rue. Enfin, il a dit au pauvre: «Vous avez senti les odeurs des rôtis. Alors, vous devez payer le rôtisseur.» Puis, se retournant vers le rôtisseur, il a continué: «Et vous, vous avez entendu le son° de la pièce de monnaie. Donc,° vous êtes assez payé.»

À ces mots, les spectateurs ont éclaté de rire,° car ils ont trouvé que l'affaire avait été jugée d'une manière très équitable.

≠ riche
homme qui travaillait à la rôtisserie
*smelled* / en... pendant qu'il mangeait

a... *tossed*
*struck*

bruit
Alors
ont... *burst out laughing*

Indiquez si les phrases sont vraies (**V**) ou fausses (**F**).

1. _____ Le pauvre a mangé un morceau de rôti devant la rôtisserie.

2. _____ Le rôtisseur a voulu faire payer l'air que le pauvre respirait.

3. _____ Un homme a offert de la viande au pauvre.

4. _____ L'homme a frappé le rôtisseur.

5. _____ Les spectateurs ont apprécié le jugement de l'homme qui passait.

# À vos stylos!

**Situation:** Dans un groupe de conversation sur Internet, un jeune Sénégalais a exprimé son intérêt à l'égard de la cuisine américaine. Il vous a demandé de lui décrire des repas «typiques» américains.

**Intention:** Vous allez lui répondre en parlant de vos propres habitudes alimentaires.

**Méthode:** Faites la liste de ce que vous avez mangé ces derniers jours: petit déjeuner, déjeuner, goûter, dîner. Organisez la liste des plats et, enfin, préparez la copie finale.

MODÈLE: Petit déjeuner: du pain grillé, des fruits (fraises, abricots, bananes), beaucoup de café…

Déjeuner: quelques tranches de pizza aux champignons, de la limonade, du yaourt glacé…

_____

_____

_____

_____

_____

_____

_____

_____

_____

_____

_____

# Rencontres

**Épisode 7:** L'accident

**Avant l'écoute.** D'après les informations de l'épisode précédent, indiquez si les phrases suivantes sont vraies (**V**) ou fausses (**F**).

1. _____ Steve a retrouvé son portefeuille.

2. _____ Steve voit Raphaël à la bibliothèque.

3. _____ Raphaël est découvert avec deux petites amies différentes.

4. _____ Nathalie, la petite amie de Raphaël, est furieuse.

**Situation:** Steve et Raphaël rentrent du café et trouvent Christelle, très énervée, dans le salon.

NOUVEAU VOCABULAIRE

| | |
|---|---|
| sans cesse | *constantly* |
| renverser | *to hit* |
| une jambe cassée | *broken leg* |
| cela aurait pu être | *it could have been* |
| grave | *serious* |
| un morceau | *bite* |
| tu ne devineras jamais | *you'll never guess* |
| récupérer | *to get* |
| donner une caresse à | *to pet* |
| un rapport | *connection* |
| un ange | *angel* |
| se rétablir | *to recover* |
| Après la pluie vient le beau temps. | *Every cloud has a silver lining.* |
| des béquilles | *crutches* |
| méridional(e) | *Southern French* |

**Après l'écoute.** Associez la personne correspondante à chaque description: Annick (**A**), Jean-Claude (**JC**), Steve (**S**), Christelle (**C**), Raphaël (**R**).

1. _____ va rester à la maison pour aider Annick.

2. _____ a vu l'homme à la veste rouge.

3. _____ interrompt sans cesse la conversation.

4. _____ a eu un accident.

5. _____ a remarqué une femme avec des lunettes noires.

6. _____ veut servir du champagne pour l'anniversaire de Steve.

7. _____ s'entend très bien avec Jean-Claude maintenant.

8. _____ va faire la cuisine pour la famille.

9. _____ parle d'inviter Steve au restaurant.

10. _____ a bientôt son anniversaire.

## La prononciation et l'orthographe

# *E* muet

In French, the letter **e** written without an accent mark is often silent. For this reason it is called **e muet.** Here are some general rules about **e muet.**

**A. Silent *e muet.*** In the interior of a word or a phrase, the **e muet** is generally not pronounced when it is preceded and followed by a single pronounced consonant. Listen carefully: **samedi, casserole,**

**je ne sais pas, qu'est-ce que c'est.** In the following words and phrases, as well, the **e muet** is not pronounced.

**Écoutez et répétez:** la fenêtre / au revoir / allemand / qu'est-ce qui arrive / l'avenue

B. **Pronounced *e muet*.** When an unaccented **e** is not silent in French, it is pronounced like the final vowel sound in the English word *sofa*. We use the symbol [ə] to represent this sound. In the interior of a word or a phrase, the **e muet** is generally pronounced when it is preceded by two pronounced consonants and followed by one, to avoid three pronounced consonants in a row. Listen carefully: **exactement, vendredi, quatre garçons, cette semaine.**

**Écoutez et répétez:** mercredi / quatre-vingts / parlement / prendre du vin / cette fenêtre / il ne sait pas

C. **Elision of the *e muet*.** Words that have **e** as their only vowel drop the **e**—and in writing replace it with an apostrophe—whenever the following word begins with a vowel sound. Here are some examples: **l'enfant, je t'aime, qu'est-ce qu'il dit, c'est moi.**

However, note the following restrictions:

- A final silent **e** that is not the only vowel of its word is never elided in writing: **elle est.**
- Adverbs and conjunctions of more than one syllable ending in **-que** elide the final vowel. This is because at one time **que** was a separate word. Here are some examples: **puisqu'elle, jusqu'à.**

## *D*ictée

**Agnès parle de ses préférences.** Vous entendrez la dictée trois fois. La première fois, écoutez. La deuxième fois, écrivez ce que vous entendez. La troisième fois, écoutez pour vérifier ce que vous avez écrit.

_____

_____

_____

_____

_____

_____

_____

_____

## Le verbe français

## *R*eview of some irregular *-re* verbs *(present tense)*

Recall that second conjugation **-ir** verbs have one stem for the singular and another one for the plural. Stop the recording and look over the following chart.

|                 | FINIR     | SERVIR   |
| --------------- | --------- | -------- |
| singular stem:  | fini-     | ser-     |
| je              | finis     | sers     |
| tu              | finis     | sers     |
| il/elle         | finit     | sert     |
| plural stem:    | finiss-   | serv-    |
| nous            | finiss**ons** | serv**ons** |
| vous            | finiss**ez**  | serv**ez**  |
| ils/elles       | finiss**ent** | serv**ent** |

Likewise, most of the verbs discussed in this chapter have a final stem consonant in the plural but not in the singular.

A. *Écrire, lire,* and *dire.* These verbs have the following plural stems: **écriv-, lis-,** and **dis-.** The stem final consonants (**v** and **s**, respectively) are dropped in the singular.

Écoutez et répétez:

|                 | ÉCRIRE    | LIRE      | DIRE      |
| --------------- | --------- | --------- | --------- |
| singular stem:  | écri-     | li-       | di-       |
| je (j')         | écris     | lis       | dis       |
| tu              | écris     | lis       | dis       |
| il/elle         | écrit     | lit       | dit       |
| plural stem:    | écriv-    | lis- [z]  | dis- [z]  |
| nous            | écriv**ons** | lis**ons** | dis**ons** |
| vous            | écriv**ez**  | lis**ez**  | dites     |
| ils/elles       | écriv**ent** | lis**ent** | dis**ent** |

Note that the verb **dire** is conjugated exactly like **lire,** with the exception of an irregular **vous** form. Verbs conjugated like **écrire** include **décrire** (*to describe*), **transcrire** (*to transcribe*), and **souscrire** (*to subscribe*).

B. *Mettre.* The verb **mettre** also drops the final stem consonant throughout the singular. Notice that a **t** is not added to the **il** form since the stem already ends in **t.**

Écoutez et répétez:

|                 | METTRE    |
| --------------- | --------- |
| singular stem:  | met-      |
| je              | met**s**  |
| tu              | met**s**  |
| il/elle         | met       |
| plural stem:    | mett-     |
| nous            | mett**ons** |
| vous            | mett**ez**  |
| ils/elles       | mett**ent** |

Verbs conjugated like **mettre** include **permettre** (*to permit*), **commettre** (*to commit*), **remettre** (*to remit, hand in*), **transmettre** (*to transmit*), **admettre** (*to admit*), **promettre** (*to promise*), **battre** (*to beat*), **se battre** (*to fight*), and **combattre** (*to combat*).

**C.** *Connaître.* The verb **connaître** does not retain as part of the stem the **t** preceding **-re.** Instead, the plural stem is **connaiss-;** the singular stem is **connai-.** Note, too, that there is a circumflex accent over the **i** whenever that vowel is followed by **t.**

**Écoutez et répétez:**

|                  | CONNAÎTRE     |
|------------------|---------------|
| singular stem:   | connai-       |
| je               | connais       |
| tu               | connais       |
| il/elle          | connaît       |
| plural stem:     | connaiss-     |
| nous             | connaiss**ons** |
| vous             | connaiss**ez** |
| ils/elles        | connaiss**ent** |

Other verbs conjugated this way are **naître** (*to be born*), **reconnaître** (*to recognize*), **paraître** (*to seem*), **apparaître** (*to appear*), and **disparaître** (*to disappear*).

### Vérifions!

Cover the preceding information with a piece of paper and see if you can complete the following chart. Then check your answers and review any areas of uncertainty.

|                  | écrire | lire | dire | promettre  | reconnaître  |
|------------------|--------|------|------|------------|--------------|
| je (j')          |        | *lis* |      |            |              |
| Louis et Albert  |        |      |      | *promettent* |              |
| nous             |        |      |      |            |              |
| tu               | *écris* |      |      |            |              |
| Bernard          |        |      | *dit* |            |              |
| vous             |        |      |      |            | *reconnaissez* |

### Intégration des verbes

**Deux familles, deux styles différents.** Joël Colin se plaint (*complains*) à ses parents de leur discipline, en faisant des comparaisons avec les parents de son copain Michel qui habite à côté de chez eux. Les comparaisons continuent. Complétez la conversation avec le présent des verbes indiqués.

JOËL:  Maman, tu me _____[1] (dire) toujours, «Il ne faut rien laisser dans ton

assiette.» Les parents de Michel ne lui _____[2] (dire) jamais ça.

VICTOR:  Et nous, on ne te _____[3] (permettre) jamais de sécher des cours. Je sais

que les parents de Michel, ils le lui _____[4] (permettre) de temps en

temps.

CLAUDINE: Moi, je ne te _____⁵ (promettre) pas des choses que je n'ai pas l'intention de te donner. Eux, ils _____⁶ (promettre) toutes sortes de choses qu'ensuite ils ne peuvent pas lui donner.

VICTOR: Et nous, on ne _____⁷ (lire) pas le journal à table. Eux, comme ils le _____⁸ (lire) tout le temps, ils ne se parlent pas.

CHARLES: Tu sais, Joël, la chose la plus importante, c'est que maman et papa _____⁹ (reconnaître) toujours nos qualités et nos efforts.

JOËL: Bon, d'accord, j'_____¹⁰ (admettre) que nous avons de la chance d'avoir maman et papa comme parents!

CHAPITRE 8

# Parlons de la Terre!

---

## Thèmes et grammaire

---

## *En France et ailleurs*

### Activités de compréhension

**A.** **Vive le tourisme vert!** Écoutez une publicité de l'office du tourisme français pour encourager les gens à redécouvrir la nature. Ensuite, associez chaque activité ou paysage avec la région correspondante.

NOUVEAU VOCABULAIRE

| | | | |
|---|---|---|---|
| des randonnées | *hikes* | escalader | *to climb* |
| laissez-vous enchanter | *let yourself be charmed* | pour mieux vous ressourcer | *to refresh yourself better* |

ACTIVITÉS

1. _____ de la planche à voile

2. _____ des promenades à cheval

3. _____ de l'escalade et du kayak

4. _____ des randonnées

PAYSAGES

5. _____ des marais

6. _____ des forêts magnifiques

7. _____ des dunes, des forêts et de l'air pur

RÉGIONS

a. les Vosges
b. la Camargue
c. les Landes
d. le golfe du Morbihan
e. les gorges de l'Ardèche

**B. Les projets de Sarah.** Sarah va bientôt finir ses études en France et elle a décidé de faire un voyage dans un pays francophone. Elle n'arrive pas à se décider et demande des conseils à son ami Rachid. Indiquez si les phrases sont vraies ou fausses.

NOUVEAU VOCABULAIRE

| | | | |
|---|---|---|---|
| bientôt | *soon* | pratiquement | *practically* |
| (elle) n'arrive pas à se décider | *(she) can't make up her mind* | un volcan en activité | *active volcano* |
| | | par hasard | *by chance* |

Vrai (**V**) ou faux (**F**)?

1. _____ Rachid l'invite au Maroc.

2. _____ Rachid habite en Tunisie.

3. _____ Sarah ne connaît pas le Québec.

4. _____ La Soufrière est un volcan en activité à la Guadeloupe.

5. _____ Rachid a déjà passé des vacances à la Guadeloupe.

6. _____ Sarah décide d'aller à Madagascar.

## Activités écrites

**A. Vocabulaire: Géographie.** Qu'est-ce qui se trouve dans les régions suivantes?

VOCABULAIRE UTILE

| | | | |
|---|---|---|---|
| baies | falaises | îles | plaines |
| cascades | fleuves | péninsules | rivières |
| déserts | forêts | plages | vallées |
| dunes | glaciers | | |

MODÈLE: Dans les gorges du Tarn dans le sud de la France, *il y a des falaises, des rivières et des cascades.*

1. Dans des montagnes comme les Alpes ou les Rocheuses (*Rockies*), _____

_____

2. Dans un désert comme le Sahara ou le désert de Gobi, _____

_____

3. Sur la côte californienne dans la péninsule de Baja, _____

_____

4. Dans la jungle de l'Amazonie, _____

_____

5. Dans une île tropicale comme Tahiti, _____

_____

**Attention! Étudier Grammaire 8.1 et 8.2.**

**B. La terre et ses vérités.** Complétez les phrases suivantes avec **tout, toute, tous** ou **toutes.**

1. _____ les glaciers ne sont pas dangereux.

2. _____ les falaises ne sont pas très hautes.

3. _____ les états ne sont pas amis.

4. _____ la côte française n'est pas sur l'Atlantique.

5. _____ le désert n'est pas composé de sable.

6. _____ les rivières ne sont pas petites.

7. _____ la faune n'est pas inoffensive.

8. _____ la flore n'est pas sauvage.

**C. Êtes-vous fort(e) en géographie?** Indiquez dans quel pays, province ou continent on trouve les choses suivantes. Consultez les cartes au début de votre texte, si nécessaire. Utilisez **en** ou **au** avec le nom du pays.

| l'Australie | l'Égypte | le Népal |
| le Brésil | la France | le Québec |
| la Chine | l'Indonésie | |

MODÈLE: l'île de Java, Djakarta et du thé → On trouve toutes ces choses en Indonésie.

1. le temple de Louxor, Le Caire et les pyramides _____

2. des aborigènes, Sydney et Ayers Rock _____

3. des grandes forêts, Montréal et le carnaval d'hiver _____

4. les chutes d'Iguaçu, la jungle amazonienne et des piranhas _____

5. les gorges de l'Ardèche et les Alpes _____

6. Nankin, la Grande Muraille et le désert de Gobi _____

7. les pics de l'Himalaya et des sherpas _____

**D. Pays d'origine.** Avec quels pays associez-vous ces personnages célèbres du passé? Quelle langue parlaient-ils? Utilisez **de**, **des** ou **du** avec le nom du pays.

PAYS

| | | | |
|---|---|---|---|
| l'Allemagne | l'Espagne | la France | l'Italie |
| la Chine | les États-Unis | l'Irlande | le Japon |

MODÈLE: Élisabeth I^ère → Elle venait d'Angleterre. Elle parlait anglais.

1. Confucius _____

2. Don Quichotte _____

3. Simone de Beauvoir _____

4. Beethoven _____

5. les samurai _____

6. Susan B. Anthony et Margaret Fuller _____

7. Léonard de Vinci _____

8. Saint Patrick _____

**E. Composition: L'endroit de mes rêves.** Voici une lettre écrite par une personne qui est allée à l'île Maurice. Imaginez que vous êtes enfin allé(e) au pays de vos rêves et écrivez une lettre à un(e) de vos ami(e)s, en vous inspirant de cette lettre. Décrivez le pays, ses habitants, ses coutumes, vos activités, etc.

---

*Cher ami,*

*Depuis mon arrivée à l'île Maurice, je me suis métamorphosé. J'ai découvert le paradis. Les plages sont magnifiques, longues, douces, chaudes, d'un sable corallien blanc et lumineux. Dans le lagon, l'eau est translucide et le dégradé de bleus, du plus profond au vert turquoise, est un régal pour l'œil. Je ne me lasse pas de me couler dans cet océan tiède.*

*J'ai rencontré des Mauriciens. Il est très facile de faire leur connaissance. Beaucoup de peuples différents vivent ici en harmonie (Créoles, Malgaches, Indiens, Chinois, Européens,… ) et leur gentillesse est incroyable. Ils m'ont même appris à danser la séga.*

*Alors, j'ai décidé de rester ici une semaine de plus. Je te raconterai tout à mon retour.*

*Amicalement,*

---

_____

_____

_____

_____

_____

_____

_____

_____

# $\mathcal{Q}$uestions écologiques

## Activités de compréhension

**Le reportage de Julien Leroux.** Notre ami journaliste Julien Leroux a décidé de faire un reportage sur l'environnement. Il interroge plusieurs personnes dans la rue. Écoutez le reportage, puis trouvez la bonne fin à chaque phrase.

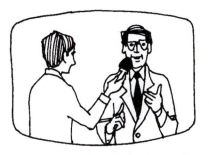

NOUVEAU VOCABULAIRE

| | | | |
|---|---|---|---|
| interroger | *to ask* | jeter à la poubelle | *to throw in the trashcan* |
| à propos de | *on the subject of* | depuis longtemps | *for a long time* |
| à cause de | *because of* | à votre avis | *in your opinion* |

1. _____ À mon avis, c'est la circulation...

2. _____ La solution à cette pollution, c'est...

3. _____ Je ne veux pas contribuer...

4. _____ Recycler, c'est...

5. _____ On peut acheter...

a. des détergents sans phosphates.
b. qui cause la pollution dans la ville.
c. les transports en commun.
d. facile à faire.
e. à la dégradation de l'environnement.

## Activités écrites

**A. Vocabulaire: L'écologie.** Complétez les phrases avec les mots de la liste suivante.

| | | |
|---|---|---|
| écosystème(s) | effet de serre | habitat(s) |
| déchet(s) toxique(s) | cycle de l'eau | urbanisation |
| écoproduit(s) | | |

1. Un marais ou un lac est l'_____ naturel de beaucoup d'amphibiens.

2. L'_____ détruit les espaces ruraux et les habitats.

3. Dans un _____, il y a une interaction entre les habitants et leur environnement physique.

4. Dans le _____, les pluies tombent sur la terre, puis l'eau s'évapore et retourne vers le ciel.

5. L'_____ est un phenomène qui réchauffe l'atmosphère terrestre. Cet effet naturel est intensifié par la pollution.

6. En laissant échapper des _____ dans un fleuve, on risque de tuer les poissons qui y habitent.

7. Un produit respectueux de l'environnement s'appelle un _____.

**Attention! Étudier Grammaire 8.3 et 8.4.**

B. **La biodiversité.** Complétez les phrases avec la forme correcte du verbe **vivre** au présent.

1. Nous _____ dans un écosystème plein de diversité.

2. Les espèces prédatrices _____ à côté des herbivores.

3. Moi, je _____ dans une ville où beaucoup d'animaux se sont bien adaptés à l'écosystème urbain.

4. Comprenez-vous l'écosystème où vous _____?

Complétez les phrases avec la forme correcte de **vivre** ou de **survivre** au passé composé.

5. Beaucoup d'espèces _____ _____ à des catastrophes naturelles.

6. La Moa _____ _____ en Nouvelle-Zélande il y a très longtemps.

7. Cet oiseau énorme n'_____ pas _____ parce qu'il ne s'est pas adapté aux changements climatiques néo-zélandais.

C. **Pratiques écologiques.** Répondez aux questions suivantes en utilisant **le, la, l', les, lui** ou **leur**.

MODÈLES: Est-ce qu'une femme écologique recycle ses déchets? →
Oui, elle les recycle.
Est-ce qu'un président écologique dit oui à une compagnie qui voudrait couper des arbres dans une forêt nationale? →
Non, il ne lui dit pas oui.

Est-ce que/qu'…

1. un agriculteur écologique pratique des bonnes techniques agricoles?

_____

2. les gens écologiques écrivent des lettres pour protester contre la construction dans la jungle?

_____

3. une municipalité écolo punit les industries qui polluent la terre?

_____

4. un groupe écolo parle au maire si la ville n'encourage pas le recyclage?

_____

5. une compagnie écolo pollue l'air?

_____

6. un gouvernement écolo décourage le développement des nouvelles sources d'énergie?

_____

# *É*cologie humaine

### Activités de compréhension

**A.** **La prise de conscience de Jean-Yves.** Jean-Yves vient d'entendre le reportage de Julien Leroux sur l'environnement à la radio. Il arrive chez Agnès et commence à en discuter. Écoutez leur conversation, puis répondez aux questions suivantes.

NOUVEAU VOCABULAIRE

| | | | |
|---|---|---|---|
| prise de conscience | *awakening of one's conscience* | un sujet d'actualité | *a current news topic* |
| (il) vient d'entendre | *(he's) just heard* | jusqu'à présent | *up to now* |
| ça m'a fait réfléchir | *that made me think* | Zut! | *Darn!* |

1. Qu'est-ce que Jean-Yves vient d'entendre?

_____

2. À quel lac est-ce qu'il a pensé?

_____

3. Qu'est-ce que Jean-Yves fait qui n'est pas bon pour l'environnement?

_____

4. Qu'est-ce qu'il a décidé de faire maintenant?

_____

5. Pourquoi est-ce qu'il dit «Zut!» à la fin de la conversation?

_____

**B.** **Savoir vivre en société.** Francis et son petit-fils Emmanuel sont assis à la terrasse d'un café et ils regardent passer les gens. Indiquez dans quel ordre les activités sont mentionnées en mettant les numéros 1–5 sous les images correspondantes à la page suivante.

| | | | |
|---|---|---|---|
| avoir du culot (*fam.*) | *to have a lot of nerve* | faire des saletés (un chien) | *to do its business* |
| distraire | *to entertain* | | |
| pas forcément | *not necessarily* | la politesse | *politeness* |

a. _____

b. _____

c. _____

d. _____

e. _____

f. _____

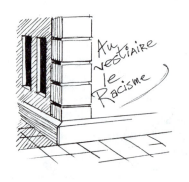

g. _____

h. _____

i. _____

j. _____

## Activités écrites

**A. Vocabulaire: Règles écolos.** Trouvez un synonyme pour chaque terme en italique.

1. _____ utiliser les *transports en commun*

2. _____ ne pas *gaspiller* des ressources

3. _____ *baisser* le volume de la radio

4. _____ *éviter* de contribuer à la pollution

5. _____ *établir* des centres de recyclage

6. _____ *trier* les déchets pour les recycler

7. _____ ne pas *se servir d'*insecticides

a. utiliser
b. moyens de transport public
c. consommer sans discernement
d. sélectionner, classer
e. diminuer
f. installer dans un lieu
g. s'abstenir

**Attention! Étudier Grammaire 8.5 et 8.6.**

**B. Conscience écologique.** Complétez chaque phrase avec la forme correcte du verbe **devoir** au conditionnel.

MODÈLE: On *devrait* essayer de réparer les appareils électroniques avant d'en acheter des nouveaux.

1. Le gouvernement _____ aider les compagnies qui veulent diminuer la pollution de l'air et de l'eau.

2. Nous _____ refuser d'acheter les produits emballés dans des matières non-biodégradables.

3. Moi, je _____ aller au travail et à la fac en vélo.

4. Les gens _____ rester plus souvent à la maison, au lieu de sortir tout le temps en voiture.

5. Toi, tu _____ recycler tes bouteilles et tes journaux.

6. Vous, les étudiants, vous _____ essayer de consommer moins de ressources naturelles.

**C. Une ville plus agréable à vivre.** La ville de Strasbourg a fait des changements et des réhabilitations pour préserver sa qualité de vie. Regardez la photo et complétez chaque phrase en utilisant l'imparfait.

*La place du Marché Gayot débarrassée des véhicules offre terrasses de cafés, un bel espace de détente en plein cœur de ville.*

Geneviève ENGEL

# Une ville plus agréable à vivre

1. On a débarrassé (*cleared*) la place du Marché Gayot des véhicules. Avant, les gens y

   _____ (stationner) leurs voitures.

2. On a créé des terrasses et planté des arbres au centre de la ville. Avant, les gens ne

   _____ pas (pouvoir) s'y promener tranquillement.

3. On a restauré les édifices historiques. Avant, beaucoup d'édifices _____ (tomber)

   en ruines, ou presque.

4. On a amélioré l'éclairage public (les lumières). Avant, beaucoup de gens _____

   (avoir) peur de se promener la nuit.

5. On a créé des promenades le long des rivières. Avant, on y _____ (voir) des zones

   industrialisées.

**D. Une scène paisible.** Regardez de nouveau la photo de Strasbourg. Qu'est-ce qui se passait au moment où on a pris la photo? Écrivez un paragraphe où vous décrivez la scène. Que faisaient les gens? Est-ce qu'ils mangeaient et buvaient? Où étaient-ils? Quel type de vêtements est-ce qu'ils portaient? Quel temps faisait-il?

MODÈLE:   Il faisait beau. Les gens bavardaient; ils prenaient… On mangeait du…

_____

_____

_____

_____

_____

_____

**E.** **Quel temps fait-il?** Adrienne Petit a fait une excursion à la montagne avec un club écologique. Mettez les verbes à l'imparfait *ou* au passé composé, selon le cas.

MODÈLE: Il *faisait* frais quand Adrienne *s'est levée*.

1. Il _____ (faire) du soleil quand le groupe _____ (partir).

2. Le ciel _____ (être) couvert quand Adrienne et ses amis _____ (arriver) à la montagne.

3. Il _____ (faire) plus frais quand ils _____ (commencer) leur montée.

4. Ils _____ (déjeuner) quand un grand rocher _____ (tomber).

5. Il _____ (neiger) quand ils _____ (arriver) au sommet.

# Intégration

## À vos écrans!

**Scène:** Échanger une marchandise

**Aperçu:** Dans cet épisode, Jacques a décidé d'utiliser seulement des produits écologiques. Le voilà en train d'échanger un bloc de papier à lettres. Lisez le **Nouveau vocabulaire** et l'activité, puis regardez la vidéo. Regardez-la plusieurs fois, si nécessaire.

NOUVEAU VOCABULAIRE

| | |
|---|---|
| je rigole | *I'm kidding* |
| sauver des arbres | *to save trees* |
| rembourser | *to reimburse* |
| échanger contre autre chose | *to exchange for something else* |

Identifiez si c'est Jacques (**J**) ou l'employé (**E**) qui parle.

1. _____ «Désolé. Je ne peux pas vous aider.»

2. _____ «Vous pouvez l'échanger contre autre chose, si vous voulez.»

3. _____ «La semaine dernière, j'ai acheté ce papier à lettres.»

4. _____ «Bonjour. J'ai un petit problème.»

5. _____ «Non, je rigole! Qu'est-ce que je peux faire pour vous?»

6. _____ «Pourquoi pas ce paquet de cartes faites à la main?»

7. _____ «Est-ce que vous avez quelque chose à me suggérer?»

**À vous la parole!** Êtes-vous d'accord avec Jacques? Voulez-vous contribuer à sauver l'environnement? Pourquoi?

_____

_____

_____

_____

# ⌕ À l'écoute!

### Légende africaine
### D'après Tchicaya U Tam'si, République du Congo

Il y avait, avant que toutes les choses soient° sur la terre et dans le ciel, deux créatures très puissantes°: le Guéla-d'En-Haut et le Guéla-d'En-Bas. Le Guéla-d'En-Bas était sur la terre. En ce temps-là, la nuit était toujours sur la terre et le jour était toujours dans le ciel. Le Guéla-d'En-Bas n'avait que° le feu pour voir, et le Guéla-d'En-Haut avait le soleil.

    Un jour, le Guéla-d'En-Bas a fait des hommes, des femmes, des poissons, des animaux et des plantes avec de l'argile.° Mais ces créations n'avaient pas de vie. Puis, le Guéla-d'En-Haut les a vues et il les a trouvées amusantes. Il a demandé au Guéla-d'En-Bas de lui en donner quelques-unes. Il a promis de leur donner la vie et, d'ailleurs,° il a promis aussi de mettre la lumière du soleil sur la terre. Le Guéla-d'En-Bas a accepté son offre, mais quand le Guéla-d'En-Haut avait fini son travail, le Guéla-d'En-Bas a refusé de lui donner quelques-unes de ses créations. Alors, les deux créatures ont commencé à se disputer et elles se disputent toujours.

    Quand le Guéla-d'En-Haut cherche à reprendre° la vie, il y a des morts sur la terre. Quand les deux Guélas se disputent, c'est aussi le temps de la tempête° et de la guerre. La nuit existe sur la terre parce que le Guéla-d'En-Haut reprend le soleil. La lune est son œil qui surveille° les mouvements du Guéla-d'En-Bas pendant la nuit.

    Et tout ça, c'était avant que toutes les choses soient sur la terre et dans le ciel.

| | |
|---|---|
| soient | étaient |
| puissantes | powerful |
| n'avait... que | n'avait... avait seulement |
| argile | clay |
| d'ailleurs | moreover |
| reprendre | prendre une autre fois |
| tempête | mauvais temps |
| surveille | regarde |

Mettez les phrases dans le bon ordre.

_____ a.   Le Guéla-d'En-Haut a voulu quelques-unes des créations du Guéla-d'En-Bas.

_____ b.   Le Guéla-d'En-Bas a créé des personnes, des animaux et des plantes.

_____ c.   Le Guéla-d'En-Haut a donné la vie aux créations du Guéla-d'En-Bas.

_____ d.   Le Guéla-d'En-Haut reprend le soleil de la terre tous les jours.

_____ e.   Au début, la nuit était toujours sur la terre.

# À vos stylos!

**Situation:** Votre correspondant(e) français(e) sur Internet vous a demandé votre opinion sur le rôle de l'individu dans la conservation des ressources naturelles et la protection de la nature.

**Intention:** Vous voulez expliquer vos idées et donner vos raisons.

**Méthode:** D'abord, pensez à autant d'exemples que possible. Avec lesquels est-ce que vous êtes d'accord? Lesquels vous semblent exagérés? Faites-en la liste. Ensuite, écrivez vos idées sur ce que l'individu devrait faire ou ne pas faire, en vous servant du conditionnel de **devoir.** Pour chaque phrase, expliquez vos raisons. Enfin, lisez votre composition et corrigez-la.

> MODÈLE: À mon avis, les gens devraient recycler le verre et le plastique. Ils devraient aussi... Ils ne devraient pas... On dit qu'on devrait aussi... mais je ne suis pas d'accord, parce que...

_____
_____
_____
_____
_____
_____
_____
_____
_____
_____
_____
_____

# Rencontres

**Épisode 8:** Au restaurant

**Avant l'écoute.** D'après les informations de l'épisode précédent, indiquez si les phrases suivantes sont vraies (**V**) ou fausses (**F**).

1. _____ Jean-Claude et Annick se sont retrouvés à l'hôpital parce que Steve a eu un accident.

2. _____ C'est bientôt l'anniversaire de Raphaël.

3. _____ Les Lefèvre veulent inviter Steve au restaurant.

4. _____ Steve doit choisir un restaurant.

**Situation:** C'est au restaurant «le Marrakech: Spécialités marocaines» que nos amis ont décidé d'aller pour célébrer l'anniversaire de Steve. Rachid travaille comme serveur dans ce restaurant. Après avoir garé leur voiture devant le restaurant, ils y entrent. Pendant ce temps, une voiture rouge est arrivée et s'est garée de l'autre côté de la rue.

| | |
|---|---|
| garer | *to park* |
| avoir le droit de | *to be entitled to* |
| se souvenir (de) | *to remember* |
| un apéritif | *a drink typically served before a meal* |
| un kir | *white wine drink with black currant liqueur, usually served as an aperitif* |
| À votre santé | *Cheers; To your health* |
| un bordeaux | *wine from the Bordeaux region* |
| étrange | *strange* |
| arbitrer | *to referee* |
| gâter | *to spoil* |

**Après l'écoute.** Mettez les événements de l'épisode dans leur ordre chronologique (de 1 à 8).

_____ a. Christelle remarque un homme mystérieux.

_____ b. Jean-Claude commande des boissons.

_____ c. Les Lefèvre arrivent au restaurant marocain.

_____ d. Steve invite Isabelle à aller au cinéma.

_____ e. Les Lefèvre rencontrent Rachid au restaurant.

_____ f. Fido disparaît pendant une promenade dans le parc.

_____ g. Rachid apporte la nourriture.

_____ h. Les Lefèvre offrent des chaussures de randonnée à Steve.

# La prononciation et l'orthographe

## *More on consonants*

The following consonants in French are quite different from their English counterparts.

A. **The letter *h*.** The letter **h** is never pronounced in French. However, it functions in two different ways.

- Most words that begin with **h** behave exactly like a word that begins with a vowel. Consequently, elision or liaison may occur. For example, in the pronunciation of the phrase **trois‿heures,** there is liaison; in the phrase **l'homme,** elision occurs (the vowel of **le** is deleted).
- For a few words that begin with **h**, elision and liaison do not occur. In French, the **h** that prevents elision and liaison is called **h aspiré.** However, in spite of its name, it is not aspirated or breathy like the English **h**; in fact, it is entirely silent. An example is the word **huit.** Since the **h** of **huit** is an **h aspiré,** there is no elision or liaison, and we say **la huitième leçon** and **les huit garçons.**

There is no way for you to tell by looking at a word whether it begins with **h aspiré.** When writing, you may wish to consult a dictionary to be sure.

**Écoutez.** Listen to the following words and indicate whether or not the **h** is an **h aspiré.**

|  | h aspiré | h non-aspiré |
|---|---|---|
| 1. les herbes | _____ | _____ |
| 2. l'heure | _____ | _____ |
| 3. l'histoire | _____ | _____ |
| 4. le héros | _____ | _____ |
| 5. les haricots | _____ | _____ |
| 6. l'hiver | _____ | _____ |
| 7. la harpe | _____ | _____ |
| 8. la huitième classe | _____ | _____ |

**B.** **The dental consonants. D, l, n,** and **t** are called dental consonants because they are produced in the area behind the upper front teeth. The English sounds are made with the tongue tip touching the gum ridge behind the upper front teeth, whereas in French the tongue tip is pressed directly against the front teeth. Keep this in mind when repeating the following words.

**Écoutez et répétez:** du / dos / livre / lisez / non / n'est-ce pas / timide / toi

# Dictée

**Une amie d'Adrienne raconte un voyage mémorable.** Vous entendrez la dictée trois fois. La première fois, écoutez. La deuxième fois, écrivez ce que vous entendez. La troisième fois, écoutez pour vérifier ce que vous avez écrit.

_____

_____

_____

_____

_____

_____

_____

_____

# Le verbe français

# More on irregular verbs (present tense)

In the last chapter you studied irregular verbs that delete their stem-final consonant for the singular stem. The other principal irregularity in French verbs affects the vowel of the stem: in the L-forms, the stem vowel of these particular irregular verbs changes.*

_____

*Note: In this lesson, L-forms are highlighted to show the same stem vowel in the written forms. These forms are not all pronounced the same, except for **voir** and **croire**.

**A.** *Vouloir* and *pouvoir*. The stem vowel combination **ou** of the verbs **pouvoir** and **vouloir** becomes **eu** in the L-forms. The stem-final consonants in the plural are dropped in the singular.

Écoutez et répétez:

| pouvoir | | | |
|---|---|---|---|
| je | peux | nous | pouv**ons** |
| tu | peux | vous | pouv**ez** |
| il/elle | peut | ils/elles | peuv**ent** |

| vouloir | | | |
|---|---|---|---|
| je | veux | nous | voul**ons** |
| tu | veux | vous | voul**ez** |
| il/elle | veut | ils/elles | veul**ent** |

Notice that the personal ending for the **je** and **tu** forms is **-x**. Final **-s** is replaced by **-x** after vowel combinations that have **u** as their second element.

**B.** *Devoir* and *recevoir*. The stem vowel **e** of the verbs **devoir** and **recevoir** becomes the combination **oi** in the L-forms. The stem-final **v** is deleted throughout the singular. Note the cedilla in the L-forms of **recevoir**.

Écoutez et répétez:

| devoir | | | |
|---|---|---|---|
| je | dois | nous | dev**ons** |
| tu | dois | vous | dev**ez** |
| il/elle | doit | ils/elles | doiv**ent** |

| recevoir | | | |
|---|---|---|---|
| je | reçois | nous | recev**ons** |
| tu | reçois | vous | recev**ez** |
| il/elle | reçoit | ils/elles | reçoiv**ent** |

**C.** *Boire*. The verb **boire** has **buv-** as its stem for the **nous** and **vous** forms. This verb has the stem vowel combination **oi** in the L-forms and the infinitive. There is no **v** throughout the singular or for the infinitive.

Écoutez et répétez:

| boire | | | |
|---|---|---|---|
| je | bois | nous | buv**ons** |
| tu | bois | vous | buv**ez** |
| il/elle | boit | ils/elles | boiv**ent** |

**D.** *Venir*. The verb **venir** changes the stem vowel **e** to the combination **ie** in the four L-forms. In addition, the singular forms are all pronounced with nasal vowels, but the **n** sound *is* pronounced in all the plural forms. Notice that the stem-final **n** is doubled in the **ils** form.

Écoutez et répétez:

| venir | | | |
|---|---|---|---|
| je | viens | nous | ven**ons** |
| tu | viens | vous | ven**ez** |
| il/elle | vient | ils/elles | vien**nent** |

Stop the recording and look over the following list of verbs conjugated like **venir: revenir** (*to return, come back*), **devenir** (*to become*), **prévenir** (*to prevent, warn*), **intervenir** (*to intervene*), and **se souvenir de** (*to remember*). Other verbs conjugated like **venir** include **tenir** (*to hold*), **maintenir** (*to maintain*), **obtenir** (*to obtain*), **retenir** (*to retain*), **contenir** (*to contain*), and **appartenir à** (*to belong to*).

**E.** *Voir* and *croire.* These verbs have the combination **oy** for the plural stem that appears in the **nous** and **vous** forms. They have the stem vowel combination **oi** in the L-forms and the infinitive.

**Écoutez et répétez:**

| voir | | | |
|---|---|---|---|
| je | vois | nous | voy**ons** |
| tu | vois | vous | voy**ez** |
| il/elle | voit | ils/elles | voi**ent** |

| croire | | | |
|---|---|---|---|
| je | crois | nous | croy**ons** |
| tu | crois | vous | croy**ez** |
| il/elle | croit | ils/elles | croi**ent** |

Note that, in French, the letters **i** and **y** are both used as second letters of vowel combinations. The letter **y** is used when a pronounced vowel follows. This is the same spelling rule that we saw earlier for first conjugation verbs such as **payer** and **envoyer.**

**F.** *Savoir* and *prendre.* **Savoir** has **sav-** as the stem that appears throughout the plural. The stem-final **v** is deleted in the singular, and the stem vowel changes to **ai: je sais.**

**Écoutez et répétez:**

SAVOIR

| singular stem: | sai- | plural stem: | sav- |
|---|---|---|---|
| je | sa**is** | nous | sav**ons** |
| tu | sa**is** | vous | sav**ez** |
| il/elle | sa**it** | ils/elles | sav**ent** |

The verb **prendre** has **pren-** as the plural stem. And since the plural endings all begin with a vowel, the **n** sound of the stem is pronounced: **nous prenons.** This verb is unusual in that the **d** of the infinitive is written throughout the singular, although not pronounced. Note, however, that the **n** is not pronounced and the preceding vowel is nasalized: **je prends** [prã].

**Écoutez et répétez:**

PRENDRE

| singular stem: | prend- | plural stem: | pren- |
|---|---|---|---|
| je | prend**s** | nous | pren**ons** |
| tu | prend**s** | vous | pren**ez** |
| il/elle | prend | ils/elles | pren**nent** |

Stop the recording and look over this list of verbs conjugated like **prendre: apprendre** (*to learn*), **comprendre** (*to understand*), **surprendre** (*to surprise*), and **entreprendre** (*to undertake*).

## Vérifions!

Cover the preceding information with a piece of paper and see if you can complete the following charts. Then check your answers and review any areas of uncertainty.

| | pouvoir | vouloir | devoir | recevoir | boire |
|---|---|---|---|---|---|
| je | *peux* | | | | |
| nous | | | *devons* | | |
| Claudine | | | | *reçoit* | |

|  | venir | voir | croire | savoir | prendre |
|---|---|---|---|---|---|
| vous | *venez* |  |  |  |  |
| tu |  |  | *crois* |  |  |
| les enfants |  |  |  |  | *prennent* |

## Intégration des verbes

**La nouvelle génération.** Francis et Marie Lasalle dînent avec Bernard, Christine et leurs petites-filles. Ils parlent de l'évolution des choses depuis l'enfance des grands-parents. Complétez la conversation avec le présent des verbes indiqués.

MARIE: Je _____[1] (comprendre) que les jeunes ne _____[2] (vouloir) plus écrire de lettres. Ça prend tellement plus de temps que le courrier électronique ou le téléphone. Mais moi je me _____[3] (souvenir) du temps où la seule façon de communiquer avec quelqu'un, c'était par lettre.

FRANCIS: Oui, vous les jeunes, vous êtes tellement gâtés (*spoiled*). Aujourd'hui on _____[4] (recevoir) des nouvelles de partout dans le monde, presqu'à l'instant même où les événements se passent. Et en plus, vous _____[5] (pouvoir) obtenir des informations sur n'importe quel sujet par le simple fait de taper quelques mots à l'ordinateur.

CHRISTINE: Oui, au point où on _____[6] (devenir) presque submergé par toute cette information!

CAMILLE: Quelquefois je regrette de vivre dans le monde moderne parce que nous les jeunes, nous _____[7] (devoir) apprendre beaucoup plus de choses que vous, n'est-ce pas, papi et mami?

MARIE: C'est vrai que les scientifiques d'aujourd'hui _____[8] (savoir) beaucoup plus de choses sur le monde, sur les êtres humains, sur tout! Mais tu ne _____[9] (devoir) pas regretter de vivre aujourd'hui, Camille. Pense à tous les bienfaits de la science—de la médecine, par exemple.

CHRISTINE: Oui, parce que nous _____[10] (comprendre) beaucoup mieux comment fonctionne le corps humain, les médecins _____[11] (pouvoir) prévenir et guérir beaucoup plus de maladies.

FRANCIS: Oui, personnellement, je _____[12] (croire) que nous avons tous de la chance d'être en vie à cette époque!

*C H A P I T R E*
# 9

# L'enseignement, les carrières et l'avenir

---

## Thèmes et grammaire

---

## *L'enseignement et la formation professionnelle*

### Activités de compréhension

**A. Le Quartier latin.** M^{me} Martin fait une présentation à la classe sur le Quartier latin. Complétez les phrases suivantes d'après ce qu'elle dit.

NOUVEAU VOCABULAIRE

| | | | |
|---|---|---|---|
| fonder | *to establish* | flâner | *to stroll* |
| (ils) se donnent rendez-vous | *(they) make arrangements to meet* | couramment | *commonly* |

1. La Sorbonne a été fondée en _____.

2. Quand on a fondé l'université, les étudiants parlaient _____.

3. Les étudiants se retrouvent dans les _____, dînent dans les petits _____,

   et passent des heures dans les _____.

4. Le Boul'Mich est _____ principale du quartier.

5. Le Quartier latin est comme un petit _____ en plein cœur de Paris.

**B. La vie de bohème.** Agnès et Jean-Yves sont assis à la terrasse d'un café et discutent de leur vie d'étudiant. Écoutez leur discussion, puis indiquez si les phrases suivantes sont vraies ou fausses.

NOUVEAU VOCABULAIRE

| | | | |
|---|---|---|---|
| tu n'as pas le moral | *you're down in the dumps* | l'insouciance (*f.*) | *carefree life* |
| | | fauché (*fam.*) | *broke* |
| des partiels (*m.*) | *midterms* | tu ne te rends pas compte | *you don't realize* |
| bûcher (*fam.*) | *to study hard (to cram)* | métro-boulot-dodo | *the usual routine (metro-work-sleep)* |
| j'en ai marre de... (*fam.*) | *I'm sick of . . .* | | |

Vrai (**V**) ou faux (**F**)?

1. _____ Agnès n'a pas le moral aujourd'hui.

2. _____ Elle a peur des examens en février.

3. _____ Jean-Yves lui dit qu'elle n'a pas besoin de travailler pour les examens.

4. _____ Agnès est fatiguée de la vie d'étudiante.

5. _____ Pour Jean-Yves, la vie d'étudiant est bien préférable à la vie de quelqu'un qui travaille.

### Activités écrites

**A. Vocabulaire: À la fac.** Sarah Thomas écrit à ses parents pour leur expliquer un peu la vie à la fac. Complétez sa lettre avec les mots appropriés de la liste.

| | | |
|---|---|---|
| assister | des frais d'inscription | recevoir |
| bac | s'inscrire | sèchent |
| bûcher | une licence | un stage |
| le DEUG | | |

D'abord, tous les étudiants à la fac ont déjà réussi au _____<sup>1</sup> avant de pouvoir _____<sup>2</sup> à l'université. Les études coûtent beaucoup moins cher ici qu'en Amérique, mais on est tout de même obligé de payer _____<sup>3</sup>.

Théoriquement, on doit _____<sup>4</sup> aux conférences des profs, mais beaucoup d'étudiants _____<sup>5</sup> régulièrement leurs cours. Pourtant, avant les examens, on les voit partout en train de _____<sup>6</sup>, même dans les cafés. À la fin de deux ans d'études, si tout va bien aux examens, ils peuvent _____<sup>7</sup> un diplôme qui s'appelle _____<sup>8</sup>. La plupart font encore deux ans d'études spécialisées après cela, ce qui aboutit (finit) à _____<sup>9</sup>. Ensuite, on fait souvent _____<sup>10</sup> en industrie ou ailleurs. Et bientôt, on est obligé de chercher du boulot (un job), ce qui n'est pas très facile.

### Attention! Étudier Grammaire 9.1 et 9.2.

**B. Les cracks.** Lisez la description des bons étudiants en France, publiée dans *Francoscopie*. Ensuite, dites si les phrases suivantes sont (probablement) vraies ou fausses, en expliquant pourquoi. Employez le pronom **y** dans vos réponses.

**Les cracks**

Une enquête réalisée auprès de très bons élèves
des lycées (de la 3ᵉ à la terminale) montre l'influence
du milieu familial sur les résultats scolaires. Plus que
les moyens financiers de la famille, l'ambiance cul-
turelle, l'entente des parents, leur disponibilité,[a]
la communication avec les enfants jouent un rôle
prépondérant.
Indépendamment de leurs qualités intellectuelles, les
cracks sont en général de grands travailleurs, ils
jouissent d'une grande capacité de concentration et
participent activement à la classe. Ils n'ont guère[b] de
certitudes intellectuelles. Plutôt conformistes, ils
accumulent les connaissances avant de prendre
position.

[a]*availability*  [b]pas

MODÈLE:  Les parents des cracks ne réussissent pas à communiquer avec leurs enfants. →
Ce n'est pas vrai. Ils y réussissent. La communication est un facteur important dans
le succès des cracks.

1. Les parents des cracks s'intéressent au succès de leurs enfants.

_____

_____

2. Les cracks prennent plaisir à recevoir de mauvaises notes.

_____

_____

3. Ils participent activement aux discussions en cours.

_____

_____

4. Ils n'assistent pas souvent aux cours.

_____

_____

5. Ils réussissent aux examens.

_____

_____

6. Les parents cherchent des distractions pour amuser leurs enfants.

_____

_____

**C. Associations.** Répondez aux questions en employant des pronoms accentués: **moi, elle, lui, eux, elles, nous.**

> MODÈLE:  Avez-vous passé les dernières vacances chez *vos parents?* →
> Oui, j'ai passé mes dernières vacances chez *eux.* (Non, je n'ai pas... )

1.  Est-ce que vous parlez français avec *vos camarades de classe* en dehors de la classe? _____

     _____

     _____

2.  En général, est-ce que vos camarades de classe sont plus sérieux ou moins sérieux que *vous?* ____

     _____

     _____

3.  Comment s'appelle votre meilleur ami (meilleure amie)? Habitez-vous avec *cet ami (cette amie)?*

     _____

     _____

4.  En général, faites-vous vos devoirs avec ou sans *votre ami(e)?* _____

     _____

     _____

5.  D'habitude, est-ce que vous déjeunez avec ou sans *vos parents?* _____

     _____

     _____

6.  Qu'est-ce que vous aimez faire avec *vos amis* le week-end? _____

     _____

     _____

# *L*e travail et les métiers

## Activités de compréhension

**A. La nouvelle affaire.** Christine Lasalle déjeune avec son amie Nicole. Nicole et son mari ont décidé de monter leur propre compagnie. Nicole parle de leurs projets à Christine. Indiquez si les phrases sont vraies ou fausses.

NOUVEAU VOCABULAIRE

| | | | |
|---|---|---|---|
| votre fameux projet | *your famous plan* | dès que nous aurons | *as soon as we* |
| monter notre propre | *to start our own* | monté | *have set up* |
| compagnie | *company* | je visiterai | *I will visit* |

Vrai (**V**) ou faux (**F**)?

1. \_\_\_\_ Christine pense que Nicole et son mari prennent un grand risque.

2. \_\_\_\_ Ils ont déjà trouvé un nom de domaine.

3. \_\_\_\_ Ils veulent créer un site pour les adolescents.

4. \_\_\_\_ Leur idée est de regrouper toutes les informations sur ce sujet qui sont déjà sur Internet.

5. \_\_\_\_ Ils ont déjà monté leur page web.

**B.** **La blague du perroquet.** Vous allez écouter une blague. C'est un homme qui veut acheter un perroquet. Il entre dans un magasin et parle au marchand de perroquets. Pour chaque perroquet, indiquez le prix et ce qu'il sait faire.

NOUVEAU VOCABULAIRE

| | | | |
|---|---|---|---|
| un perroquet | *parrot* | pour me tenir compagnie | *to keep me company* |
| Vous n'êtes pas bien! | *You're joking!* | | |
| taper à la machine | *to type* | Je vais m'asseoir. | *I'm going to sit down.* |
| l'ordinateur | *computer* | le patron | *boss* |

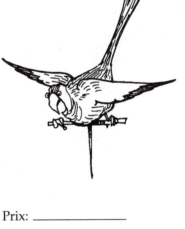

Prix: _____    Prix: _____    Prix: _____

_____    _____    _____

_____    _____    _____

## Activités écrites

**A.** **Vocabulaire: Devinettes.** Identifiez le métier ou la profession des personnes décrites.

- a. avocat(e)
- b. chef de cuisine
- c. coiffeur/coiffeuse
- d. chirurgien(ne)
- e. fonctionnaire
- f. PDG

1. \_\_*d*\_\_ Ces médecins sont spécialistes en chirurgie et opèrent les malades.

   *Ce sont des chirurgiens et des chirurgiennes.*

2. _____ Ces personnes défendent les accusés.

_____

3. _____ Ils ont pour profession de couper les cheveux et de coiffer.

_____

4. _____ Ces personnes s'occupent de la cuisine dans un restaurant. Si leurs plats sont bons, toute la clientèle est très contente.

_____

5. _____ Leur travail facilite le bon fonctionnement du gouvernement municipal, régional ou national.

_____

6. _____ Ces personnes sont importantes. Leur titre est *Président-directeur général.*

_____

**Attention! Étudier Grammaire 9.3 et 9.4.**

B. **Qui est-ce?** Complétez les phrases avec **il/elle est, ils/elles sont** ou **c'est / ce sont.** Ensuite, dites le nom de la personne.

|  |  |  |
|---|---|---|
| Naomi Judd | Stephen Hawking | Julia Roberts et Cameron Diaz |
| Gérard Depardieu | Astérix | Martin Luther King |

1. _____ un acteur français. _____ très doué. _____

2. _____ des vedettes américaines. _____ très aimées et très riches.

_____

3. _____ la mère d'une vedette qui s'appelle Ashley. _____ un peu

âgée mais toujours active dans sa carrière de chanteuse. _____

4. _____ un professeur brillant à Cambridge. Malgré son infirmité,

_____ très actif professionnellement. _____

5. _____ un des grands leaders américains. _____ très connu et on

fête sa naissance au mois de janvier. _____

6. _____ le personnage principal de la bande dessinée *Astérix.*

_____ petit et très malin (intelligent). _____

C. **Le travail.** Vous préparez-vous déjà à votre future carrière? Répondez à ces questions en utilisant **depuis** avec une expression de temps.

MODÈLE: Depuis combien de temps pensez-vous à votre future carrière? →
Je pense à ma future carrière depuis deux ans.

1. Qu'est-ce que vous étudiez à l'université? Depuis combien de temps l'étudiez-vous?

_____

_____

2. Est-ce que vous travaillez maintenant? Si oui, où travaillez-vous et depuis quand?

_____

_____

3. Avez-vous déjà décidé ce que vous voulez devenir? Depuis quand le savez-vous?

_____

_____

4. Connaissez-vous quelqu'un qui fait déjà le travail que vous avez choisi? Que fait cette personne? Depuis combien de temps la connaissez-vous?

_____

_____

5. Est-ce que vos parents travaillent maintenant? Que font-ils? Depuis combien de temps font-ils ce travail?

_____

_____

**D. Composition: Votre travail.** Écrivez un paragraphe sur votre travail actuel ou le travail que vous voudriez avoir. Quelles sont vos responsabilités? Est-ce que vous aimez ce travail? Expliquez pourquoi. Quels sont les aspects positifs de ce travail? Et les aspects négatifs? (Suggestion: regardez l'Activité 10, Le poste idéal, dans votre livre.)

_____

_____

_____

_____

_____

_____

_____

**E. Casse-tête.** Dans cette activité, vous devez deviner le métier de chaque personne. Écrivez les réponses et justifiez-les.

LES MÉTIERS POSSIBLES

agent de police                                      professionnel(le) de secours en montagne

médecin aux urgences à l'hôpital        serveur/serveuse

LES PISTES

Laure doit porter un uniforme pour son travail.          Alain s'occupe de cas urgents.

D'habitude, Alain travaille en plein air.                      Laure s'occupe de malfaiteurs.

Les clients laissent un pourboire à François.              Sabrina a fait des stages médicaux.

Souvent, Sabrina travaille toute la nuit.

1. Laure _____

   _____

   _____

2. François _____

   _____

   _____

3. Alain _____

   _____

   _____

4. Sabrina _____

   _____

   _____

# L'avenir

## Activités de compréhension

**A. Les prédictions de Marie et Francis.** Marie et Francis Lasalle essaient d'imaginer ce que feront leurs petits-enfants dans l'avenir. Écrivez une profession qu'ils imaginent pour chaque enfant.

NOUVEAU VOCABULAIRE

| | | | |
|---|---|---|---|
| deviendront | *(they) will become* | un aventurier | *adventurer* |
| je la verrai bien... | *I can see her . . .* | tu me taquines | *you're teasing me* |
| une grande école | *university-level professional school* | un écrivain | *writer* |
| | | enseignera | *(he/she) will teach* |
| tout lui sera possible | *(he/she) can do anything* | la santé | *health* |

Clarisse: _____

Marise: _____

Charles: _____

Emmanuel: _____

Joël: _____

Camille: _____

Marie-Christine: _____

Nathalie: _____

**B. L'horoscope.** Voici l'horoscope de la station de radio Europa. Écoutez et trouvez la prédiction qui est annoncée (ou une de ses conséquences) pour chacun des signes suivants.

NOUVEAU VOCABULAIRE

| | | | |
|---|---|---|---|
| le Bélier | *Aries* | chercher à | *to try to* |
| s'engager | *make a commitment* | la Balance | *Libra* |
| le Taureau | *Taurus* | faire des économies | *to save (money)* |
| les Gémeaux | *Gemini* | de très bonnes nouvelles | *very good news* |

1. _____ Béliers
2. _____ Taureaux
3. _____ Gémeaux
4. _____ Cancers
5. _____ Lions
6. _____ Balances
7. _____ Capricornes

a. Ils vont se concentrer sur leur carrière.
b. Ils essaieront de rencontrer des gens.
c. Ils n'achèteront pas de produits de luxe.
d. Ils réfléchiront bien avant de prendre des engagements financiers.
e. Ils prendront des décisions importantes.
f. Ils voyageront et reverront d'anciens amis.
g. Ils seront physiquement plus actifs.

## Activités écrites

**A. Vocabulaire: C'est la vie!** Choisissez la bonne terminaison pour chaque prédiction.

1. _____ Les chercheurs continueront de faire…
2. _____ Les étudiants choisiront…
3. _____ Tout le monde utilisera de plus en plus…
4. _____ Les gens continueront de chercher des moyens d'améliorer…
5. _____ Nous voudrons toujours savoir ce que…
6. _____ Il y aura moins de déchets…
7. _____ Les médecins se serviront de plus en plus…
8. _____ L'ordinateur et Internet ne remplaceront pas…
9. _____ Beaucoup plus de gens travailleront…
10. _____ Les gens utiliseront des sources alternatives d'énergie…

a. la salle de classe.
b. l'avenir nous réserve.
c. de la recherche.
d. grâce au recyclage.
e. la qualité de la vie.
f. pour climatiser leur maison.
g. à la maison.
h. Internet.
i. de la thérapie génétique.
j. des études variées.

**Attention! Étudier Grammaire 9.5.**

**B. Prédictions.** Qu'est-ce que l'avenir nous réserve? Complétez les phrases avec la forme correcte du verbe indiqué au futur. Ensuite, cochez (✓) les phrases avec lesquelles vous êtes d'accord.

MODÈLE: __✓__ Beaucoup de gens *travailleront* à la maison.

1. _____ Les chercheurs _____ (savoir) toutes les causes du cancer.
2. _____ Nous _____ (découvrir) que le chocolat est essentiel à la santé.
3. _____ Il y _____ (avoir) toujours beaucoup de violence à la télé.
4. _____ Nous _____ (voir) une femme président à la Maison Blanche.

5. _____ On _____ (pouvoir) aller sur la lune quand on voudra.

6. _____ Vous les étudiants ne _____ pas (être) obligés de payer vos cours.

7. _____ Notre climat _____ (être) différent.

8. _____ Nous _____ (faire) nos courses par ordinateur.

C. **Le rêve de Nathalie.** D'abord mettez les verbes de Nathalie au *futur.* Ensuite, mettez ses phrases dans l'ordre logique en leur donnant un numéro entre 1 et 7.

a. _____ Mes sœurs ne _____ pas (*pouvoir*) piloter mon avion.

b. _____ Je _____ (*devenir*) PDG d'une entreprise Internet.

c. _____ Je _____ (*pouvoir*) acheter un grand avion et apprendre à le piloter. Mes sœurs _____ (*être*) très jalouses!

d. _____ D'abord, je _____ (*m'inscrire*) à des cours en informatique et je _____ (*faire*) de bonnes études.

e. _____ En tant que PDG, je _____ (*devenir*) riche et célèbre. Mes parents ne _____ plus (*pouvoir*) me forcer à faire certaines choses.

f. _____ Ensuite, tout le monde _____ (*voir*) que j'ai beaucoup de talent et j'_____ (*avoir*) un succès fou!

g. _____ Quand je _____ (*être*) vieille, vers l'âge de 30 ans, je _____ (*prendre*) ma retraite.

D. **Mon avenir.** Quand vous recevrez votre diplôme, que ferez-vous? Répondez en employant le futur.

MODÈLE: Que ferez-vous quand vous aurez plus de temps libre? →
Je lirai davantage, j'assisterai à plus de concerts et de pièces, je verrai plus souvent mes amis.

1. Chercherez-vous un travail tout de suite ou continuerez-vous vos études?

_____

_____

2. Voyagerez-vous? Où irez-vous?

_____

_____

3. Aurez-vous plus d'argent que maintenant? Que ferez-vous de cet argent?

_____

_____

4. Où choisirez-vous de vivre?

_____

_____

5. Vous marierez-vous? Quand? Combien d'enfants aurez-vous?

_____

_____

E. **Au boulot!** Imaginez que vous avez enfin reçu votre diplôme et que vous avez trouvé un travail. Vous écrivez à vos parents ou à un ami (une amie) pour annoncer la bonne nouvelle. Lisez la publicité de la société Canina, où vous allez travailler, et expliquez ce que vous ferez comme travail et tous les avantages de cette situation. Dites aussi ce que vous ferez en plus du travail, maintenant que vous n'aurez plus à étudier et que vous aurez de l'argent pour poursuivre vos intérêts. Employez le futur.

---

**canina**

## DEUX ANIMATEURS DES VENTES

- NORMANDIE - NORD - BASSIN PARISIEN (Réf. 80122)
- SUD OUEST (Réf. 80123)

Diplômés débutants, IUT, techniques de commercialisation ou BTS distribution, venez faire vos premières armes au sein de notre groupe multinational.
Vous développerez les ventes d'aliments Chiens - Chats - Oiseaux auprès de notre Distribution.
Mettre en place et promouvoir les nouveaux produits, animer un réseau de concessionnaires et de détaillants, prospecter des grossistes, renforcer notre image de marque au sein des expositions canines, telles seront vos principales missions.
Du dynamisme il en faut, de la disponibilité également pour voyager 90% du temps sur plusieurs départements.
Rémunération motivante liée à vos résultats (fixe + primes).
Position cadre. Formation permanente à nos techniques de vente et à nos produits.
Écrivez nous avec lettre manuscrite, CV détaillé et photo en précisant la référence du secteur qui vous intéresse à

## Selecom
225, Fbg Saint Honoré 75008 Paris.

---

MODÈLE:   *Chers maman et papa,*
*Bonne nouvelle! J'ai été embauché(e) par Canina. Canina, c'est un groupe de distribution...*
*En plus, maintenant que je n'ai plus à étudier, j'ai décidé de... Je m'amuserai beaucoup, vous verrez!*
*Je vous embrasse très fort,*

_____

_____

_____

_____

_____

_____

_____

# Intégration

## À vos écrans!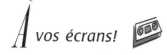

**Scène:** Passer une entrevue

**Aperçu:** Dans cet épisode, Claire vient de poser sa candidature pour un poste en entreprise. Lisez le **Nouveau vocabulaire** et l'activité, puis regardez la vidéo. Regardez-la plusieurs fois, si nécessaire.

NOUVEAU VOCABULAIRE

| | |
|---|---|
| on a rédigé un nouveau plan de commercialisation | *we wrote a new business plan* |
| une telle expérience | *this much experience* |
| également | *also* |
| un bon défi que j'ai su relever | *a challenge that I was able to accept* |

Indiquez si les phrases suivantes sont vraies (**V**) ou fausses (**F**).

1. _____ La patronne explique à Claire que leur société n'est pas la plus grande.

2. _____ Claire étudie le commerce et la biologie.

3. _____ L'été dernier, Claire a travaillé dans une société de fabrication de produits chimiques.

4. _____ Claire a des connaissances en chimie et en marketing.

5. _____ La patronne doit rencontrer d'autres candidates, mais elle recontactera Claire bientôt.

## À l'écoute!

### Les habits° neufs de l'empereur

vêtements

Autrefois, vivait un empereur qui avait la passion des habits neufs. Tout lui était prétexte à changer de toilette. Il avait un habit pour chaque heure de la journée.

Un jour, deux escrocs° sont arrivés dans la capitale. Ils ont annoncé à tout le monde qu'ils étaient des tisserands° et qu'ils pouvaient tisser de l'or,° pour en faire un tissu extraordinaire. Ce tissu, d'une beauté remarquable, était magique; il était visible seulement aux personnes de grande intelligence. Les sots° ne pouvaient pas le voir.

criminels
weavers / tisser... weave gold
idiots

L'empereur a voulu un habit confectionné° de ce tissu extraordinaire. Alors, il a fait venir les escrocs et les a installés au palais dans une vaste pièce. Personne ne pouvait y entrer, car la méthode devait rester secrète. Chaque matin, les escrocs recevaient des sacs d'or pour leur travail. Mais chaque soir, ils quittaient le palais furtivement.

fait

Enfin, l'habit remarquable était prêt.° Mais quelle déception°! Personne ne pouvait le voir. Quel dilemme! Si l'empereur admettait qu'il ne pouvait pas voir son habit, cela prouverait qu'il était un sot! Enfin, l'empereur a exclamé à la beauté du tissu et il a mis son nouvel habit. Quand il est sorti, tous les courtisans et tous ses sujets ont crié d'admiration. Seul un petit enfant a crié que l'empereur n'avait pas d'habit du tout, qu'il se promenait tout nu. Les gens ont entendu la voix° de l'innocence et le monarque a bien compris que c'était vrai. Pourtant, il a continué sa promenade portant fièrement° son habit inexistant!

fini / désappointement

voice
proudly

Indiquez si les phrases suivantes sont vraies (**V**) ou fausses (**F**).

1. _____ Les deux escrocs savaient vraiment faire un tissu splendide.

2. _____ L'empereur ne pouvait pas voir son nouvel habit.

3. _____ L'empereur avait peur d'avoir l'air d'un sot.

4. _____ Beaucoup de personnes ont fait des compliments à l'empereur.

5. _____ L'empereur était méchant: il a puni le petit enfant.

# À vos stylos!

**Situation:** Vous ne savez pas ce que vous voudriez faire à l'avenir. Puisque vous êtes obligé(e) de traiter ce sujet dans votre journal français, vous décidez de réfléchir à la question.

**Intention:** Vous voulez identifier ce que vous aimeriez et ce que vous n'aimeriez pas dans votre futur travail.

**Méthode:** Écrivez vos préférences (travailler en plein air, heures flexibles… ). Ensuite, faites la liste de ce que vous voudriez éviter (travailler dans une grande ville… ). Puis, expliquez vos raisons. Ensuite, mettez ces éléments par ordre d'importance et écrivez votre composition.

MODÈLE: Je suis une personne ouverte: j'aime beaucoup travailler avec les autres, et j'adore les grandes villes, les voyages, les rencontres. Je n'aime pas du tout… Je pense donc être…

# Rencontres

**Épisode 9:** Bizarre, bizarre

**Avant l'écoute.** D'après les informations de l'épisode précédent, indiquez si les phrases suivantes sont vraies (**V**) ou fausses (**F**).

1. _____ Steve invite Isabelle à aller voir un match de basket.

2. _____ Fido a disparu.

**Situation:** Isabelle a accepté d'accompagner Steve au cinéma. Steve est en train de se préparer dans sa chambre. Il entend Annick parler dans la cour avec M^me Dugravot, la voisine des Lefèvre.

NOUVEAU VOCABULAIRE

| | |
|---|---|
| éteindre | *to switch off* |
| les phares | *headlights* |
| avait disparu | *had disappeared* |
| Quel malheur! | *What a pity!* |
| en sécurité | *safe* |
| rejoindre | *to join* |
| réviser | *to review* |
| je n'en peux plus | *I can't take it anymore* |
| je vais craquer | *I'm going to break down* |
| au cours de | *during* |
| la Savoie | *a mountainous region close to the Alps and Italy* |
| ringard | *old-fashioned* |
| un stage | *internship* |
| Tu parles d'une histoire! | *What a story!* |
| un caniche | *poodle* |
| bousculer | *to bump into* |
| se relever | *to get up* |
| une perruque | *wig* |
| s'enfuir | *to run away* |

**Après l'écoute.** Indiquez si les phrases suivantes sont vraies (**V**) ou fausses (**F**).

1. _____ Annick a perdu Fido pendant une promenade.

2. _____ Annick n'a pas encore contacté la police.

3. _____ Steve offre un ticket de cinéma à Isabelle.

4. _____ Christelle étudie au café pour ses examens.

5. _____ Christelle a beaucoup aimé le film «Romances».

6. _____ Isabelle a trouvé le film trop conservateur.

7. _____ Steve invite Isabelle à aller en vacances à la montagne avec lui.

8. _____ Isabelle aimerait trouver un travail de journaliste à l'étranger.

9. _____ L'amie de Christelle a aussi perdu son chien.

10. _____ Sophie vient de rencontrer une personne mystérieuse.

## La prononciation et l'orthographe

# Masculine and feminine adjectives

As you know, the masculine form of an adjective frequently ends in an unpronounced consonant: **grand.** The feminine form often ends in a silent **e,** with the preceding consonant pronounced: **grande.** Here are a few other common patterns.

**A. No change in pronunciation.** Some adjectives end in **-e** in both the masculine and feminine forms. Therefore, their pronunciation does not change.

**Écoutez et répétez:** un examen facile    une leçon facile

un chapeau rouge    une cravate rouge

un ami suisse    une amie suisse

Other adjectives end with a vowel or with a *pronounced* consonant in the masculine form and add an **-e** in the feminine. These forms, too, are pronounced the same.

**Écoutez et répétez:** un joli manteau    une jolie robe

un ciel clair    une vue claire

un escalier intérieur    une cour intérieure

**B. Spelling changes.** This section reviews pronunciation and spelling rules for many adjectives with which you are already familiar.

- If a masculine adjective ends in **e** followed by a silent consonant, the feminine form ends in **e muet,** but the **e** before the consonant is written with a grave accent: **secret, secrète.** This same rule applies to words ending in **-er: ouvrier, ouvrière.**

  **Écoutez et répétez:** un livre complet    une œuvre complète

  un parfum discret    une couleur discrète

  le premier fils    la première fille

  un mot familier    une attitude familière

- In a few cases, the final consonant is doubled when **e muet** is added: **cruel, cruelle; tel, telle.**
- If the final consonant is **n,** the vowel is nasal in the masculine form but non-nasal in the feminine: **bon, bonne; ancien, ancienne.**

  **Écoutez et répétez:** un bon devoir    une bonne note

  un état américain    une ville américaine

  un agent italien    une amie italienne

- The feminine forms of masculine adjectives ending in **-x** can end in **-ce, -sse,** or **-se.** Listen to the [z] sound in **heureuse.**

  **Écoutez et répétez:** un homme doux    une femme douce

  un moment heureux    une vie heureuse

  un homme roux    une femme rousse

- There are a few adjectives whose final consonant is changed in the feminine form: **-f** to **-ve** and **-c** to **-che.**

  **Écoutez et répétez:** un homme actif     une femme active

                            un chapeau neuf     une robe neuve

                            un tissu blanc     une fleur blanche

                            un air franc     une attitude franche

- In addition, the spelling **-c** sometimes changes to **-que,** but the pronunciation remains the same: **public, publique.**

# Dictée

**Une amie de Jean-Yves raconte un voyage mémorable.** Vous entendrez la dictée trois fois. La première fois, écoutez. La deuxième fois, écrivez ce que vous entendez. La troisième fois, écoutez pour vérifier ce que vous avez écrit.

_____

_____

_____

_____

_____

_____

_____

## Le verbe français

# The future tense

The future of most verbs is formed by adding the following endings directly to the infinitive: **-ai, -as, -a, -ons, -ez,** and **-ont.** Note that the L-form endings are identical to the present tense of the verb **avoir.**

A. **Formation of the future tense.** Here are the future forms of the three regular conjugations.* Note that the **e** before the future endings of **-er** verbs becomes an **e muet: parlerai, parleras,** etc.

---

*Note that the final **-e** of infinitives like **attendre** is dropped before the future endings are added.

**Écoutez et répétez:**

| parler | | | |
|---|---|---|---|
| je | parler**ai** | nous | parler**ons** |
| tu | parler**as** | vous | parler**ez** |
| il/elle | parler**a** | ils/elles | parler**ont** |

| finir | | | |
|---|---|---|---|
| je | finir**ai** | nous | finir**ons** |
| tu | finir**as** | vous | finir**ez** |
| il/elle | finir**a** | ils/elles | finir**ont** |

| attendre | | | |
|---|---|---|---|
| j' | attend**rai** | nous | attend**rons** |
| tu | attend**ras** | vous | attend**rez** |
| il/elle | attend**ra** | ils/elles | attend**ront** |

**B. -Er verbs with spelling changes.** Review the spelling changes in **-er** verbs discussed earlier (see *Le verbe français, Chapitre 2*). These same changes occur in all forms of the future tense. Look over the following chart and repeat the future forms you hear.

**Écoutez et répétez:**

| | | |
|---|---|---|
| payer | je paie | je paierai / nous paierons |
| jeter | je jette | je jetterai / nous jetterons |
| mener | je mène | je mènerai / nous mènerons |

Note, however, that verbs with the stem vowel **é**, like **espérer,** keep the acute accent throughout the future: **j'espérerai, nous espérerons,** etc.

**C. Irregular verbs with regular future stems.** Most irregular verbs form the future in the same manner as regular ones: the future endings are added directly to the infinitive, with **-re** verbs dropping the final **-e.**

**Écoutez et répétez:**

| | | | | |
|---|---|---|---|---|
| boire | je boirai | | écrire | j'écrirai |
| connaître | je connaîtrai | | ouvrir | j'ouvrirai |
| croire | je croirai | | prendre | je prendrai |
| dire | je dirai | | suivre | je suivrai |

**D. Irregular verbs with small stem changes.** Certain verbs ending in **-ir** or **-oir** have irregular future stems. Sometimes the **i** or **oi** preceding the **r** is dropped; sometimes other minor spelling changes occur. Stop the recording and look over the following chart, then repeat the future forms.

**Écoutez et répétez:**

| | | |
|---|---|---|
| courir | courr- | il **courr**a |
| devoir | devr- | il **devr**a |
| recevoir | recevr- | il **recevr**a |
| pleuvoir | pleuvr- | il **pleuvr**a |
| avoir | aur- | il **aur**a |
| savoir | saur- | il **saur**a |
| pouvoir | pourr- | il **pourr**a |
| venir | viendr- | il **viendr**a |
| obtenir | obtiendr- | il **obtiendr**a |
| vouloir | voudr- | il **voudr**a |
| falloir | faudr- | il **faudr**a |

**E. Irregular verbs with irregular future stems.** Five verbs have completely irregular future stems. The normal future endings are added to these stems. Stop the recording and look over the following chart, then repeat the future forms.

**Écoutez et répétez:**

| | | |
|---|---|---|
| être | ser- | je **ser**ai |
| aller | ir- | j'**ir**ai |
| faire | fer- | je **fer**ai |
| voir | verr- | je **verr**ai |
| envoyer | enverr- | j'**enverr**ai |

## Vérifions!

Cover the preceding information with a piece of paper, then see whether you can complete the following chart. Check your answers and review any areas of uncertainty.

| | chanter | réussir | vendre | employer | prendre | avoir | être |
|---|---|---|---|---|---|---|---|
| je (j') | *chanterai* | | | | | | |
| les Colin | | | | | *prendront* | | |
| Marie | | | *vendra* | | | | |
| vous | | | | *emploierez* | | | *serez* |
| nous | | | | | | *aurons* | |
| tu | | *réussiras* | | | | | |

## Intégration des verbes

**Le site «ABC Enfance».** Ce site offre aux futurs et aux nouveaux parents des prédictions sur le caractère de leur enfant selon son signe astral. Voici les prédictions pour le signe du Cancer. Complétez les prédictions avec le futur des verbes indiqués.

L'enfant né sous le signe du Cancer se _____[1] (distinguer) par sa gentillesse, son calme, sa simplicité et son hypersensibilité. Il _____[2] (être) toujours très attaché à sa famille, ses souvenirs, ses choses. Son humeur _____[3] (être) changeante, on _____[4] (avoir) du mal à le cerner (définir). Il _____[5] (être) assez renfermé (*withdrawn*) et comme il ne s'extériorisera pas beaucoup, on ne _____[6] (comprendre) pas ses antipathies soudaines pour

certaines personnes ou ses changements d'humeur inattendus. Il _____[7] (avoir)
la larme facile (*will cry easily*), il s'en _____[8] (servir) d'ailleurs pour obtenir ce
qu'il _____[9] (désirer). S'il est affectueux, il _____[10]
(pouvoir) devenir aussi possessif. Il _____[11] (réussir) bien à l'école car il
n'_____[12] (avoir) pas besoin de surveillance très étroite pour travailler. C'est
d'ailleurs dans la solitude qu'il _____[13] (accomplir) le mieux les tâches qui lui
_____[14] (être) assignées.

CHAPITRE 10

# Les voyages

---

## Thèmes et grammaire

---

## Voyages à l'étranger

### Activités de compréhension

**A. Bon voyage!** Adrienne Petit va finalement réaliser son rêve: aller en vacances à Tahiti. Le téléphone sonne; c'est son ami Ousmane qui veut lui souhaiter bon voyage. Écoutez leur conversation, puis indiquez si les phrases suivantes sont vraies ou fausses.

NOUVEAU VOCABULAIRE

| | | | |
|---|---|---|---|
| Tu es prêt(e)? | *Are you ready?* | la douane | *customs* |
| l'excédent de bagages | *excess baggage* | un maillot (de bain) | *swimsuit* |
| | | tu peux t'asseoir dessus | *you can sit on it* |

Vrai (**V**) ou faux (**F**)?

1. _____ Adrienne est prête à partir, ou presque.

2. _____ Elle a oublié de prendre son billet d'avion.

3. _____ Elle n'a pas assez de vêtements.

4. _____ Selon Ousmane, Adrienne a seulement besoin d'un maillot de bain.

5. _____ Adrienne ne veut pas avoir de problèmes à la douane.

6. _____ Elle promet d'envoyer une carte postale à Ousmane.

**B. Un voyage d'études aux États-Unis.** Comme la plupart des jeunes Français, Emmanuel Colin va faire un séjour linguistique à l'étranger pour améliorer son anglais. Écoutez les conseils de sa mère avant le départ. Puis cochez (✓) les conseils de Claudine.

| améliorer | *to improve* | avoir de bonnes relations (avec) | *to get along* (*with*) |
| mon chéri | *my dear* | la famille d'accueil | *host family* |
| le mél | *e-mail* | un coup de fil | *phone call* |

1. _____ Ne bois pas d'alcool.

2. _____ Ne dépense pas ton argent trop rapidement.

3. _____ Envoie-nous souvent des messages électroniques.

4. _____ Aide ta famille d'accueil à la maison.

5. _____ Ne sors jamais le soir.

6. _____ Aie de bonnes relations avec ta famille d'accueil.

7. _____ Reste avec ton groupe de Français.

## Activités écrites

**A. Vocabulaire: Savoir-voyager.** Trouvez le mot approprié pour compléter les phrases.

| se débrouiller | emporter | queue |
| une déclaration de douane | enregistrer | la salle d'attente |
| déclarer | fouiller | un vol |
| douanier | | |

MODÈLE:   Si vous ne savez pas où aller, vous pouvez vous adresser au bureau de *renseignements*.

1. La plupart des voyageurs prennent _____ pour aller à l'étranger.

2. Quand il y a beaucoup de monde qui attend, il faut faire la _____.

3. Avant de prendre l'avion, il faut _____ tous ses gros bagages.

4. On peut _____ quelques petites valises dans la cabine.

5. On attend le départ de son avion dans _____.

6. Avant d'arriver à destination, on doit remplir _____.

7. L'agent de la douane qui contrôle les passeports et les bagages à l'arrivée s'appelle le

   _____.

8. À la douane, il faut _____ les articles qu'on a achetés à l'étranger.

9. Le douanier peut décider de _____ vos bagages, s'il pense que vous avez

   fait une fausse déclaration.

10. Il n'est pas toujours facile de voyager; alors, les voyageurs doivent apprendre à

   _____.

## Attention! Étudier Grammaire 10.1 et 10.2.

**B. Vacances en famille.** Les Colin partent ensemble au Maroc cette semaine et Claudine s'inquiète pour tout. Complétez ses phrases avec le subjonctif des verbes indiqués.

1. Charles, tu as trouvé ton maillot de bain? Il ne faut pas que tu l'_____ (oublier).

2. Victor, il est essentiel que tu _____ (finir) de faire tes achats aujourd'hui.

   Nous partons demain soir!

3. Marise et Clarisse, il faut que vous n'_____ (emporter) que trois valises:

   une grande et deux petites.

4. Joël, il est essentiel que tu _____ (obéir) sans rouspéter pendant ce voyage.

5. Emmanuel, est-il vraiment essentiel que nous _____ (acheter) le *guide*

   *Michelin* que tu veux? Nous sommes très occupés.

6. Oh là là! Je viens de me rappeler! Il faut que je _____ (mettre) ma crème

   solaire spéciale sur ma liste.

C. **Voyage en groupe.** Vous allez voyager en France avec votre professeur et vos camarades de classe et tout le monde vous donne des conseils. Complétez les phrases suivantes avec le subjonctif des verbes indiqués.

1. VOTRE MÈRE:  Il faut que tu _____ (être) toujours à l'heure.

2. LE PROFESSEUR:  Il est indispensable que nous _____ (prendre) un taxi le

   soir dans les grandes villes.

3. VOTRE CAMARADE DE CLASSE:  Il est essentiel que le prof _____ (boire) un

   verre de vin à chaque repas pour rester calme.

4. LA CLASSE:  Il ne faut pas que nous _____ (aller) au musée tous les jours.

   Ça serait ennuyeux.

5. VOTRE FRÈRE:  Il vaut mieux que tu _____ (avoir) ton passeport sur toi

   quand tu sors.

6. VOTRE PÈRE:  Il ne faut pas que tu _____ (faire) le pitre dans les endroits

   publics.

7. LA CLASSE:  Il faut que nous _____ (avoir) du temps libre pour faire des

   achats et nous promener dans les rues.

8. LE PROFESSEUR:  Il est essentiel que vous _____ (faire) attention quand vous

   traversez la rue.

9. VOS PARENTS:  Il faut que tu _____ (prendre) le temps de nous appeler de

   temps en temps.

10. LE PROFESSEUR:  Il est important que vous n'_____ (avoir) pas peur de

    parler français avec les Français!

D. **Composition: Deux voyages.** Choisissez un sujet et répondez aux questions pour écrire la composition. Ajoutez d'autres détails si vous voulez.

1. UN VOYAGE QUE J'AI AIMÉ

Où êtes-vous allé(e)? Quand? Est-ce que vous y êtes allé(e) seul(e) ou avec des copains? Comment était cette ville (ce pays... )? (grand[e], ancien[ne]... ) Où avez-vous logé? Où avez-vous mangé? Qu'est-ce qu'il y avait comme distractions et qu'est-ce que vous avez fait? Vous avez aimé les habitants? Pourquoi? Qu'est-ce que vous avez aimé le plus pendant votre voyage? Pourquoi?

2. UN VOYAGE QUE JE N'AI PAS AIMÉ

Vous êtes allé(e) où? Quand et avec qui? Pourquoi n'avez-vous pas aimé ce voyage? Est-ce que vous avez eu des expériences désagréables? Qu'est-ce qui s'est passé?

_____

_____

_____

_____

_____

_____

_____

_____

# *E*n voiture!

## Activités de compréhension

 **A.** **Des ennuis sur l'autoroute.** Hier, Victor Colin est tombé en panne sur l'autoroute entre Paris et Clermont-Ferrand. Il raconte à sa femme Claudine ce qui s'est passé. Indiquez si les phrases suivantes sont vraies ou fausses.

NOUVEAU VOCABULAIRE

| | | | |
|---|---|---|---|
| un bruit | *noise* | c'était grave | *it was serious* |
| tu avais crevé | *you had blown a tire* | une panne d'essence | *out of gas* |
| elle n'a pas démarré | *it wouldn't start* | | |

Vrai (**V**) ou faux (**F**)?

1. _____ Victor a eu un accident sur l'autoroute.

2. _____ Il a entendu un bruit bizarre.

3. _____ Il a vérifié le moteur et le radiateur.

4. _____ Un mécanicien a réparé la voiture.

5. _____ Victor était tombé en panne d'essence.

**B. Le métro, c'est votre deuxième voiture.** Voici un message de la RATP (la Régie autonome des transports parisiens). Écoutez la publicité, puis cochez (✓) les avantages qui sont mentionnés dans la publicité.

NOUVEAU VOCABULAIRE

les gaz (*m.*) d'échappement    *exhaust fumes*        les correspondances (*f.*)    *connections*

efficace                        *efficient*

1. _____ la diminution des risques d'accidents

2. _____ les attractions musicales des stations de métro

3. _____ ses avantages pour l'environnement

4. _____ sa rapidité

5. _____ son caractère reposant

6. _____ son silence relatif

7. _____ la possibilité de lire le journal

8. _____ ses avantages économiques

## Activités écrites

**A. Vocabulaire: La voiture.** Trouvez les mots appropriés pour compléter les phrases.

| | | |
|---|---|---|
| le capot | essence | le pare-brise |
| le coffre | faire le plein | les phares |
| une contravention | les freins | le volant |
| crevé | louer | |

MODÈLE: Il ne faut jamais se mettre au *volant* quand on a sommeil.

1. _____ servent à ralentir ou à arrêter la voiture.

2. Une voiture économique ne consomme pas beaucoup d'_____.

3. Bernard passe à la station-service et demande à l'employé de _____.

4. Hier, j'ai entendu un bruit—j'ai eu un pneu _____ sur l'autoroute.

5. Les essuie-glaces essuient _____.

6. Julien aime bien _____ une voiture lorsqu'il est en voyage.

7. Il faut ouvrir _____ pour vérifier le niveau d'huile.

8. D'habitude, on met ses bagages dans _____.

9. On doit mettre _____ quand on conduit le soir.

10. On risque d'avoir _____ si on brûle un feu rouge.

**Attention! Étudier Grammaire 10.3.**

**B. On conduit.** Répondez aux questions en employant les verbes **suivre** et **conduire.** (Si vous ne conduisez pas, parlez de quelqu'un que vous connaissez.)

MODÈLE: Est-ce que vos parents conduisent bien ou mal, à votre avis? →
À mon avis, ils conduisent très bien. (Ils conduisent mal, à mon avis, parce qu'ils ont une main sur le volant, l'autre sur le portable.)

1. Est-ce que vous conduisez une voiture? Quel type de voiture? Conduisez-vous souvent?

_____

_____

2. En général, suivez-vous le code de la route (les règles)? Quand est-ce que vous ne les suivez pas? Pourquoi?

_____

_____

3. En voiture, qu'est-ce que vous faites si une autre voiture vous suit de très près?

_____

_____

4. Vos amis et vous, conduisez-vous prudemment? Comment conduisez-vous quand vous êtes pressés? Est-ce que vous conduisez quand vous avez bu?

_____

_____

5. Qui dans votre famille conduit le plus souvent? Pourquoi?

_____

_____

6. En général, est-ce que les gens de votre ville conduisent bien ou mal? Quelles erreurs font-ils le plus souvent?

_____

_____

**C. La signalisation routière—1ère partie.** Identifiez chacun des panneaux en écrivant la lettre qui lui correspond à côté de la description appropriée.

1. _____ Carrefour à sens giratoire (*traffic circle*)

2. _____ Arrêt interdit

3. _____ Zone piétonne

4. _____ Chaussée particulièrement glissante

5. _____ Interdiction de tourner à gauche à la prochaine intersection

6. _____ Accès interdit à tous les véhicules à moteur

7. _____ Hôpital ou clinique assurant les urgences

8. _____ Virage (*Turn*) à droite

9. _____ Sens interdit

10. _____ Signaux sonores interdits

**La signalisation routière—2ème partie.** Regardez de nouveau les panneaux indicateurs et écrivez la lettre qui correspond au panneau à côté de l'instruction appropriée.

1. _____ Ne klaxonnez pas.

2. _____ Ne stationnez pas ici.

3. _____ Attention! Il va y avoir un tournant à droite.

4. _____ Ne tournez pas à gauche.

5. _____ Ne continuez pas dans cette direction.

6. _____ Attention! Il n'y a pas de feu de signalisation.

7. _____ Faites attention! Évitez de freiner ou d'accélérer.

8. _____ Arrêtez-vous. Les voitures ne sont pas permises.

D. **Conseils.** Quelles recommandations pouvez-vous faire sur l'emploi des objets suivants? Qu'est-ce qu'on ne doit pas faire? Employez **il faut / il ne faut pas** avec le subjonctif.

MODÈLE: les feux de signalisation → Il faut qu'on les regarde avec attention. Il faut qu'on s'arrête avant que le feu ne passe au rouge.

1. les freins _____

_____

2. les clignotants _____

_____

3. la ceinture de sécurité _____

_____

4. les phares _____

_____

5. les limitations de vitesse _____

_____

6. le klaxon _____

_____

# *C*omment se débrouiller

## Activités de compréhension

A. **L'arrivée en France.** On a toujours des surprises quand on arrive dans un pays étranger. Vous allez entendre plusieurs étudiants étrangers raconter leur première aventure à Paris. Choisissez le dessin qui représente la mésaventure de chaque étudiant.

NOUVEAU VOCABULAIRE

| | | | |
|---|---|---|---|
| récupérer | *to get (something) back* | après coup | *afterward* |
| rire | *to laugh* | léger/légère | *lightweight* |
| des affaires (*f.*) | *things, belongings* | des cuisses de grenouille (*f.*) | *frogs' legs* |
| ramasser | *to pick up, collect* | | |
| je me suis aperçu | *I noticed, realized* | faire une drôle de tête | *to make a strange face* |

1. Louise     a.     b.

2. David     a.     b.

3. Luzolo     a.     b.

4. Giorgio     a.     b.

**B. La douane.** Agnès vient de rentrer de l'île de la Réunion, où elle a passé quinze jours de vacances. Elle parle avec Jean-Yves de son voyage. Indiquez si les phrases sont vraies ou fausses.

NOUVEAU VOCABULAIRE

| | | | |
|---|---|---|---|
| qui habite là-bas | *who lives there* | un renseignement | *piece of information* |
| bavard(e) | *talkative* | mignon(ne) | *cute* |

Vrai (**V**) ou faux (**F**)?

1. _____ Dans l'avion, Agnès a parlé longtemps avec une Réunionnaise.

2. _____ La dame a invité Agnès à venir chez elle.

3. _____ La dame est partie sans Agnès.

4. _____ Agnès est restée dans l'avion plus longtemps que les autres passagers.

5. _____ Jean-Yves trouve que les questions du douanier n'étaient pas du tout normales.

6. _____ Le douanier a passé une demi-heure à fouiller les valises d'Agnès et à regarder ses papiers.

7. _____ À la fin, Jean-Yves pense que le douanier cherchait de la drogue ou de la contrebande.

## Activités écrites

**A. Vocabulaire: Situations.** Dites ce que le voyageur branché (bien informé) devrait faire dans les situations suivantes.

1. _g_ On ne sait pas un numéro de téléphone.

2. _____ On se trouve dans une situation difficile.

3. _____ On veut utiliser un téléphone public.

4. _____ On finit de dîner au restaurant.

5. _____ On est invité et on va arriver en retard.

6. _____ Quelqu'un vous rend un service très sympa.

7. _____ On veut payer sa note dans un hôtel.

8. _____ On perd son passeport.

9. _____ On laisse son manteau dans un grand magasin.

a. aller à la réception
b. laisser un pourboire
c. contacter le consulat de son pays
d. se servir d'une télécarte
e. aller au bureau des objets trouvés
f. passer un coup de fil
g. regarder dans l'annuaire
h. se débrouiller
i. remercier la personne

**Attention! Étudier Grammaire 10.4.**

**B. Le débrouillard en voyage.** Savez-vous ce qu'il faut faire dans les situations suivantes? Répondez à ces questions en employant des pronoms: **le/la/les lui, le/la/les leur, lui/leur en.**

> MODÈLE: Au supermarché, est-ce qu'on donne <u>ses achats</u> <u>à la caissière</u>? → Oui, on *les lui* donne.

1. À l'aéroport, est-ce qu'on montre <u>son passeport</u> <u>au douanier</u>?

   _____

2. Donne-t-on <u>de l'argent</u> <u>à un agent de police qui montre le chemin</u>?

   _____

3. Dit-on <u>son âge</u> <u>aux employés qui changent des chèques de voyage</u>?

   _____

4. Laisse-t-on <u>de l'argent</u> <u>aux serveurs</u> si le service est compris?

   _____

5. Dit-on <u>l'heure</u> <u>à quelqu'un qui la demande dans la rue</u>?

   _____

6. Donne-t-on <u>de l'argent</u> <u>à quelqu'un dans la rue qui a trop bu</u>?

   _____

7. Dit-on <u>où on loge</u> <u>aux gens qu'on rencontre dans un bar</u>?

   _____

8. Après un accident de voiture, faut-il donner <u>ses coordonnées</u> (nom, adresse) <u>à l'autre conducteur</u>?

   _____

**C. Les qualités des débrouillards.** Indiquez l'importance de ces qualités en leur attribuant un nombre de 1 à 10 (1 correspond à la qualité la plus importante.)

| | |
|---|---|
| _____ le goût de l'aventure | _____ l'organisation |
| _____ une nature calme | _____ la tolérance |
| _____ le sens de l'humour | _____ le courage |
| _____ l'indépendance | _____ l'imagination |
| _____ la discipline | _____ l'enthousiasme |

Maintenant, en vous servant de vos réponses ci-dessus, écrivez une description de la personne qui sait bien se débrouiller.

_____

_____

_____

_____

_____

_____

_____

# *L*es achats, les produits et les matières

## Activités de compréhension

**Un marché au Maroc.** Christine et Bernard Lasalle font du tourisme à Marrakech, au Maroc. Ils vont dans un marché pour acheter quelques souvenirs. Répondez par écrit aux questions.

NOUVEAU VOCABULAIRE

| | | | |
|---|---|---|---|
| le tissu brodé | *embroidered fabric* | Vous plaisantez? | *Are you kidding?* |
| marchander | *to bargain* | fait(e) à la main | *handmade* |
| Ne t'en fais pas. | *Don't worry.* | | |

1. Quel conseil Bernard donne-t-il à Christine?

   _____

2. Combien coûte le masque au début?

   _____

3. Combien est-ce que Christine le paie à la fin?

   _____

4. Combien est-ce que le marchand qui est juste en face demande pour le même masque?

   _____

## Activités écrites

**A. Vocabulaire: Les produits et les matières.** Associez une matière avec chacun des articles suivants.

1. _____ les cardigans d'hiver
2. _____ les assiettes ordinaires
3. _____ les assiettes élégantes
4. _____ les robes du soir
5. _____ les chandeliers
6. _____ les ceintures
7. _____ les robes d'été
8. _____ les voitures

a. la soie
b. le cuir
c. le coton
d. l'acier
e. la laine
f. la terre cuite
g. le cristal
h. la porcelaine

## Attention! Étudier Grammaire 10.5 et 10.6.

**B. Décisions.** Vous achetez des cadeaux. Choisissez le(s) meilleur(s) objet(s) dans chaque cas et expliquez votre raison.

MODÈLE: pour une petite fille: la poupée en porcelaine, en plastique ou en bois →
Moi, je trouve que le meilleur choix est la poupée en plastique. C'est la plus belle et la plus durable.

1. pour votre mère: la montre en or, en argent ou avec Mickey

_____

_____

2. pour votre meilleur(e) ami(e): le cardigan en soie, en coton ou en laine d'Irlande

_____

_____

3. pour votre chien: le collier en cuir, en argent ou avec des diamants

_____

_____

4. pour votre chambre: des petits tapis en soie, en coton ou en laine

_____

_____

5. pour votre tante qui est assez forte (*heavy-set*): la robe rouge avec des grandes tulipes, la bleue toute simple, ou la beige en coton avec d'énormes girafes

_____

_____

C. **Au magasin.** Quand vous faites des courses, les vendeurs vous demandent de faire des choix et vous leur expliquez ce que vous voulez acheter. Inventez des petits dialogues entre des vendeurs (vendeuses) et vous.

> lequel / lesquels           celui / ceux
> laquelle / lesquelles       celle / celles

> MODÈLE: un bracelet en or ou en argent →
>         LE BIJOUTIER:  Lequel de ces bracelets préférez-vous? Celui en or ou celui en argent?
>                 MOI:  Celui en or, s'il vous plaît. Il coûte plus cher, mais il est plus joli.

1. des biscuits (*m.*) au chocolat, à la vanille ou à la frangipane (*almond paste*)

   LE PÂTISSIER: _____

   MOI: _____

2. une eau de cologne au parfum de lavande, de fruits, de jungle ou de pin

   LA VENDEUSE: _____

   MOI: _____

3. un papier à lettres avec une bordure de tulipes ou avec des lignes

   LE VENDEUR: _____

   MOI: _____

4. une pizza aux 4 fromages, avec de la saucisse et des champignons ou aux fruits

   LE SERVEUR: _____

   MOI: _____

D. **Stéréotypes.** Chaque pays est connu pour certains produits et certaines spécialités. D'après les stéréotypes communs, quels pays associez-vous avec ces produits? Employez **meilleur(s)/ meilleure(s).**

> MODÈLE:  les tulipes et les produits laitiers (l'île Maurice ou la Hollande?) →
>          La Hollande a les meilleures tulipes et les meilleurs produits laitiers.

1. la vodka et le caviar (l'Argentine ou la Russie?)

   _____

2. les bonbons au chocolat et les montres (la Suisse ou la Chine?)

   _____

3. les ordinateurs et l'équipement électronique (le Japon ou le Brésil?)

   _____

4. le vin et les pâtisseries (le Danemark ou la France?)

   _____

5. la bière et les saucisses (l'Allemagne ou l'Italie?)

   _____

E. **Composition: Le cadeau idéal.** Écrivez une petite composition au sujet d'un cadeau que vous avez acheté. Dans la composition, dites quel cadeau vous avez acheté, pour qui vous l'avez acheté, et pour quelle occasion. Expliquez les facteurs qui ont influencé votre décision (les goûts de la personne, vos propres goûts, l'originalité ou la qualité du produit, le fait que le produit était en solde… ). Est-ce que la personne a aimé ce cadeau? Pourquoi?

_____

_____

_____

_____

_____

_____

_____

_____

_____

# Intégration

# À vos écrans! 📼

**Scène:** Réserver une chambre d'hôtel

**Aperçu:** Aimée a décidé de peindre des châteaux dans la vallée de la Loire. Dans cet épisode, elle téléphone à un hôtel pour réserver une chambre pour la visite. Lisez le **Nouveau vocabulaire** et l'activité, puis regardez la vidéo. Regardez-la plusieurs fois, si nécessaire.

### NOUVEAU VOCABULAIRE

| | |
|---|---|
| il me faudra | *I will need* |
| Ce serait pour quand? | *For when would this be?* |
| Il n'y a pas de quoi. | *It's nothing, you're welcome.* |
| Il faut que tu marchandes. | *You have to bargain.* |

Indiquez si c'est Aimée (**A**), Claire (**C**) ou la réceptionniste (**R**) qui parle.

1. _____ «Je voudrais faire des réservations, s'il vous plaît.»

2. _____ «Une chambre avec douche coûte 9 euros supplémentaires.»

3. _____ «Ce serait pour quand?»

4. _____ «Mes amis et moi, on va visiter des châteaux.»

5. _____ «Moi aussi, je fais de la peinture et j'ai fait une étude de tous les châteaux de la région.»

6. _____ «Le petit déjeuner n'est pas compris.»

7. _____ «Il faut que tu marchandes.»

**Diassigue-le-Caïman°**
**D'après *Le salaire* par Birago Diop**

Crocodile

Un enfant a trouvé Diassigue-le-Caïman dans la brousse.° Le caïman lui a demandé de le porter jusqu'à l'eau et l'enfant est parti pour chercher une natte° et des lianes.° Ensuite, il a enroulé Diassigue dans la natte, qu'il a attachée avec les lianes. Enfin, il l'a chargée° sur sa tête, a marché jusqu'au fleuve, a déposé° la natte et a coupé les lianes.

forêt tropicale
*mat*
*vines*
mise / mis par terre

Diassigue lui a demandé de s'approcher et de l'aider à entrer dans l'eau, puisqu'il avait de la difficulté à marcher. Mais quand l'enfant est entré dans l'eau jusqu'à la poitrine, le caïman lui a saisi le bras. L'enfant a poussé des cris et a demandé au caïman de le laisser partir. Le caïman a refusé, en disant qu'il avait très faim parce qu'il n'avait rien mangé depuis trois jours. L'enfant lui a dit qu'une bonne action se paie par une bonté° et non par une méchanceté.° Le caïman a dit le contraire et les deux ont commencé à se disputer.

bonne action /
mauvaise action

Leuk-le-lièvre,° qui passait au galop, s'est arrêté pour savoir ce qui se passait. Le caïman lui a raconté l'histoire. Le lièvre a fait semblant° de ne pas croire qu'un petit enfant puisse emporter un caïman sur sa tête. Pour le prouver, l'enfant a de nouveau enroulé le caïman dans la natte. Il l'a attaché avec des lianes et l'a chargé sur sa tête encore une fois. En voyant cela, le lièvre a dit à l'enfant: «Emporte ta charge chez toi; ton père et tous tes parents te remercieront, puisque vous en° mangez chez vous. C'est comme ça qu'on paie ceux qui oublient les bonnes actions.»

lapin sauvage
a... *pretended*

des caïmans

Mettez les phrases dans le bon ordre (1–6).

_____ a. Le caïman a saisi le bras de l'enfant.

_____ b. Le lièvre est passé au galop.

_____ c. L'enfant a trouvé le caïman dans la brousse.

_____ d. L'enfant a enroulé le caïman dans la natte encore une fois.

_____ e. Le lièvre a conseillé à l'enfant d'emporter le caïman à la maison.

_____ f. Le caïman et l'enfant se sont disputés.

*À vos stylos!*

**Situation:** Pour mieux connaître une ville francophone, vous avez décidé de préparer l'itinéraire d'une journée dans cette ville.

**Intention:** Vous voulez faire une liste de ce que vous ferez du matin jusqu'au soir. Vous allez faire du tourisme, choisir des restaurants et décider comment vous voulez passer la soirée.

**Méthode:** Utilisez un guide touristique, Internet ou un ouvrage de référence pour découvrir des possibilités intéressantes. Décidez ce que vous voudrez faire, en calculant le temps pour chaque activité. Ensuite, écrivez votre itinéraire en utilisant des verbes au futur.

MODÈLE: Itinéraire: Dakar
        8–10 h: Je découvrirai le marché de Kermel.
      10–13 h: Je visiterai le musée Ethnographique…

_____

_____

_____

_____

_____

_____

_____

_____

# Rencontres

**Épisode 10:** Péripéties avant le départ

**Avant l'écoute.** Indiquez si les phrases suivantes sont vraies (**V**) ou fausses (**F**).

1. _____ Jean-Claude a perdu Fido au parc.

2. _____ Christelle se prépare pour le bac.

3. _____ Steve invite Christelle et Isabelle à partir en vacances.

4. _____ Le chat de l'amie de Christelle a disparu.

5. _____ On voit une personne mystérieuse dans les rues de la ville.

**Situation:** Trois semaines plus tard, les Lefèvre sont toujours sans nouvelles de Fido. Christelle et Isabelle ont réussi à leurs examens et Isabelle a accepté de partir en vacances en train avec Steve. Ce matin chez les Lefèvre, Annick, Christelle et Jean-Claude apprennent deux nouvelles importantes à la radio.

NOUVEAU VOCABULAIRE

| | |
|---|---|
| des péripéties | *ups and downs* |
| sans nouvelles | *without news* |
| de race | *pedigree* |
| mener une enquête | *to conduct an investigation* |
| proche | *close* |
| se rendre | *to go* |
| la SNCF | la Société nationale des chemins de fer français *(French National Railroad Company)* |
| une grève | *strike* |
| perturber | *to disrupt* |
| les grandes lignes | *main railroad lines* |
| rôder | *to lurk around* |
| surveiller | *to watch* |
| nous aurions prévenu | *we would have informed* |
| pourvu que | *let's hope (that)* |
| faire contrôler | *to have checked* |
| en avoir assez | *to be tired of* |
| ça ne me dérange pas | *it doesn't bother me* |

**Après l'écoute.** Mettez les événements suivants dans l'ordre chronologique (de 1 à 10).

_____ a. L'équipe d'Annick gagne le match de basket.

_____ b. Annick avertit Steve qu'il y a une grève des trains.

_____ c. Raphaël rencontre une jolie jeune fille blonde.

_____ d. Christelle révèle qu'elle a observé une femme mystérieuse.

_____ e. Steve appelle Isabelle au téléphone pour parler de leur voyage.

_____ f. Les Lefèvre apprennent à la radio l'existence d'un trafic de chiens.

_____ g. Isabelle dit qu'elle va amener la voiture de son frère au garage.

_____ h. Jean-Claude prévient la police.

_____ i. Raphaël remarque une jolie joueuse pendant le match.

_____ j. Jean-Claude est en colère contre Annick.

# La prononciation et l'orthographe

## *A*ccentuation, rhythm, and intonation

A. **Accentuation.** You have probably noticed that the rhythm of French is quite different from that of English. One important difference concerns unstressed syllables. In English words, unaccented or unstressed vowels frequently have the "uh" sound. Listen to the difference between the first, accented *a* in *fatal*, and that same *a* in the word *fatality*, where it is not accented. Listen again: *fatal, fatality*. In French, this process does not occur. Most syllables have equal stress, with the final syllable slightly emphasized; and all vowels (except **e muet**) are always pronounced with their full value.

Listen to each English word, then listen to and repeat the corresponding French word. Pay careful attention to the highlighted syllables.

**Écoutez et répétez:**

| | |
|---|---|
| *capital* | capi**tale** |
| *America* | Amé**rique** |
| *actor* | act**eur** |
| *documentary* | document**aire** |
| *Nationality* | nationali**té** |

B. **Rhythm.** The French rhythm—equal emphasis on all syllables, with a slight increase of stress on the final syllable—applies to phrases and short sentences, as well.

Listen to and repeat these phrases and sentences. Pay careful attention to the highlighted syllables.

**Écoutez et répétez:**

| | |
|---|---|
| un chap**eau** | ma **sœur** |
| un beau chap**eau** | ma petite **sœur** |
| un beau chapeau **rouge** | ma petite sœur ar**rive** |
| Elle a un beau chapeau **rouge**. | Ma petite sœur arrive de**main**. |

**C. Intonation.** Intonation is the pattern of pitch levels in a sentence. In an English sentence, pitch levels may rise and fall several times within a sentence. In French sentences, intonation patterns are typically very smooth.

- Yes-no questions usually have rising intonation, whereas statements and commands generally have falling intonation.

**Écoutez et répétez:**

Rachid est-il ici?        Oui. Il vient d'arriver.

Est-ce qu'il est onze heures?    Non. Il est midi.

Tu veux aller au cinéma?    Je ne peux pas.

- Questions that begin with an interrogative word (**que, quand, où,** etc.) usually have falling intonation.

**Écoutez et répétez:**

Comment vous appelez-vous?

Qu'est-ce que tu prends le matin?

Pourquoi est-ce qu'elle pleure?

- In longer sentences, there is typically a series of rising intonations until the final phrase, when the pitch falls.

**Écoutez et répétez:**

Annick, / sa petite sœur / et ses amis / sont au restaurant.

Dans un restaurant / Annick commande habituellement / un steak au poivre/

et des pommes frites.

Sa petite sœur / aime beaucoup un dessert / composé d'œufs, / de lait /

et d'un peu de sucre.

# Dictée

**Une publicité pour les trains de neige de la SNCF.** Vous entendrez la dictée trois fois. La première fois, écoutez. La deuxième fois, écrivez ce que vous entendez. La troisième fois, écoutez pour vérifier ce que vous avez écrit.

_____

_____

_____

_____

## Le verbe français

# *The subjunctive (regular forms)*

**A.  Regular verbs in the subjunctive.** Stop the recording and look over the following table of subjunctive endings.

| je | -e | nous | -ions |
|----|-----|-------|-------|
| tu | -es | vous | -iez |
| il/elle | -e | ils/elles | -ent |

These endings are added to a special subjunctive stem: the present tense indicative **ils** form minus the **-ent** ending. Again, stop the recording and look over the table.

| ils **parl**ent | parl- |
|-----------------|-------|
| ils **finiss**ent | finiss- |
| ils **attend**ent | attend- |

Here are the present subjunctive forms for the three regular conjugations.*

**Écoutez et répétez:**

| parler | | | |
|--------|--------|--------|---------|
| je | parle | nous | parlions |
| tu | parles | vous | parliez |
| il/elle | parle | ils/elles | parlent |

| finir | | | |
|-------|--------|--------|----------|
| je | finisse | nous | finissions |
| tu | finisses | vous | finissiez |
| il/elle | finisse | ils/elles | finissent |

| attendre | | | |
|----------|--------|--------|----------|
| j' | attende | nous | attendions |
| tu | attendes | vous | attendiez |
| il/elle | attende | ils/elles | attendent |

_____

*Note: The **nous** and **vous** forms of the present subjunctive are identical to the corresponding forms of the imperfect; the third-person plural form of the subjunctive is always identical to the third-person plural present tense form; the L-forms of regular **-er** verbs are identical in the subjunctive and in the present tense. Also notice that for *any* verb, all the L-forms of the subjunctive are pronounced the same.

**232**   *Chapitre 10*

**B. Irregular verbs with regular subjunctive formations.** Many verbs that are irregular in the present indicative form the subjunctive according to the regular pattern: the **-ent** ending is dropped from the present tense **ils** form, and the subjunctive endings are added to this stem. Stop the recording and look over the following table.

| INFINITIVE | PRESENT | SUBJUNCTIVE (**je**) |
|---|---|---|
| connaître | ils **connaiss**ent | je connaisse |
| dire | ils **dis**ent | je dise |
| dormir | ils **dorm**ent | je dorme |
| écrire | ils **écriv**ent | j'écrive |
| lire | ils **lis**ent | je lise |
| mettre | ils **mett**ent | je mette |
| partir | ils **part**ent | je parte |

Since all of these subjunctive stems end with consonants, this has important consequences for the pronunciation of these verbs in the subjunctive: stem-final consonants that are not pronounced in the singular of the present tense are *always* pronounced in the subjunctive.

Listen to the following present and subjunctive forms, and repeat the subjunctive forms.

**Écoutez et répétez:**

| PRESENT | SUBJUNCTIVE |
|---|---|
| je connais | je connaisse |
| je dis | je dise |
| je lis | je lise |
| je peins | je peigne |

## Vérifions!

Cover the preceding information with a piece of paper, then see whether you can complete the following chart. Check your work, and review any areas of uncertainty.

| | chanter | réfléchir | attendre | dire | connaître | écrire |
|---|---|---|---|---|---|---|
| je (j') | | | *attende* | | | |
| tu | *chantes* | | | | | |
| Emmanuel | | | | | | *écrive* |
| nous | | *réfléchissions* | | | | |
| vous | | | | | *connaissiez* | |
| les sœurs | | | | *disent* | | |

## Intégration des verbes

**Un mél d'Adrienne.** Adrienne Petit, que vous avez rencontrée pendant une visite à Marseille, va venir vous rendre visite et faire du tourisme dans deux mois. Adrienne vous a écrit un courriel avec beaucoup de questions. Complétez ses questions avec le subjonctif des verbes indiqués.

Salut!

Je pense beaucoup à ce voyage chez toi et j'ai beaucoup de questions à te poser. Quel temps fera-t-il? Vaut-il mieux que j'_____[1] (emporter) un manteau chaud ou une veste légère? À quel moment faut-il que je _____[2] (partir), si je veux avoir des chances de voir les cerisiers (*cherry trees*) en fleur à Washington? Et quand auras-tu besoin que je te _____[3] (dire) les dates exactes de mon séjour?

Est-il nécessaire que nous _____[4] (établir) tout notre itinéraire à l'avance, ou pourrons-nous faire des projets après mon arrivée? Il faut aussi que je _____[5] (lire) des guides et que je _____[6] (réfléchir) encore à toutes les possibilités. Il y a tant de choses à faire chez toi!

À propos de l'arrivée, vaut-il mieux que je _____[7] (dormir) dans l'avion, ou bien est-ce que je pourrai dormir en arrivant? J'aurai probablement du mal à dormir dans l'avion, alors je pense qu'il vaudra mieux que nous _____[8] (attendre) un ou deux jours avant de partir.

Sera-t-il important que je _____[9] (connaître) quelques mots d'anglais? Y a-t-il des Américains qui parlent français? Et une dernière question: faudra-t-il que nous _____[10] (manger) des hamburgers tous les jours? J'espère que non! ☺

Amitiés,

Adrienne

P.S. Ne t'inquiète pas. Il n'est pas nécessaire que tu _____[11] (écrire) toutes tes réponses dans un message—je vais te téléphoner dans une semaine. D'accord?

CHAPITRE 11

# Les moyens de communication

## Thèmes et grammaire

### L'univers de l'électronique

**Activités de compréhension**

A. **Pour ou contre l'ordinateur?** Francis Lasalle ne réussit pas à comprendre pourquoi tous ses petits-enfants passent tant de temps devant leur ordinateur. Écoutez sa discussion avec sa petite-fille Marise. Ensuite, cochez (✓) les avantages et les inconvénients de l'ordinateur mentionnés par Francis ou Marise.

NOUVEAU VOCABULAIRE

ça enlève le plaisir   *it takes away the pleasure*          ça facilite la vie   *it makes life easier*

| AVANTAGES | INCONVÉNIENTS |
|---|---|
| _____ c'est amusant | _____ on y passe trop de temps |
| _____ c'est en couleur | _____ ça fait du bruit |
| _____ on tape au clavier | _____ ça enlève le plaisir de recevoir des lettres |
| _____ on peut parler avec le monde entier | _____ ça coûte très cher |
| _____ on peut faire des recherches sans sortir | _____ on n'a pas le plaisir de parler aux gens en personne |

**B. La leçon d'informatique.** Comme Francis Lasalle vient d'apprendre que sa femme apprend à utiliser l'ordinateur, il demande à sa petite-fille Marise de lui donner une leçon. Indiquez si les phrases sont vraies ou fausses.

NOUVEAU VOCABULAIRE

un compte    *account*        Ça suffit!    *That's enough!*

Vrai (**V**) ou faux (**F**)?

1. _____ Marise lui montre le modem et le logiciel.

2. _____ Francis apprend ce que c'est que la souris.

3. _____ Marise lui donne son mot de passe à elle.

4. _____ Francis envoie un petit mot à un ami québécois.

5. _____ Francis ne semble pas vouloir beaucoup apprendre.

**C. La vente par correspondance.** Voici une publicité pour du matériel électronique. Répondez aux questions d'après la publicité.

NOUVEAU VOCABULAIRE

| la vente par correspondance | *mail-order sales* | performant(e) | *high-performance* |
|---|---|---|---|
| | | livrer | *to deliver* |
| un numéro vert | *toll-free number* | | |
| la technologie de pointe | *latest technology* | | |

1. Pour recevoir le catalogue Tech-Service, faites le numéro vert _____.

2. Cochez (✓) les articles qui sont mentionnés dans la publicité.

_____ claviers                    _____ logiciels

_____ DVD                         _____ magnétoscopes

_____ écrans                      _____ ordinateurs

_____ imprimantes                 _____ PC de poche

_____ lecteurs cédérom            _____ répondeurs téléphoniques

3. Les commandes sont livrées en _____ heures.

## Activités écrites

A. **Vocabulaire: Définitions.** Identifiez l'emploi de ces objets qui font partie du monde de l'électronique.

1. _____ On l'utilise pour visiter des sites d'accès limité.

2. _____ On s'en sert pour taper des messages et des documents.

3. _____ Cet objet permet la communication entre l'ordinateur et Internet.

4. _____ On l'utilise à la place d'un clavier avec certains logiciels.

5. _____ On le regarde en tapant des messages à l'ordinateur.

6. _____ C'est un disque compact qui donne à la fois des textes, des images et des sons.

7. _____ On l'utilise pour regarder ou enregistrer des vidéos.

8. _____ Ce programme fait fonctionner l'ordinateur.

9. _____ Cet appareil permet le transfert sur papier d'un document sauvegardé sur son ordinateur.

10. _____ Ce système permet de recevoir et d'envoyer des messages par ordinateur.

a. un cédérom
b. le logiciel
c. l'écran
d. le courriel
e. le clavier
f. la souris
g. un magnétoscope
h. l'imprimante
i. un mot de passe
j. le modem

**Attention! Étudier Grammaire 11.1.**

B. **Un autre monde.** Sarah et Jean-Yves imaginent comment la vie serait différente sans certaines technologies modernes. Complétez leurs phrases avec la forme appropriée du conditionnel.

MODÈLE: Sans téléphone cellulaire, on *aurait* la paix de temps en temps!

1. Sans téléphone, nous _____ (écrire) plus de lettres.

2. Sans voiture, on _____ (se servir) toujours de chevaux.

3. Sans télé, les familles _____ (se parler) plus.

4. Sans ordinateur, beaucoup de gens _____ (avoir) une machine à écrire.

5. Sans radio, on _____ (ne pas connaître) les voix des célébrités.

6. Sans lumière électrique, je _____ (lire) moins la nuit parce que je

   _____ (voir) moins bien à la lumière de la bougie.

7. Sans réfrigérateur, on _____ (faire) la cuisine tous les jours puisqu'on

   _____ (ne pas pouvoir) conserver les restes.

8. Sans avion, tu _____ (être) obligée, Sarah, de prendre le bateau pour

   traverser l'Atlantique.

**C. Visite d'un musée.** La publicité suivante décrit le cédérom *Musée d'Orsay*. Lisez le texte, puis mettez dans le bon ordre (1–6) les démarches recommandées pour créer votre album personnel d'œuvres d'art.

_____ a.  Si vous aimez l'œuvre, mettez-la dans votre album personnel.

_____ b.  Cliquez à l'aide de la souris.

_____ c.  Lisez les renseignements sur l'œuvre d'art que vous choisissez.

_____ d.  Examinez les détails d'une œuvre d'art.

_____ e.  Revenez dans la salle du début pour trouver une autre œuvre.

_____ f.  Entrez dans le musée et choisissez une œuvre.

## Cliquez, vous êtes à Orsay

**Une salle de musée.** Du bout de la souris, grâce à un système de type « réalité virtuelle », vous évoluez dans un décor qui change selon vos mouvements. Un tableau vous attire ? Approchez-vous, d'un simple clic. Puis plongez dans l'œuvre : son auteur, son histoire, sa structure. Examinez quelques détails, à la loupe. Il vous plaît ? Glissez-le dans votre album, et composez votre propre collection au fil de la visite. Puis revenez dans la salle du début pour vous intéresser à un autre tableau, à une autre sculpture. Il y en a 200, au total, dans le superbe cédérom *Musée d'Orsay.* L'événement cyberculturel de ce début d'année. Un digne successeur du *Louvre,* l'incroyable succès (près de 100.000 exemplaires pour la seule version en français) réalisé par les mêmes équipes de Montparnasse Multimédia et de la Réunion des musées nationaux.  ● C. A.

Visitez Montparnasse Multimédia sur Internet. Combien coûte le cédérom *Musée d'Orsay*?

Est-ce qu'il contient toutes les œuvres d'art du musée? _____

_____

**D. Composition: Les enfants et l'ordinateur.** Si vous aviez (avez) des enfants, que feriez-vous (faites-vous) pour les guider dans l'utilisation du Web? Qu'est-ce que vous leur défendriez (défendez) complètement de regarder et de faire? Imposeriez-vous (Imposez-vous) des limites au nombre d'heures de «surf»? À quel âge leur donneriez-vous (donnez-vous) libre accès au Web?

MODÈLE:  Si j'avais des enfants, j'essaierais de leur faire comprendre que l'ordinateur est un outil et non un jouet (*toy*). Je leur défendrais de…

_____

_____

_____

_____

_____

_____

_____

_____

# *O*n se distrait, on s'informe

## Activités de compréhension

**A. La revue *20 ans*.** Voici maintenant une publicité radio pour la revue *20 ans*. Est-ce que la lecture de *20 ans* intéresserait probablement ces personnes? Cochez (✓) les bonnes réponses.

NOUVEAU VOCABULAIRE

| | | | |
|---|---|---|---|
| une revue | *magazine* | (il) exprime | *(it) expresses* |
| restez branché(e) | *keep in the know* | les inquiétudes | *worries* |
| les nouveautés | *novelties* | en vente | *on sale* |
| des tas de | *lots of* | | |

1. _____ une lycéenne qui s'intéresse à la musique pop

2. _____ un étudiant qui aime lire surtout des romans et des pièces de théâtre

3. _____ une mère de famille de 35 ans

4. _____ un homme de 50 ans qui veut mieux comprendre ses deux fils de 18 et 21 ans

5. _____ une étudiante qui aime être bien habillée

6. _____ un garçon qui est fanatique d'astronomie

7. _____ une fille de dix ans qui aime les poupées (*dolls*)

8. _____ une jeune fille qui veut tout savoir sur les dernières vedettes du cinéma

**B. La télévision en famille.** Ce soir la famille Colin n'arrive pas à se décider sur la chaîne et l'émission de télévision qu'ils veulent regarder. Répondez aux questions d'après la conversation.

NOUVEAU VOCABULAIRE

| | | | |
|---|---|---|---|
| la chaîne | (*TV*) *channel* | Patrick Bruel | *popular singer* (*France*) |
| la Coupe du Monde | *World Cup* (*soccer*) | il ne reste plus que toi | *you're the only one left* |
| un clip | *video* | | |
| | | une partie (de) | *a game* (*of*) |

1. Qu'est-ce que chacun a envie de faire ce soir?

NOM                                                           ACTIVITÉ

Victor          _____

Claudine        _____

Joël            _____

Clarisse        _____

Charles         _____

Emmanuel        _____

Marise          _____

2. Qu'est-ce qu'ils décident de faire finalement?

_____

### Activités écrites

**A. Vocabulaire: Devinettes: Le cinéma et la télévision.** Cherchez la définition de chaque terme.

1. _____ un film sous-titré
2. _____ le metteur en scène
3. _____ la vedette
4. _____ un accro du cinéma
5. _____ l'intrigue
6. _____ les critiques
7. _____ la mise en scène
8. _____ un feuilleton
9. _____ un film d'horreur

a. les décors, places, mouvements et jeu des acteurs dans un film
b. personne qui joue le rôle principal dans un film
c. film qui inspire des sentiments de terreur
d. personne passionnée pour le cinéma
e. film où il y a, au bas de l'image, une traduction des dialogues
f. enchaînement des actions d'un film
g. jugements sur la valeur d'un film
h. histoire divisée en épisodes
i. personne qui réalise un film

**Attention! Étudier Grammaire 11.2 et 11.3.**

B. **Le monde de l'électronique.** Exprimez votre opinion sur les activités suivantes. Utilisez le pronom **dont** dans vos réponses et expliquez vos raisons.

VOCABULAIRE UTILE

avoir besoin       avoir envie       avoir horreur       avoir peur

> MODÈLE: regarder des films d'épouvante (d'horreur) →
> C'est une activité *dont* j'ai souvent envie. Je les trouve amusants. (Ce n'est pas une activité *dont* j'ai envie. Je dors très mal après!)

1. écouter la radio _____

   _____

2. lire le journal _____

   _____

3. participer à des forums de discussion sur Internet _____

   _____

4. faire des achats en ligne _____

   _____

5. regarder les publicités _____

   _____

C. **Intellectuel ou superficiel?** Complétez les phrases avec **ce qui** ou **ce que (ce qu')**. Ensuite, cochez (✓) les activités d'une personne intellectuelle.

1. __✓__ Elle s'informe sur _____*ce qui*_____ se passe dans le monde.

2. _____ Elle s'intéresse à _____elle lit sur les vedettes.

3. _____ Elle sait _____ se passe dans tous les feuilletons.

4. _____ Elle ne croit pas tout _____elle lit dans le journal.

5. _____ Elle s'intéresse à _____ son horoscope lui prédit tous les jours.

6. _____ Elle essaie de comprendre _____elle lit sur l'économie.

D. **Les médias audiovisuels.** On n'en est pas toujours bien content, mais les médias représentent une partie importante de la vie moderne. Réfléchissez-y en répondant aux questions suivantes.

1. La télévision. Est-ce que vous regardez souvent la télé? Quels types d'émissions préférez-vous? Lesquels n'aimez-vous pas? Pourquoi? À votre avis, est-ce que les gens regardent trop la télé? Qu'est-ce que vous passeriez à la télé si c'était vous qui preniez les décisions?

   _____

   _____

   _____

   _____

2. La radio. L'écoutez-vous souvent? À quels moments de la journée? Qu'est-ce que vous écoutez? S'il fallait choisir, choisiriez-vous la radio ou la télé? Pourquoi? Laquelle fait le plus appel à l'imagination des gens qui l'écoutent ou la regardent?

_____

_____

_____

_____

3. Le cinéma. Quand et avec qui allez-vous au cinéma? Est-ce que vous mangez et buvez pendant la projection du film? Pourquoi choisissez-vous d'aller au cinéma au lieu de regarder une vidéo à la maison?

_____

_____

_____

# *L*es pièges de l'inforoute

### Activités de compréhension

**A. Pas possible d'être si crédule!** Adrienne Petit décrit une amie Sophie à son ami Ousmane. Sophie est une personne qui croit tout ce qu'elle voit et ce qu'elle entend. Cochez (✔) les exemples de la naïveté de Sophie, d'après la conversation.

NOUVEAU VOCABULAIRE

| | | | |
|---|---|---|---|
| une agence matrimoniale | *marriage bureau* | Pas étonnant! | *Not surprising!* |
| ça n'a pas marché | *it didn't work* | | |

1. _____ Elle croit qu'elle peut gagner une fortune à la loterie.

2. _____ Elle pense qu'elle va rencontrer l'homme de ses rêves la semaine prochaine.

3. _____ Elle a acheté un régime très cher qui n'a pas marché.

4. _____ Elle croit devenir millionnaire en achetant un livre dont on a fait la publicité à la télé.

5. _____ Elle lit son horoscope tous les jours.

6. _____ Elle consulte des voyantes pour savoir qui elle va épouser.

**B. L'invasion de la publicité.** Claudine et Victor Colin sont en train de regarder la télé et leur émission est interrompue par des publicités. Indiquez si les phrases sont vraies ou fausses.

NOUVEAU VOCABULAIRE

| | | | |
|---|---|---|---|
| interrompu(e) | *interrupted* | ça ne m'embête pas | *it doesn't bother me* |
| agaçant(e) | *irritating* | une marque | *brand name* |
| distrayant(e) | *entertaining* | | |

Vrai (**V**) ou faux (**F**)?

1. _____ Claudine aime regarder les pubs.

2. _____ Elle croit que les pubs poussent à la consommation.

3. _____ Victor déteste l'interruption des émissions par les pubs.

4. _____ Claudine pense que les pubs ont trop d'influence sur les enfants.

5. _____ Elle dit que les pubs sont une nécessité de la vie moderne.

6. _____ Victor trouve que quelques pubs sont amusantes.

## Activités écrites

**A. Vocabulaire: Devinettes.** Trouvez la réponse à chaque devinette.

1. _____ On l'envoie sans timbre ni enveloppe.

2. _____ Il faut le savoir pour utiliser un programme d'accès limité.

3. _____ Ils savent bien faire marcher l'ordinateur et découvrir des codes secrets.

4. _____ On peut les lire dans un magazine ou une revue ou les voir à la télé.

5. _____ On la consulte pour savoir quel temps il va faire.

6. _____ Les créateurs des publicités essaient de les intéresser pour leur vendre des produits.

7. _____ Les photographes les suivent partout et leurs admirateurs leur écrivent des lettres.

8. _____ Il joue un rôle très important dans la réalisation d'un film, mais normalement, on ne le voit pas dans le film.

9. _____ Ce sont les personnes qui regardent la télé.

a. les vedettes
b. les consommateurs
c. le courriel
d. les feuilletons
e. la météo
f. le metteur en scène
g. le mot de passe
h. les pirates informatique
i. les téléspectateurs

**Attention! Étudier Grammaire 11.4 et 11.5.**

**B. Conseils.** Donnez des conseils en remplaçant les noms par des pronoms **me/te/se/nous/vous, le/la/les, lui/leur, y** ou **en**.

> MODÈLE: Parlez *aux représentants commerciaux* quand vous n'êtes pas occupé(e). →
> Parlez-leur quand vous n'êtes pas occupé(e).

1. Parlez *aux gens sur Internet* après avoir vérifié leur identité.

   _____

2. Ignorez *les gens qui insistent pour que vous leur donniez de l'argent.*

   _____

3. Allez *aux films qui vous intéressent* au lieu de lire les critiques.

   _____

4. Achetez *des produits de bonne qualité;* ils sont plus durables.

   _____

5. Sur Internet, vérifiez *la sécurité* avant d'utiliser votre carte de crédit.

   _____

6. Envoyez *votre photo* seulement à quelqu'un que vous connaissez bien.

   _____

7. Mettez *le numéro de votre carte bancaire* dans un endroit sûr.

   _____

8. Lisez *les indications* avant de prendre un médicament.

   _____

**C. Suppositions.** Si nous changions d'habitudes, est-ce que la consommation des produits changerait? De quelle manière? Employez **si** + l'imparfait et le conditionnel dans vos réponses.

> MODÈLE: Imaginez que tout le monde attende quelques jours avant de faire un achat important. →
> Si tout le monde attendait quelques jours avant de faire un achat important, on achèterait moins.

1. Imaginez que les gens lisent le contenu des produits avant de les acheter.

   _____

   _____

2. Imaginez que la publicité n'existe pas.

   _____

   _____

3. Imaginez que les gens refusent d'acheter des produits qui contribuent à la détérioration de l'environnement.

_____

_____

4. Imaginez que les lois pour la protection du consommateur n'existent pas.

_____

_____

5. Imaginez que les produits que nous achetons durent très longtemps.

_____

_____

# Intégration

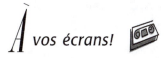 *vos écrans!*

**Scène:** Exprimer son désaccord

**Aperçu:** Dans cet épisode, Aimée et Claire discutent des films de Cyril Collard et surtout de son film «Les nuits fauves». Lisez le **Nouveau vocabulaire** et l'activité, puis regardez la vidéo. Regardez-la plusieurs fois, si nécessaire.

NOUVEAU VOCABULAIRE

| | |
|---|---|
| C'est pénible! | *It's hard!* |
| de toute façon | *anyway* |
| lui tordre le cou | *to wring her neck* |
| cinglé(e) | *crazy* |

Choisissez la bonne réponse.

1. Claire doit écrire _____ sur le film «Les nuits fauves».
   a. une dissertation      b. un compte rendu      c. un résumé

2. Claire a déjà vu le film _____ fois.
   a. cinq      b. quatre      c. trois

3. Cyril Collard a écrit _____ «Les nuits fauves» et il l'a adapté pour le cinéma aussi.
   a. le film      b. le roman      c. la pièce de théâtre

4. Aimée veut _____ le film.
   a. visionner      b. emprunter      c. étudier

5. Claire _____ le cinéma français.
   a. adore      b. préfère      c. déteste

6. Claire raconte _____ du film à Aimée.
   a. le contexte culturel      b. la fin      c. l'importance historique

### Le Chat botté°

qui portait des bottes

Un jeune homme pauvre a hérité un chat de son père. Un jour, quand il se demandait° comment il allait gagner sa vie, le chat l'a entendu. «Je peux t'aider» a dit le chat. «Donne-moi un sac et des bottes pour aller dans la forêt.» Le jeune homme était un peu sceptique, mais il savait que le chat était intelligent, alors, il a donné au chat ce qu'il avait demandé.

se... *was wondering*

Le chat a mis les bottes et il est parti, sac au dos. Dans la forêt, il a pris un beau lapin.° Ensuite, il est allé au palais du roi° et il a offert le lapin au roi, au nom de son maître,° «le Marquis de Carabas». Le roi en était fort content. Le chat a continué d'offrir des cadeaux au roi pendant plusieurs mois, toujours au nom du Marquis de Carabas.

*rabbit* / monarque
*master*

Puis, le chat est allé au château d'un ogre très riche et puissant.° L'ogre possédait des pouvoirs magiques qui lui permettaient de se transformer en toutes sortes d'animaux. Le chat a persuadé l'ogre de faire la démonstration de ses pouvoirs° magiques. D'abord, l'ogre s'est transformé en lion. Ensuite, il s'est changé en souris.° Quand il a vu la souris, le chat l'a prise et l'a mangée. Ensuite, il a annoncé aux gens du pays que le Marquis de Carabas avait tué° l'ogre.

fort

abilités
*mouse*
assassiné

Le roi et sa fille sont passés près du château. Le chat les a invités à entrer. Là, il leur a présenté son maître, le Marquis de Carabas. La princesse est tombée amoureuse du «marquis» et le roi a arrangé leur mariage. Maître d'un grand château, époux d'une princesse, le jeune homme n'avait plus de soucis.° Et le chat est devenu un grand seigneur° qui ne chassait plus les souris, sauf pour s'amuser.

problèmes
*lord*

Mettez les événements dans le bon ordre (1–6).

_____ a. Le chat a tué l'ogre.

_____ b. Le jeune homme a donné un sac et des bottes au chat.

_____ c. L'ogre s'est transformé en souris.

_____ d. La fille du roi est tombée amoureuse du jeune homme.

_____ e. Le chat a offert des cadeaux au roi au nom de son maître.

_____ f. L'ogre s'est transformé en lion.

À *vos stylos!* ✏

**Situation:** Vous allez écrire un article pour le journal du club français. Dans l'article, vous ferez le reportage d'un événement qui a eu lieu sur le campus.

**Intention:** Vous voudriez suivre le format des articles publiés dans un journal typique. Vous allez donner les faits, mais vous n'allez pas faire d'analyse.

**Méthode:** D'abord, choisissez un événement. Ensuite, organisez vos faits d'après ces questions: Qui? Quand? Quoi? Où? Pourquoi? Utilisez le passé composé et l'imparfait dans votre récit.

MODÈLE: Vendredi dernier à la Maison Internationale, quelque 200 personnes ont assisté à la projection du film «Tous les matins du monde» d'Alain Corneau. C'était une soirée de gala...

_____

_____

_____

_____

_____

_____

_____

_____

_____

_____

# ᴏꜱ Rencontres

**Épisode 11:** En voiture!

**Avant l'écoute.** Dans l'épisode précédent, qui a fait les choses suivantes?

1. _____ a fait réparer la voiture.
2. _____ a été très alarmée à l'annonce d'un trafic de chiens.
3. _____ a appelé la police.
4. _____ a rencontré une jolie jeune fille qui l'intéresse.
5. _____ a dû attendre le lendemain pour partir avec son amie.

a. Christelle
b. Annick
c. Isabelle
d. Jean-Claude
e. Steve
f. Raphaël

**Situation:** Le lendemain matin chez les Lefèvre, Steve va et vient dans le salon en attendant Isabelle avant leur départ.

NOUVEAU VOCABULAIRE

| | |
|---|---|
| une carte routière | road map |
| un tube | hit song |
| comble | packed |
| ça te manque | you miss it |
| un jerricane | gas can |
| sonner | to ring (the bell) |
| aboyer | to bark |

| | |
|---|---|
| redémarrer | *to restart* |
| ça creuse, les émotions | *emotions give you a real appetite* |
| tu me donnes l'eau à la bouche | *you are making my mouth water* |
| francisé(e) | *Frenchified* |

**Après l'écoute.** Après avoir écouté l'épisode, complétez les phrases suivantes avec la réponse la plus logique. Employez chaque expression une seule fois.

1. _____ Isabelle est confiante parce qu'elle…

2. _____ Au début du voyage, Steve est très content parce qu'il…

3. _____ Steve et Isabelle doivent s'arrêter en route parce qu'il…

4. _____ Steve va à une ferme parce qu'il…

5. _____ Steve est très perturbé (*disturbed*) parce qu'il…

6. _____ Steve est surpris parce qu'il…

7. _____ Steve se réjouit (*is delighted*) de s'arrêter à Nîmes parce qu'il…

8. _____ À Nîmes, Steve suggère à Isabelle de ralentir parce qu'il…

a. va pouvoir bien manger.
b. entend des chiens aboyer.
c. a fait contrôler la voiture.
d. y a un problème avec la voiture.
e. a besoin d'eau.
f. apprécie la musique et la compagnie.
g. y a beaucoup de monde.
h. a rencontré un homme à l'air cruel.

# La prononciation et l'orthographe

## Review of liaison

As you learned earlier, liaison refers to the situation where a final consonant that is normally silent is pronounced before a word beginning with a vowel: **des_amis.** There are times when liaison is obligatory, times when it is prohibited, and times when it is optional.

**A. Obligatory liaison.** Liaison *must* be made in the following situations. Listen to and repeat the French examples:

- between a determiner and the following word: **mes_amis, les_anciens monuments.**
- between an adjective and following noun: **un petit_enfant, mes chers_amis, plusieurs_idées.**
- between a pronoun and a following verb or pronoun: **ils_aiment, nous_en_avons, allez-vous-en.**
- between a one-syllable preposition and the following word: **sans_argent.**
- between a form of the verb **être** and a following article, adjective, or adverb: **c'est_un chien; je suis_américain; elle est_ici.**
- between the component words of a compound expression: **les États–Unis, accent_aigu.**

**B. Prohibited liaison.** Liaison *must not* be made in the following situations. Listen to and repeat the French examples:

- between a singular noun and a following word: **un étudiant / intelligent; le chat / est sur le toit.**
- between the word **et** and a following word: **un homme et / une femme.**

**C. Optional liaison.** Liaison is *optional* in some cases and is not often heard in everyday speech. (Generally speaking, the more formal the context, the more frequently you would opt to use liaison.)

Stop the recording and read the following examples.

- between the word **pas** and a following word: **je ne veux pas / aller; je ne veux pas‿aller.**
- between a verb and a following verb: **je suis / arrivé; je suis‿arrivé.**
- between a verb and a following preposition: **nous allons / à Paris; nous allons‿à Paris.**
- between a plural noun and a following adjective or verb: **des étudiants / intelligents; des étudiants‿intelligents.**

# *D*ictée

**Une publicité pour le Sicob, une exposition annuelle d'informatique.** Vous entendrez la dictée trois fois. La première fois, écoutez. La deuxième fois, écrivez ce que vous entendez. La troisième fois, écoutez pour vérifier ce que vous avez écrit.

_____

_____

_____

_____

_____

_____

_____

_____

# Le verbe français

# *T*he imperative

Most French verbs have three imperative or command forms:

| | |
|---|---|
| Mange! | *Eat!* **(tu)** |
| Mangeons! | *Let's eat!* **(nous)** |
| Mangez! | *Eat!* **(vous)** |

Note that no subject pronoun accompanies the imperative forms.

- For most French verbs, the imperative is identical to the corresponding present tense forms. Exception: **-er** verbs (including the irregular verb **aller**) delete the final **s** of the second-person singular. Note that spelling changes, too, are identical in imperative and present tense forms.

| **Écoutez et répétez: parler** | parle | parlons | parlez |
|---|---|---|---|
| **répéter** | répète | répétons | répétez |
| **commencer** | commence | commençons | commencez |
| **aller** | va | allons | allez |

- For **-ir** and **-re** verbs, the imperative is identical to the corresponding present tense forms.

  **Écoutez et répétez: choisir**   choisis   choisissons   choisissez

                     **sortir**   sors   sortons   sortez

                     **attendre**   attends   attendons   attendez

                     **prendre**   prends   prenons   prenez

- Three verbs have special stems for the imperative.

  **Écoutez et répétez: être**   sois   soyons   soyez

                     **avoir**   aie   ayons   ayez

                     **savoir**   sache   sachons   sachez

## Vérifions!

Cover the preceding information with a sheet of paper, then see whether you can complete the following chart. Check your work and review any areas of uncertainty.

|        | **parler** | **aller** | **manger** | **finir** | **vendre** | **être** | **avoir** |
|--------|------------|-----------|------------|-----------|------------|----------|-----------|
| (tu)   |            |           |            | *finis*   |            |          | *aie*     |
| (nous) | *parlons*  |           |            |           |            | *soyons* |           |
| (vous) |            | *allez*   |            |           |            |          |           |

# *T*he conditional

The conditional in French resembles both the future tense and the imperfect. To form the conditional, add the imperfect endings to the infinitive. (Infinitives ending in **-re** drop the final **e**.) Stop the recording and look over the following charts, then listen to and repeat the forms.

**Écoutez et répétez:**

| **parler** | | | |
|---|---|---|---|
| je | parler**ais** | nous | parler**ions** |
| tu | parler**ais** | vous | parler**iez** |
| il/elle | parler**ait** | ils/elles | parler**aient** |

| **finir** | | | |
|---|---|---|---|
| je | finir**ais** | nous | finir**ions** |
| tu | finir**ais** | vous | finir**iez** |
| il/elle | finir**ait** | ils/elles | finir**aient** |

| **vendre** | | | |
|---|---|---|---|
| je | vendr**ais** | nous | vendr**ions** |
| tu | vendr**ais** | vous | vendr**iez** |
| il/elle | vendr**ait** | ils/elles | vendr**aient** |

The conditional presents few challenges if you already know the future. Those verbs whose infinitives are modified in the future or that have special stems in the future will use the same stems for the conditional. Stop the recording and look over the following chart, then repeat the conditional forms.

| INFINITIVE | FUTURE | CONDITIONAL |
|---|---|---|
| mener | il mènera | il mènerait |
| jeter | il jettera | il jetterait |
| espérer | il espérera | il espérerait |
| employer | il emploiera | il emploierait |
| courir | il courra | il courrait |
| venir | il viendra | il viendrait |
| vouloir | il voudra | il voudrait |
| devoir | il devra | il devrait |
| pouvoir | il pourra | il pourrait |
| savoir | il saura | il saurait |
| être | il sera | il serait |
| aller | il ira | il irait |
| faire | il fera | il ferait |
| voir | il verra | il verrait |
| envoyer | il enverra | il enverrait |

## Vérifions!

Cover the preceding information with a piece of paper, then see whether you can complete the following chart. Check your work, then review any areas of uncertainty.

| | chanter | réussir | attendre | devoir | venir | être |
|---|---|---|---|---|---|---|
| je (j') | | | attendrais | | | |
| tu | | | | devrais | | |
| il/elle | chanterait | | | | | |
| nous | | | | | viendrions | |
| vous | | | | | | seriez |
| ils/elles | | réussiraient | | | | |

## Intégration des verbes

**Une panne d'électricité.** Les étudiants de M^me Martin imaginent ce qui se passerait s'il y avait un jour une panne d'électricité prolongée. Complétez leurs phrases avec le conditionnel du verbe indiqué.

ALBERT: S'il n'y avait pas d'électricité, Denise ne _____[1] (pouvoir) pas

regarder les feuilletons qu'elle aime tellement.

DENISE: Et Albert, toi qui adores cuisiner, comment _____[2] (faire)-tu la

cuisine?

ALBERT: C'est facile. Je _____[3] (griller) de la viande sur le barbecue.

JACQUELINE: Mais où _____⁴ (trouver)-tu de la bonne viande sans frigo pour la conserver?

DANIEL: Et si on voulait faire une boum, on n'_____⁵ (avoir) pas de musique, à moins d'en faire nous-mêmes.

LOUIS: Oh là là! On _____⁶ (être) obligés de t'écouter jouer de la guitare!

DANIEL: Mais non, puisque c'est une guitare électrique!

BARBARA: Je pense que nous _____⁷ (avoir) tous beaucoup de mal à nous occuper, sans musique, sans télé, sans ordinateur.

DENISE: Moi, ça ne m'_____⁸ (embêter) pas du tout. J'_____⁹ (allumer) une bougie et je _____¹⁰ (lire) un bon roman.

ALBERT: Et moi j'_____¹¹ (aller) au lit. Pourquoi ne pas en profiter pour faire une bonne sieste?

CHAPITRE 12

# La santé et les urgences

---

## Thèmes et grammaire

---

### La santé

**Activités de compréhension**

**A.** **«Un esprit sain dans un corps sain».** Claudine et Victor Colin écoutent la radio un lundi matin. C'est le docteur Baraud qui donne des conseils. Que faut-il faire pour garder la forme, d'après le docteur Baraud?

NOUVEAU VOCABULAIRE

| | | | |
|---|---|---|---|
| l'esprit (*m.*) | *mind* | au lieu de | *instead of* |
| (ils) font partie de | *(they) are a part of* | éviter | *to avoid* |
| quotidien(ne) | *daily* | sédentaire | *sedentary* |
| sain(e) | *healthy, sound* | Montaigne | *a sixteenth-century philosopher* |

1. Le docteur suggère qu'on mange _____.
   a. une nourriture équilibrée
   b. une nourriture sans matières grasses
   c. beaucoup de protéines

2. Il recommande qu'on évite de boire _____.
   a. trop d'alcool
   b. du coca
   c. de l'eau ou du lait

3. Comme exercice, il recommande _____.
   a. le tennis et la natation
   b. le jogging
   c. des promenades

4. Le docteur recommande surtout _____.
   a. de prendre des vitamines
   b. de faire tout en modération
   c. de prendre souvent des vacances

5. D'après Montaigne, «un _____ sain dans un _____ sain» est le meilleur principe à suivre.

B. **Les résolutions.** Claudine et Victor Colin ont écouté avec intérêt les conseils du docteur Baraud à la radio et Claudine décide qu'elle va réformer son mari. Écoutez leur conversation et indiquez si les phrases sont vraies (**V**) ou fausses (**F**).

1. _____ Victor croit qu'il devrait vraiment changer sa façon de vivre.

2. _____ Victor admet qu'il est un peu stressé en ce moment.

3. _____ Victor accepte de manger une nourriture plus saine et variée.

4. _____ Victor veut aussi faire plus d'exercice.

5. _____ À la fin, Claudine s'énerve.

## Activités écrites

A. **Vocabulaire: Explications.** Choisissez la meilleure réponse pour compléter les phrases suivantes.

1. _____ Une personne qui se repose au soleil…

2. _____ Quelqu'un qui veut perdre du poids…

3. _____ Une personne furieuse…

4. _____ Quelqu'un qui est vexé…

5. _____ Une personne qui se nourrit bien…

6. _____ Quelqu'un d'anxieux…

7. _____ Une personne qui reste calme…

8. _____ Si on mange moins et qu'on fait plus d'exercice, on…

a. perd du poids.
b. évite les matières grasses.
c. s'inquiète.
d. s'est mise en colère.
e. s'énerve.
f. se détend.
g. suit un régime équilibré.
h. se contrôle.

## Attention! Étudier Grammaire 12.1.

B. **La vie est dure.** Les étudiants de M^me Martin discutent des nombreuses exigences que d'autres personnes voudraient leur imposer. Complétez leurs phrases avec la forme appropriée du subjonctif.

MODÈLE: Nos parents veulent que nous *prenions* des vitamines tous les jours.

1. Le médecin suggère que je _____ (dormir) au moins huit heures par nuit.

2. Mon entraîneur de natation exige que je _____ (faire) au moins une heure d'entraînement quatre fois par semaine.

3. Les nutritionnistes recommmandent que nous ne _____ (manger) que des aliments naturels préparés à la maison.

4. Mes copains voudraient que je _____ (sortir) avec eux tous les vendredis soirs.

5. Ton patron demande que tu _____ (travailler) trois jours par semaine.

6. M^me Martin exige que nous _____ (venir) en cours tous les jours.

7. Et en plus, elle demande que vous _____ (savoir) tout ce qui est couvert dans la leçon, n'est-ce pas?

8. Ma petite amie veut que je _____ (prendre) le temps de lui téléphoner tous les jours.

9. Elle veut aussi que je _____ (perdre) du poids.

10. Nos parents souhaitent que nous leur _____ (écrire) des lettres de temps en temps.

C. **Conseils.** Dites si les médecins recommandent oui ou non de faire les choses suivantes. Utilisez le subjonctif dans vos réponses.

MODÈLES: consulter un dentiste tous les six mois →
Les médecins recommandent qu'on consulte un dentiste tous les six mois.

prendre des pilules pour s'endormir →
Les médecins ne recommandent pas qu'on prenne des pilules pour s'endormir.

1. perdre trois kilos en une semaine _____

_____

2. boire beaucoup d'alcool _____

_____

3. se détendre pendant la journée _____

_____

4. choisir des plats qui ne contiennent pas trop de graisse _____

_____

5. omettre de prendre le petit déjeuner _____

_____

6. savoir ce qui constitue un régime équilibré _____

_____

**D. C'est facile!** Lisez les réclames pour CROQ'MINCE et BODY MUST et indiquez si les phrases sont vraies ou fausses d'après les réclames. Si une phrase est fausse, corrigez-la.

**JE CROQ' MINCE**

**REGIME AMINCISSANT 5 JOURS**

Mincir avec plaisir... **CROQ'MINCE** une délicieuse barre à croquer. **CROQ'MINCE** est un substitut de repas équilibré composé de céréales, protéines, fibres, vitamines et minéraux. Perdez du poids en 5 jours en remplaçant chacun des 3 repas journaliers par une barre **CROQ'MINCE**.

DEMANDEZ CONSEIL
A VOTRE PHARMACIEN.

**CROQ'MINCE:
POUR FONDRE DE PLAISIR**

ARKOCHIM B.P. 28 06511 CARROS Tél : 01.93.29.11.28

## Secret de beauté

Mon secret pour être toujours mince et en forme, pour garder un corps ferme et souple?

C'est simple : deux heures par semaine dans mon Centre Body Must, et le tour est joué, sans fatigue et sans effort. Le concept Body Must est basé sur sept tables d'exercice isotonique. Chacune de ces sept tables fait travailler un groupe musculaire particulier : bras, taille, ventre, hanches, cuisses, fessiers, buste. *Au lieu de l'effort, c'est la répétition qui va agir :* près de 200 mouvements sur chaque appareil, en huit minutes ; 1.400 mouvements en l'espace d'une heure : *pratiquement l'équivalent de dix séances de gymnastique traditionnelle !!* Pas étonnant si les résultats sont là !

Pas étonnant si chaque jour, de nouveaux Centres Body Must ouvrent leurs portes ...

**BODY must**

MODÈLE: Au centre BODY MUST, il y a des machines pour skier sur place. →
C'est faux. Il y a un groupe de sept tables d'exercice isotonique qui font travailler des groupes musculaires particuliers.

1. CROQ'MINCE est une boisson délicieuse.

   _____

   _____

2. CROQ'MINCE est composé de légumes et de fruits.

   _____

   _____

3. On garde un corps ferme et souple en allant dans un centre BODY MUST deux heures par semaine.

   _____

   _____

4. Pour mincir, on remplace chacun des trois repas par une barre de CROQ'MINCE pendant 5 jours.

   _____

   _____

5. Les machines du salon BODY MUST substituent l'effort à la répétition.

   _____

   _____

6. Chaque séance sur les machines BODY MUST est l'équivalent de 10 séances de gymnastique traditionnelle.

   _____

   _____

E. **Composition: La meilleure méthode pour mincir.** Écrivez un paragraphe en vous servant des questions suivantes.

   - Laquelle des deux méthodes (BODY MUST, CROQ'MINCE) est plus facile, à votre avis?
   - Si on veut se servir d'une telle méthode, que faut-il faire pour s'assurer du succès?
   - Est-ce qu'il vaut mieux que nous nous servions de produits commerciaux ou que nous suivions les conseils des médecins? Pourquoi?
   - Que faut-il que vous fassiez pour rester en forme et pour garder la ligne?

     MODÈLE: À mon avis, la méthode… est plus facile parce que… Pour réussir, je crois qu'on doit…

   _____

   _____

   _____

_____

_____

_____

_____

_____

_____

_____

_____

_____

_____

_____


# Les maladies et les traitements

### Activités de compréhension

**Chez le docteur Bobo.** Le docteur Bobo est très occupé aujourd'hui. Plusieurs personnes téléphonent au cabinet pour prendre rendez-vous. Son assistante répond. Identifiez les symptômes de chaque personne et l'heure de leur rendez-vous.

> ## Docteur BOBO
> CONSULTATIONS
> tous les jours
> 9 h 30 à midi • 14 h 30 à 18 h
> sauf lundi et jours fériés

NOUVEAU VOCABULAIRE

| | | | |
|---|---|---|---|
| le cabinet | _office_ | couvert(e) de taches | _covered with spots_ |
| il m'a prescrit | _he prescribed (for me)_ | ça la démange | _it's itching (her)_ |
| dépressive | _depressed_ | la varicelle | _chicken pox_ |
| à l'appareil | _speaking (on the phone)_ | la visite à domicile | _house call_ |

**Les symptômes:**

1. _____ Adrienne Petit…

2. _____ M. Dupont…

3. _____ La fille de M^me Lasserre…

4. _____ M. Junot…

a. a mal à la gorge, tousse beaucoup.
b. a perdu du poids, souffre de dépression.
c. a des taches rouges qui la démangent.
d. a mal au ventre, vomit.

**L'heure du rendez-vous:**

1. _____ Adrienne Petit

2. _____ M. Dupont

3. _____ La fille de M^me Lasserre

4. _____ M. Junot

a. après 5 h (à la maison)
b. à 13 h 45 le même jour
c. à 14 h 30 le même jour
d. à 11 h 15 mercredi

## Activités écrites

A. **Vocabulaire: Les remèdes.** Identifiez ces remèdes traditionnels.

1. _____ On en prend pour la toux, surtout la nuit.

2. _____ C'est un médicament en forme de petite boule. On l'avale.

3. _____ Elles servent à déboucher le nez, quand on a un rhume.

4. _____ Ils guérissent certaines maladies microbiennes. On les prend sous forme de pilules ou en piqûres.

5. _____ Beaucoup de gens en prennent comme supplément alimentaire.

6. _____ Les médecins en prescrivent aux gens qui ne peuvent pas s'endormir.

7. _____ On met ce médicament sur la peau pour calmer une irritation.

a. de la pommade
b. des vitamines
c. des antibiotiques
d. du sirop
e. une pilule
f. des gouttes pour le nez
g. des somnifères

B. **Vocabulaire: Les maladies.** Quels sont les symptômes des maladies suivantes? Connaissez-vous quelqu'un qui en souffre de temps en temps? Comment est-ce que cette personne se soigne?

SYMPTÔMES

avoir mal (à la tête, au ventre, à la gorge... )

avoir des vertiges

se sentir faible

tousser

la diarrhée

de la fièvre

des frissons

la nausée

le nez bouché

des rougeurs

des vomissements

MODÈLE: mal au cœur (des nausées) →
Mon petit frère a parfois mal au cœur. Il a la nausée et il n'a pas envie de manger. Il préfère se coucher et dormir.

1. un rhume

_____

_____

2. une indigestion

_____

_____

3. une grippe intestinale

_____

_____

4. une allergie

_____

_____

5. des rhumatismes

_____

_____

**Attention! Étudier Grammaire 12.2 et 12.3.**

C. **Histoire médicale.** Raoul Durand raconte les maladies de son enfance. Complétez ses phrases avec le temps passé approprié. **À noter:** Nous avons indiqué si le verbe consiste d'un seul mot (imparfait) ou de deux mots (passé composé).

En gros, mon enfance s'est passée sans grave problème de santé. Bien sûr, j'_____[1] (attraper) régulièrement tous les rhumes et les grippes qui circulaient à l'école. Et j'_____ aussi _____[2] (avoir), à l'âge de deux ou trois ans, les principales maladies de l'enfance, comme la rougeole et les oreillons (*mumps*).

À l'âge de neuf ans, j'_____ _____[3] (attraper) une maladie un peu mystérieuse. Je me rappelle que j'_____[4] (avoir) des taches rouges et de la fièvre. Quelle chance! Je ne me _____[5] (sentir) pas trop mal, mais j'_____ _____[6] (pouvoir) rester à la maison et regarder la télé pendant quinze jours. Grâce à des analyses de sang, nous _____ _____[7] (savoir) finalement que c'était un petit insecte (une certaine tique des montagnes Rocheuses!) qui m'avait rendu malade.

L'autre incident que je n'oublierai pas s'_____ _____[8] (passer) à la colonie de vacances où j'allais tous les étés. Je me rappelle qu'une fois j'_____ _____[9] (pleurer) parce que j'_____[10] (avoir) extrêmement mal à l'oreille. Cette fois-là, je n'_____[11] (être) pas du tout heureux d'être malade. J'_____ _____[12] (devoir) rester dans l'infirmerie.

Moi, je trouve que j'_____ _____[13] (avoir) de la chance: je ne me _____ jamais

_____[14] (casser) de jambe ni de bras et je n'_____ jamais _____[15] (devoir)

aller à l'hôpital!

**D. Il faut se contrôler.** Comment est-ce qu'on peut rester calme face à certaines situations? Utilisez le participe présent dans vos réponses.

MODÈLE: si on s'énerve quand quelqu'un téléphone au début du dîner →
On peut rester calme en comptant jusqu'à 10 et en répondant sur un ton agréable.

1. si on se met en colère quand il y a beaucoup de circulation

_____

_____

2. si on s'inquiète pendant les examens de fin d'année

_____

_____

3. si on s'énerve pendant une discussion politique

_____

_____

4. si on se fâche quand quelqu'un d'autre fait une bêtise

_____

_____

5. si on s'impatiente quand on fait la queue

_____

_____

# *L*es accidents et les urgences

## Activités de compréhension

**Les mauvais souvenirs.** Jean-Yves, Sarah et Agnès sont au café et ils commencent à parler des accidents qui leur sont arrivés quand ils étaient petits. Écoutez leur conversation une ou deux fois, puis cochez (✓) la situation et l'accident de chaque personne.

NOUVEAU VOCABULAIRE

| | | | |
|---|---|---|---|
| un casse-cou | *daredevil* | se noyer | *to drown* |
| le patin à roulettes | *roller-skating* | après coup | *afterward* |
| une course | *race* | une arête | *fishbone* |
| les «grands» | *the older kids* | la mie de pain | *soft part of the bread* |
| boire la tasse | *to swallow water* | | |

| | Jean-Yves | Sarah | Agnès |
|---|---|---|---|
| voulait suivre «les grands» | | | |
| un casse-cou | | | |
| victime d'un accident classique | | | |
| s'est cassé le bras | | | |
| a avalé une arête | | | |
| s'est presque noyé(e) | | | |

## Activités écrites

**A. Vocabulaire: Les urgences.** Trouvez le mot qui correspond à chaque description.

1. _____ Celui qui observe un accident.

2. _____ Ce qu'on crie en cas d'urgence pour attirer l'attention des autres.

3. _____ Ce qui reste sur la peau après la guérison d'une blessure.

4. _____ Ce que le docteur vous met pour immobiliser une partie du corps en cas de fracture.

5. _____ Ce qui vous aide à marcher quand vous avez une jambe cassée ou une cheville foulée.

6. _____ Le prendre, c'est en compter les pulsations.

7. _____ Une sorte de lit rigide qui sert à transporter des blessés.

8. _____ Une situation qui nécessite une intervention médicale rapide.

9. _____ Une voiture employée par les services de secours.

a. une ambulance
b. des béquilles
c. une cicatrice
d. une civière
e. un plâtre
f. le pouls
g. «au secours»
h. un témoin
i. une urgence

**Attention! Étudier Grammaire 12.4 et 12.5.**

**B. Soucis maternels.** Julien parle au téléphone à sa mère qui s'inquiète toujours. Répondez à la place de Julien en employant **venir de** + infinitif.

MODÈLE: M^ME LEROUX: Tu as déjà dîné? (il y a une demi-heure) →
JULIEN: Oui, maman, je viens de dîner il y a une demi-heure.

1. M^ME LEROUX: Tu as pris tes vitamines aujourd'hui? (avec le dîner)

JULIEN: _____

2. M^ME LEROUX: Tu as vu le médecin récemment? (la semaine dernière)

JULIEN: _____

3. M^ME LEROUX: Tu as reçu ma lettre? (hier)

JULIEN: _____

4. M<sup>ME</sup> LEROUX:  Tu as lu l'article que je t'ai envoyé? (tout à l'heure)

   JULIEN: _____

5. M<sup>ME</sup> LEROUX:  Tu as fait de l'exercice aujourd'hui? (avant le dîner)

   JULIEN: _____

6. M<sup>ME</sup> LEROUX:  Mais tu tousses, chéri. Tu as pris du sirop? (il y a dix minutes)

   JULIEN: _____

C. **Quel dommage!** Regardez les dessins et dites quels accidents ont eu lieu et ce qui se passait au moment de l'accident. Utilisez le passé composé et l'imparfait.

VOCABULAIRE UTILE

s'approcher                         faire attention                le courant
être heurté(e) par une voiture      poursuivre un chat             la rivière

MODÈLE:  Bernard s'est coupé la main. Il était dans la cuisine avec sa femme Christine et sa fille Nathalie. Ils préparaient le dîner. Christine faisait le dessert et Nathalie mettait le couvert. Bernard ne faisait probablement pas très attention.

1. _____

   _____

   _____

2. _____

_____

_____

3. _____

_____

_____

**D. Un mensonge dangereux.** Adrienne Petit raconte une aventure de son adolescence. Complétez les phrases suivantes avec la forme appropriée du passé composé ou de l'imparfait.

Un jour j'_____¹ (être) à la plage avec mes copains. Mon meilleur ami,

Stéphane _____² (vouloir) me montrer de gros rochers dans la mer, pas très

loin de la plage. Je ne _____³ (savoir) pas très bien nager, mais je lui

_____⁴ (dire), pour l'impressionner, que je n'_____⁵ (avoir)

pas besoin de bouée (*life preserver*) et nous _____⁶ (partir).

Nous _____⁷ (arriver) près des rochers sans problème, puisque l'eau

n'_____⁸ pas (être) très profonde. Nous _____⁹ (être) très

contents. Mais au retour, le vent s'est levé et la mer a commencé à s'agiter. Stéphane

_____¹⁰ (nager) tranquillement, mais moi, j'_____¹¹ (avoir)

du mal à avancer. Je _____¹² (sauter) pour rester à la surface et je

_____¹³ (boire) la tasse malgré tous mes efforts.

Tout d'un coup, j'_____¹⁴ (avoir) très peur. J'_____¹⁵

(penser): «Je vais mourir!» Je _____¹⁶ (continuer) à m'agiter désespérément et

à avaler de l'eau salée. Je _____¹⁷ (se demander): «Mais où est donc la plage?

Ce n'était pas si loin que ça!» Quand nous _____¹⁸ (arriver), je

_____¹⁹ (se coucher) sur le sable et j'_____²⁰ (pleurer).

Je _____²¹ (se promettre) de prendre des leçons de natation.

**E. Une histoire bizarre.** Lisez cet article de journal et faites les activités suivantes.

### Escroc° en soutane°

Un homme de 23 ans, se faisant passer pour un séminariste de la cité du Vatican, a été interpellé° il y a quelques jours devant une église à Paris, après avoir été légèrement blessé dans un accident de voiture.

Hans Alfonso Sarrès-Rilke avait dérobé° les papiers d'identité d'un vrai séminariste de la cité du Vatican.

Hébergé° chez «un bon Samaritain» domicilié à Boulogne-Billancourt, il lui avait volé sa voiture et avait exigé de lui une rançon de 25.000 euros pour la lui rendre. Ils avaient rendez-vous à l'Église Saint-Esprit, mais là les policiers l'attendaient. Sarrès-Rilke, en essayant de s'enfuir, a heurté une voiture qui passait dans la rue. L'escroc possédait de nombreux chéquiers et cartes bancaires dérobés à Paris et à Tours. Il était aussi en possession d'un cachet° au nom de l'archevêque° de Paris.

*Con man / vêtement de clergé*

*arrêté*

*volé*

*Logé*

*seal*
*archbishop*

**Partie 1.** Mettez les événements dans l'ordre chronologique, en les numérotant de 1 à 10.

_____ a. Le «bon Samaritain» a offert d'héberger le jeune futur prêtre.

_____ b. L'escroc, qui s'appelle Sarrès-Rilke, a décidé de se faire passer pour un prêtre.

_____ c. L'escroc a eu un accident de voiture.

_____ d. Le «bon Samaritain» a averti la police.

_____ e. L'escroc a volé la voiture du «bon Samaritain».

_____ f. Des agents de police ont arrêté l'escroc.

_____ g. L'escroc a demandé une rançon de 25.000 euros avant de rendre la voiture au «bon Samaritain».

_____ h. Les policiers ont découvert le cachet de l'archevêque de Paris parmi les objets que l'escroc avait déjà volés.

_____ i. L'escroc a été blessé dans l'accident de voiture.

_____ j. Le «bon Samaritain» a pris rendez-vous avec l'escroc pour payer la rançon.

**Partie 2.** Au commissariat de police, les personnes suivantes portent témoignage devant le juge d'instruction. Imaginez et écrivez ce qu'ils disent.

1. Le «bon Samaritain» décrit ses rapports avec l'accusé et ses impressions de celui-ci:

_____

_____

_____

_____

2. L'accusé donne ses impressions du «bon Samaritain» et pourquoi il croyait pouvoir réussir à obtenir la rançon:

_____

_____

_____

_____

3. Un policier qui attendait l'escroc à l'Église Saint-Esprit et qui a vu l'accident raconte ce qui se passait au moment de l'accident:

_____

_____

_____

_____

# Intégration

## À vos écrans! 🎞

**Scène:** Décrire ses symptômes

**Aperçu:** Dans cet épisode, Jacques est malade et il consulte sa pharmacienne. Lisez le **Nouveau vocabulaire** et l'activité, puis regardez la vidéo. Regardez-la plusieurs fois, si nécessaire.

NOUVEAU VOCABULAIRE

éternuer    *to sneeze*

guérir      *to get better*

Numérotez les phrases par ordre chronologique.

_____ a. «Je suis sûr que j'ai attrapé un rhume.»

_____ b. «Pour soulager la toux, prenez ce sirop.»

_____ c. «Est-ce que vous pourriez me recommander des médicaments?»

_____ d. «Et vous avez de la fièvre?»

_____ e. «Bien sûr! Mais pour guérir, le sommeil est la chose la plus importante.»

_____ f. «Et ne consommez pas d'alcool.»

## 🎧 À l'écoute!

### Deux portraits
### D'après Jean de La Bruyère
### (1645–1696)

Giton a l'œil fixe et assuré, les épaules larges, l'estomac haut; il parle avec confiance. Il crache° fort loin, il éternue fort haut. Il dort le jour, il dort la nuit. On ne l'interrompt pas, on l'écoute aussi longtemps qu'il veut parler. Il est riche.

*spits*

   Phédon a le visage maigre; il dort peu. Il a l'air stupide, il oublie de dire ce qu'il sait. Il applaudit, il sourit à ce que les autres disent. Il est flatteur, timide. Il n'ouvre la bouche que° pour répondre; il tousse, il se mouche sous son chapeau. Il attend qu'il soit seul pour éternuer. Il est pauvre.

*ne... que = seulement*

Indiquez si la phrase parle de Giton (**G**) ou de Phédon (**P**).

1. _____ Il ne veut pas que les autres l'entendent quand il éternue.

2. _____ Il dort bien, le jour et la nuit.

3. _____ Il est timide et applaudit les autres.

4. _____ Il est important et tout le monde l'écoute.

5. _____ Il ne dit pas tout ce qu'il sait.

6. _____ Les gens le respectent et ne l'interrompent pas.

Est-ce que vous pensez que La Bruyère critique ces deux hommes, ou est-ce qu'il fait une critique de la société?

_____

_____

# À vos stylos! ✏

**Situation:** En classe demain, vous devez décrire un accident que vous avez eu ou que vous avez vu. Préparez vos notes.

**Intention:** Vous voulez décrire très clairement tout ce qui s'est passé et pourquoi, pour que les autres comprennent bien tous les détails.

**Méthode:** D'abord, décrivez la situation, en vous servant de l'imparfait pour expliquer ce qui se passait avant l'accident. Ensuite, expliquez ce qui s'est passé, en utilisant le passé composé.

_____

_____

_____

_____

_____

_____

_____

_____

_____

# Rencontres

**Épisode 12:** Mésaventures à Nîmes

**Avant l'écoute.** D'après les informations de l'épisode précédent, indiquez si les phrases suivantes sont vraies (**V**) ou fausses (**F**).

1. _____ Steve et Isabelle ont eu une panne d'essence.

2. _____ Steve a rencontré un homme à l'air cruel dans une ferme.

3. _____ Isabelle et Steve ont voulu aller à Nîmes pour y manger.

4. _____ À la fin de la scène, on a entendu un grand bruit.

**Situation:** Dans une rue de Nîmes, Steve et Isabelle viennent d'avoir un accident.

NOUVEAU VOCABULAIRE

| | |
|---|---|
| rentrer dedans | *to crash into* |
| sentir | *to feel* |
| le pare-chocs | *bumper* |
| tordu(e) | *bent* |
| enfoncé(e) | *smashed* |
| en gesticulant | *gesticulating* |
| en titubant | *walking unsteadily* |
| Qu'est-ce qui vous prend? | *What's up with you?* |
| sourd(e) | *deaf* |
| frais, fraîche | *sober (fam.)* |
| faire passer l'alcootest à quelqu'un | *to give somebody a Breathalyzer test* |
| ivre | *drunk* |
| un bonhomme | *guy* |
| régler | *to settle* |
| souffler | *to blow* |
| déranger | *to disturb* |
| vieillot(te) | *old-looking* |
| j'ai une faim de loup | *I could eat a horse* |
| Bof! | *Well!* |

**Après l'écoute.** Choisissez la meilleure réponse pour compléter les phrases suivantes.

1. _____ Un accident est arrivé quand…
   a. la voiture d'Isabelle et de Steve est rentrée dans une autre voiture.
   b. une voiture est rentrée dans la voiture d'Isabelle et de Steve.
   c. Isabelle a renversé (*ran over*) un enfant.

2. _____ Dans la rue,…
   a. un automobiliste insulte Isabelle.
   b. Isabelle insulte un policier.
   c. un automobiliste insulte un policier.

3. _____ L'automobiliste impliqué dans l'accident…
   a. était ivre.
   b. conduisait trop lentement.
   c. a blessé une vieille dame.

4. _____ Au commissariat, un policier,…
   a. téléphone aux parents d'Isabelle.
   b. demande à Steve de remplir des papiers.
   c. veut faire passer l'alcootest à Steve.

5. _____ À Nîmes, Steve et Isabelle vont chez…
   a. des amis d'Isabelle.
   b. des amis des parents d'Isabelle.
   c. des amis de Steve.

6. _____ Pour le dîner,...
   a. Isabelle ne veut pas aller au restaurant.
   b. Steve choisit un restaurant très populaire.
   c. Isabelle et Steve veulent aller dans des restaurants différents.

7. _____ Après le dîner, Steve et Isabelle vont...
   a. regarder un film.
   b. manger un dessert dans une pâtisserie.
   c. danser dans un club.

8. _____ À la fin de l'épisode, Steve...
   a. a trop bu.
   b. est malade.
   c. n'a pas assez dansé.

# La prononciation et l'orthographe

## Summary of French accent marks

**A. L'accent aigu.** You have already learned the difference in pronunciation between a final **e** without an accent mark and one with an acute accent: **fatigue, fatigué.** The acute accent can occur only with the vowel **e.**

**B. L'accent grave.** The grave accent over **e** indicates that the vowel is pronounced [è]: **j'espère.** It has no effect on pronunciation when used over **a** and **u,** where it is used primarily to distinguish pairs of words that are spelled alike: **là** (*there*) vs. **la** (*the, her, it*); **où** (*where*) vs. **ou** (*or*). It also appears in several short words: **voilà, déjà.**

**C. L'accent circonflexe.** The circumflex accent affects pronunciation in two cases.

- Over **e,** the circumflex indicates the [è] pronunciation: **être.**
- Over **o,** the circumflex indicates the [ó] pronunciation: **côté.**

Over the letters **a, i,** and **u,** the circumflex generally does not affect pronunciation: **château, île, goût.**\* It can also serve to distinguish words otherwise spelled the same way: **du** (*some, of the*) vs. **dû** (past participle of **devoir**).

Pay careful attention to the accented vowels as you listen to and repeat these words.

**Écoutez et répétez:**

| | | |
|---|---|---|
| écrivez | mère | vous êtes |
| épaule | père | bête |
| généreux | nièce | être |
| téléphone | modèle | fenêtre |

---

\*The circumflex accent sometimes has a historical basis, indicating that the vowel carrying the accent was followed by the letter **s** in archaic French. Compare the following pairs of French and English words: **coûter,** *to cost;* **château,** *castle;* **hôte,** *host.*

**D. Le tréma.** The last French accent mark is the **tréma,** two dots over a vowel. It appears only over the second of two contiguous vowels.

- When the **tréma** appears over the letter **i** preceded by **a** or **u,** it indicates that the two vowels do not create a single sound but represent distinct sounds and separate syllables. Listen carefully: **naïf, laid; égoïste, loi; ambiguïté, lui.**
- A **tréma** over final, silent **e** indicates that the preceding **u** is pronounced: **ambiguë.** Compare this to the word **fatigue,** where both the **u** and the **e** are silent.

*D*ictée

**Un message diffusé à la radio canadienne.** Vous entendrez la dictée trois fois. La première fois, écoutez. La deuxième fois, écrivez ce que vous entendez. La troisième fois, écoutez pour vérifier ce que vous avez écrit.

_____

_____

_____

_____

_____

_____

_____

_____

## Le verbe français

*T*he present participle

The present participle of most French verbs is derived from the **nous** form of the present tense, by replacing the **-ons** ending with **-ant.** Stop the recording and look over the following chart.

| INFINITIVE | **nous** FORM OF PRESENT | STEM | PRESENT PARTICIPLE |
|---|---|---|---|
| parler | parlons | parl- | parl-ant |
| mener | menons | men- | men-ant |
| commencer | commençons | commenç- | commenç-ant |
| employer | employons | employ- | employ-ant |
| finir | finissons | finiss- | finiss-ant |
| vendre | vendons | vend- | vend-ant |
| dormir | dormons | dorm- | dorm-ant |
| ouvrir | ouvrons | ouvr- | ouvr-ant |

| INFINITIVE | **nous** FORM OF PRESENT | STEM | PRESENT PARTICIPLE |
|---|---|---|---|
| mettre | mettons | mett- | mett-ant |
| voir | voyons | voy- | voy-ant |
| écrire | écrivons | écriv- | écriv-ant |
| faire | faisons | fais- | fais-ant |
| connaître | connaissons | connaiss- | connaiss-ant |
| aller | allons | all- | all-ant |

There are only three irregular present participles: for **être, étant**; for **avoir, ayant**; for **savoir, sachant**.

**Écoutez et répétez:** parlant / commençant / finissant / dormant / mettant / voyant / allant / étant / ayant / sachant

## Vérifions!

Cover the preceding information with a piece of paper, then see whether you can complete the following chart. Check your work and review any areas of uncertainty.

| | manger | obéir | répondre | avoir | être | savoir |
|---|---|---|---|---|---|---|
| *present participle* | | | | *ayant* | | |

## Intégration des verbes

**Des petits accidents.** Des étudiants de M^me Martin discutent avec Raoul des petits malheurs dont ils ont souffert pendant leur enfance. Complétez leur conversation avec le participe présent du verbe indiqué.

DENISE: Je me suis cassé une dent en _____[1] (jouer) avec un bâton, un jour où je faisais semblant d'être une majorette. C'était vraiment bête.

RAOUL: Moi je me rappelle, je faisais de la bicyclette et je suis tombé en _____[2] (descendre) une très grande colline. C'est en _____[3] (arriver) en bas, où il fallait tourner, que j'ai perdu contrôle. Je me suis cassé le bras gauche.

ALBERT: Moi, je me suis coupé à la main en _____[4] (faire) la cuisine. Je me servais d'un gros couteau. Regardez, j'ai encore la cicatrice.

BARBARA: Moi, en _____[5] (aller) à l'école un jour, je suis passée devant l'église où on faisait des travaux et je me souviens qu'une pierre m'est tombée sur la tête. C'est bizarre, mais je le vois encore comme si c'était hier. Bien sûr, je suis rentrée chez moi en _____[6] (courir) et en _____[7] (pleurer). Ma pauvre mère, en me _____[8] (voir) avec la tête couverte de sang, elle a eu vraiment très peur!

*C H A P I T R E* 13

# La famille et les valeurs en société

---

## Thèmes et grammaire

---

### L'amour, l'amitié et la famille

**Activités de compréhension**

**A. Quel beau mariage!** Agnès parle du mariage de sa meilleure amie Murielle. Elle raconte à son ami Jean-Yves comment ça s'est passé. Écoutez, puis indiquez si les phrases suivantes sont vraies ou fausses.

NOUVEAU VOCABULAIRE

| | | | |
|---|---|---|---|
| environ | *about* | toujours aussi bien | *always get along* |
| le coup de foudre | *love at first sight* | s'entendre | *as well* |
| un voyage de noces | *wedding trip* | | |

Vrai (**V**) ou faux (**F**)?

1. _____ Les mariés se sont rencontrés il y a cinq ans.

2. _____ Après le mariage, ils sont partis en Grèce en voyage de noces.

3. _____ Le garçon d'honneur a momentanément perdu les alliances.

4. _____ Agnès n'est pas heureuse pour son amie.

5. _____ Agnès est un peu inquiète parce que son amie s'est mariée.

6. _____ D'après Agnès, Jean-Yves est une personne curieuse.

**B.** **L'agence matrimoniale.** Écoutez cette publicité pour l'agence matrimoniale «L'avenir à deux», puis complétez la réclame suivante.

NOUVEAU VOCABULAIRE

| | | | |
|---|---|---|---|
| vous vous plaignez | *you complain* | plus de | *no more* |
| l'âme sœur (*f.*) | *soul mate* | le bonheur | *happiness* |
| un fichier | *file* | | |

---

*CÉLIBATAIRES*

*Est-ce que tous vos amis sont* _____[1]*?*

*Vos parents s'inquiètent-ils de ne*

*jamais être* _____[2]*?*

*Vous vous plaignez d'être* _____[3] *le samedi soir?*

*Ne cherchez pas plus loin!*

*L'AVENIR À DEUX vous aidera à*

*trouver la personne* _____[4]*.*

*Venez consulter nos* _____[5] *et choisissez vous-même!*

*Appelez le* ____-____-____-____-____[6]*, et dites NON*

*à la* _____[7] *et OUI au* _____[8]*!*

*Nous sommes aussi sur* _____[9] *à www.avenir-a-deux.com.*

---

## Activités écrites

**A.** **Vocabulaire: Explications.** Choisissez la meilleure réponse pour compléter les phrases suivantes.

1. _____ Des gens qui bavardent entre eux _____.

2. _____ Parfois, les enfants qui ne sont pas d'accord _____.

3. _____ Deux hommes qui ne se disent pas la vérité _____.

4. _____ Les copains partagent les mêmes intérêts et _____ bien.

5. _____ Dans le monde francophone, les amis _____ quand ils se rencontrent.

6. _____ Les gens qui se racontent leurs secrets _____.

a. se mentent
b. se confient
c. s'entendent
d. s'embrassent
e. se parlent
f. se battent

## Attention! Étudier Grammaire 13.1 et 13.2.

**B.** **Entre nous.** Résumez la situation à l'aide d'un verbe pronominal.

MODÈLE: Je vous aime et vous m'aimez. → Nous nous aimons.

1. Je vous regarde et vous me regardez. _____

2. Albert admire Caroline et elle admire Albert. _____

3. Elle te ment et tu lui mens. _____

4. Vous téléphonez à vos parents et ils vous téléphonent. _____

5. Je ne vous mens pas et vous ne me mentez pas. _____

6. Les profs disent bonjour à leur classe et la classe leur dit bonjour.

_____

7. Les optimistes ne comprennent pas les pessimistes et les pessimistes ne comprennent pas les

optimistes. _____

**C. Les amis.** Décrivez les relations qui existent entre vos amis et vous. Répondez aux questions et ajoutez des détails.

MODÈLE: Vous aidez-vous parfois? →
Oui, nous nous aidons souvent. Si nous avons des problèmes, nous nous en parlons.

1. Est-ce que vous vous voyez souvent? Qu'est-ce que vous aimez faire ensemble? _____

_____

2. Vous disputez-vous parfois? Pour quelles raisons? _____

_____

3. Que faites-vous pour vous aider? _____

_____

4. Est-ce que vous faites des confidences quand vous avez des ennuis ou des décisions

importantes à prendre? Pourquoi? _____

_____

5. Vous prêtez-vous des choses de temps en temps? Qu'est-ce que vous vous prêtez? _____

_____

**D. Le rêve de Denise.** Complétez ce récit de façon logique à l'aide des adverbes suivants.

| | | | |
|---|---|---|---|
| brusquement | couramment | follement | sérieusement |
| constamment | élégamment | malheureusement | seulement |

Pendant une visite à Paris, j'ai rencontré un bel Italien riche qui s'habillait très

_____[1]. Il parlait _____[2] le français et

l'anglais et nous sommes tombés _____[3] amoureux l'un de l'autre.

Nous nous sommes parlé _____[4] de notre passé et de nos projets

d'avenir pendant huit jours. Nous pensions _____[5] au mariage. Mais

juste au moment où il proposait de me montrer son chalet en Suisse et sa villa sur la Côte d'Azur,

je me suis réveillée! J'ai découvert _____[6] que ce n'était qu'un rêve.

_____[7], mon bel Italien et toute sa fortune se sont évaporés. Et moi,

j'étais _____[8] une étudiante fatiguée, en retard pour son premier

cours de la journée.

E. **Pour décrire les actions.** Complétez chaque phrase avec l'adverbe logique.

MODÈLE: Une personne élégante s'habille _____*élégamment*_____.

1. C'est un homme sérieux. Il fait tout très _____.

2. Ce monsieur est brusque. Il parle _____.

3. Un escroc nerveux répond _____ à la police.

4. Un professeur attentif écoute _____ ses étudiants.

5. Des étudiants tardifs arrivent _____ en cours.

6. Les gens discrets parlent _____ des autres.

F. **Une histoire d'amour.** Voici une histoire d'amour. Elle est incomplète. Pourquoi? Parce que c'est à vous de l'écrire. Servez-vous des verbes proposés au passé composé.

**Deux Amoureux**

**Épisode 1: La Rencontre** (s'aimer, s'embrasser, se fiancer, se parler, se rencontrer, se trouver intéressants,… )

Cette histoire a commencé quand Odile et Philippe, qui ne se connaissaient alors pas du tout, ont décidé d'aller au parc Montsouris (chacun de son côté) un bel après-midi de printemps.

_____

_____

_____

_____

_____

**Épisode 2: La Brouille** (se brouiller, se détester, se disputer, se séparer, se trouver ennuyeux [matérialistes, égoïstes… ],… )

Odile et Philippe, comme tous les fiancés, étaient très amoureux et presque inséparables. Ils se

voyaient tous les jours. Pourtant, après quelque temps, _____

_____

_____

_____

_____

_____

**Épisode 3: La Réconciliation** (se demander pardon, se marier, se réconcilier, se regarder, se revoir,... )

Quelques mois ont passé. Odile et Philippe se sentaient très seuls et déprimés. Mais un bel

après-midi d'automne, _____

_____

_____

_____

_____

**Épisode 4: Le Dénouement**

Maintenant, c'est à vous de terminer cette histoire. Est-ce qu'Odile et Philippe ont passé le reste de leur vie ensemble? Ont-ils divorcé? Ont-ils eu une famille nombreuse? Sont-ils devenus riches? Utilisez votre imagination pour écrire le dénouement que vous préférez.

_____

_____

_____

_____

_____

# *La vie de famille*

## Activités de compréhension

**A. La famille avant tout.** En ce moment, Victor Colin est très préoccupé parce qu'il n'a pas assez de temps pour sa famille. Il discute avec sa femme Claudine. Cochez (✓) les problèmes mentionnés par Victor ou Claudine.

| | | | |
|---|---|---|---|
| on mène une vie | *we're leading a life* | il va falloir | *it's going to be necessary* |
| ce qui compte le plus | *what counts the most* | interdire | *to forbid* |
| surveiller | *to watch* | (ils) se plaignent | *(they) are complaining* |

1. _____ Joël a besoin qu'on l'aide avec ses devoirs.

2. _____ Marise sort avec un garçon qu'ils n'aiment pas.

3. _____ Charles se lève trop tard.

4. _____ Marise et Clarisse regardent trop la télé.

5. _____ Joël refuse d'aider à la maison.

6. _____ Les enfants se plaignent que Victor et Claudine sont trop stricts.

7. _____ Claudine se sent abandonnée par son mari.

**B. La famille d'accueil.** Raoul est en train de parler avec un nouveau camarade, Paul Bouvier. Paul est un étudiant qui fait un stage à l'université de Louisiane. Il vit avec une famille américaine, les Smith. Écoutez la conversation et puis trouvez la bonne fin pour chaque phrase.

NOUVEAU VOCABULAIRE

| | | | |
|---|---|---|---|
| un stage | *internship* | volontiers | *gladly* |
| Tu te plais? | *Are you happy?* | avoir le mal du pays | *to be homesick* |
| incroyable | *unbelievable* | | |
| Ça te change de la France? | *Is that a change for you from France?* | | |

1. _____ Pour Paul, les Smith ont une vie incroyable…

2. _____ Paul n'aime pas trop…

3. _____ Chez Paul, en France, il y a…

4. _____ Le week-end, quand les Smith sont à la maison,…

5. _____ Paul dit qu'il a un peu…

6. _____ Raoul invite Paul à l'appeler…

a. être seul à la maison.
b. chacun est occupé.
c. le mal du pays.
d. quand il a envie de bavarder.
e. toujours quelqu'un à la maison.
f. parce qu'ils ne sont pratiquement jamais à la maison.

## Activités écrites

**A. Vocabulaire: Définitions.** Trouvez le mot qui correspond à chaque définition.

1. _____ bouteille utilisée pour nourrir les bébés
2. _____ établissement où l'on s'occupe des petits enfants
3. _____ linge absorbant que portent les bébés
4. _____ qui n'est pas marié(e)
5. _____ qui a éprouvé une déception (un désappointement)
6. _____ qui rejette l'idée de l'existence de Dieu
7. _____ action de mettre au monde un enfant
8. _____ état d'une femme qui attend un enfant

a. célibataire
b. athée
c. enceinte
d. biberon
e. couches
f. déçu(e)
g. crèche
h. accouchement

## Attention! Étudier Grammaire 13.3.

**B. Réactions et opinions.** Choisissez la forme correcte, l'indicatif ou le subjonctif.

1. C'est dommage que tu ne (lis / lises) pas les journaux.
2. Bernard est surpris qu'aux États-Unis on (peut / puisse) se marier sans une cérémonie civile.
3. C'est normal qu'on (peut / puisse) se marier si on veut.
4. Certains parents ont peur que l'éducation sexuelle (détruit / détruise) la moralité des élèves.
5. Vous êtes tous les deux nos amis et nous sommes désolés que vous (pensez / pensiez) à divorcer.
6. Je regrette que le gouvernement ne (veut / veuille) pas changer cette loi.
7. Certains étudiants sont ravis (qu'il y a / qu'il y ait) des professeurs non-conformistes à la fac.
8. M^me Leroux est heureuse que son fils (vient / vienne) passer les vacances avec elle.

**C. Ça change!** Les valeurs d'une femme conservatrice de 85 ans sont probablement différentes de celles des jeunes d'aujourd'hui. Imaginez ce que la dame de 85 ans dirait des décisions suivantes et ensuite, donnez votre propre opinion. Employez le subjonctif dans vos réponses.

VOCABULAIRE UTILE

c'est absurde/déplorable/étonnant...                être surpris(e) (triste... )

avoir honte (peur)                                   regretter

MODÈLE: Deux jeunes filles décident de partager leur appartement avec un jeune homme. →
LA DAME DE 85 ANS: C'est honteux que ces jeunes filles habitent avec un jeune homme.
VOUS: C'est normal aujourd'hui que des jeunes du sexe opposé partagent un appartement.

1. Une femme choisit de travailler au lieu de rester à la maison avec ses enfants.

   LA DAME: _____

   VOUS: _____

2. Un couple décide de ne pas avoir d'enfants parce qu'ils trouvent que le monde est déjà surpeuplé.

   LA DAME: _____

   VOUS: _____

3. Un grand-père qui a perdu sa femme l'année précédente annonce à ses enfants qu'il va se remarier.

   LA DAME: _____

   VOUS: _____

4. Un homme refuse une promotion dans son entreprise parce que sa famille serait obligée de déménager pour la troisième fois en cinq ans.

   LA DAME: _____

   VOUS: _____

5. Un couple n'approuve pas le système d'enseignement public et décide de se charger de l'éducation de ses enfants.

   LA DAME: _____

   VOUS: _____

6. Une femme décide de mettre sa mère malade dans une maison de retraite.

   LA DAME: _____

   VOUS: _____

**D. Peurs d'enfance.** Lisez l'enquête tirée de *L'Événement du jeudi* à la page suivante, et répondez aux questions.

1. Quelles sont les trois choses dont les petits Français ont très peur?

   _____

   _____

2. Quelles sont trois choses dont ils n'ont pas très peur?

   _____

   _____

Mon ours et moi
on a pas peur du noir!

## LES PEURS

QUESTION 3: **As-tu très peur, un peu peur ou pas du tout...**

| | TRÈS PEUR | UN PEU PEUR | PAS DU TOUT PEUR | SANS OPINION |
|---|---|---|---|---|
| de te perdre dans la rue ............ | 44 | 19 | 37 | – |
| de mourir ..................... | 39 | 39 | 37 | 5 |
| qu'il y ait la guerre ............... | 31 | 20 | 37 | 12 |
| des gens que tu ne connais pas ...... | 22 | 29 | 48 | 1 |
| du noir ...................... | 20 | 22 | 58 | – |
| quand tes parents se disputent ...... | 16 | 26 | 53 | 5 |
| d'être malade .................. | 15 | 22 | 60 | 3 |
| des chiens .................... | 9 | 21 | 70 | – |
| de ta maîtresse ou de ton maître ................. | 4 | 10 | 85 | 1 |
| quand tu es en voiture ............ | 4 | 6 | 89 | 1 |
| du chômage ................... | 3 | 8 | 27 | 62 |
| de grandir ................... | 2 | 8 | 88 | 2 |

3.  Et vous, quand vous étiez enfant, de quoi aviez-vous peur? Pourquoi? Est-ce que vos parents essayaient de vous aider à surmonter vos peurs? Qu'est-ce qu'ils vous conseillaient de faire?

MODÈLE:  Moi, quand j'étais petit(e), j'avais très peur d'entrer dans le garage. Je pensais qu'il y avait des monstres...

_____

_____

_____

_____

_____

_____

_____

_____

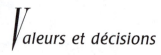

# Valeurs et décisions

## Activités de compréhension

**A. À chacun son opinion!** Maintenant, Agnès parle avec sa grand-mère et, comme d'habitude, sa grand-mère lui demande quand elle va se marier. Pour lesquelles de ces raisons est-ce que la grand-mère voudrait qu'Agnès se marie? Cochez (✓) les bonnes réponses.

NOUVEAU VOCABULAIRE

| | | | |
|---|---|---|---|
| une époque différente | *a different era* | une crèche | *daycare center* |
| un biberon | *baby bottle* | élever des enfants | *to raise children* |
| des couches | *diapers* | | |

1. _____ l'argent
2. _____ le fait qu'Agnès vit seule
3. _____ la santé d'Agnès
4. _____ l'âge d'Agnès
5. _____ la tradition
6. _____ le chômage
7. _____ la curiosité
8. _____ le désir d'avoir des petits-enfants

**B. Pour ou contre la censure?** Christine Lasalle discute du Web avec un collègue. Faut-il imposer une censure ou non? Écoutez la conversation, puis indiquez si les phrases suivantes sont vraies ou fausses.

NOUVEAU VOCABULAIRE

| | | | |
|---|---|---|---|
| choquant(e) | *shocking* | un organisme | *organization* |
| bloquer l'accès | *to block access* | le monde entier | *the whole world* |

Vrai (**V**) ou faux (**F**)?

1. _____ Le collègue trouve que le Web est dangereux.

2. _____ Christine pense que le Web est un média extraordinaire.

3. _____ Le collègue aimerait voir des sites réservés aux adultes.

4. _____ Christine dit que les parents doivent contrôler ce que font leurs enfants.

5. _____ Christine dit que tous les pays doivent créer des règles ensemble.

6. _____ Les deux se disputent et décident de ne plus se parler.

## Activités écrites

**A. Vocabulaire: Mots en contexte.** En vous servant du contexte de la phrase, choisissez le synonyme de chacun des mots soulignés.

1. _____ Ma grand-mère a <u>abandonné</u> ses études à l'âge de 17 ans.

2. _____ Il n'est pas d'accord avec les vues de son père. Ils ont des <u>valeurs</u> très différentes.

3. _____ Après s'être <u>brouillée</u> avec son petit ami, cette femme a épousé un autre homme.

4. _____ Le <u>bonheur</u> conjugal ne peut pas exister si les époux ont des difficultés de communication.

5. _____ Ce sénateur est contre la censure. Ses idées nous <u>paraissent</u> raisonnables.

    a. disputée
    b. semblent
    c. bien-être
    d. idéals
    e. arrêté

## Attention! Étudier Grammaire 13.4 et 13.5.

**B. Tel père, tel fils.** On dit que nous imitons nos parents. En supposant que cela soit vrai, dites ce que les parents des gens suivants avaient choisi de faire. Employez le plus-que-parfait dans vos réponses.

MODÈLE: Marie-Germaine a voulu que ses enfants aident avec les travaux ménagers. →
Ses parents avaient voulu qu'elle aide avec les travaux ménagers quand elle était petite.

1. Marianne a abandonné ses études et s'est mariée à 17 ans.

   _____

2. Serge a abandonné ses études et est devenu apprenti à 16 ans.

   _____

3. Marie-Louise a divorcé parce qu'elle ne s'entendait pas avec son mari.

   _____

4. Jean-Paul et sa femme ont eu une famille nombreuse.

   _____

5. Hervé a souvent privé ses enfants de dîner quand ils étaient désobéissants.

   _____

6. Georges a exigé que sa femme reste à la maison avec leurs enfants.

_____

7. Marie-Germaine a gardé sa mère âgée chez elle au lieu de la mettre dans une maison de retraite.

_____

8. François n'a jamais permis à ses enfants de regarder les dessins animés.

_____

C. **Valeurs.** Complétez les phrases avec des pronoms possessifs: **le mien, la tienne, les nôtres,** etc.

MODÈLE:   Moi, j'ai mes idées et Vincent, il a _les siennes._

1. Moi, j'ai mon opinion (*f.*) du monde et toi, tu as _____.

2. Les autres ont leurs droits et nous voudrions _____.

3. Chez nous, tout le monde a ses tâches (*f.*) à faire. J'ai _____, mes frères ont

_____ et ma sœur a _____.

4. Nous trions les déchets chez nous. Est-ce que vous triez _____?

5. Un enfant exige son indépendance (*f.*) et les parents veulent aussi _____.

6. J'aime avoir ma liberté. Est-ce que vous aimez avoir _____?

D. **Composition: Le candidat.** Regardez le dessin de Wolinski et écrivez une description de la journée du candidat. Qu'est-ce qu'il avait fait avant d'aller à la réunion écologiste? Qu'est-ce qu'il a dit probablement aux écolos? Qu'est-ce qu'il a fait ensuite? À votre avis, est-ce que c'est une personne sincère?

MODÈLE:   Avant d'aller à la réunion, le candidat est allé à l'aéroport en limousine. Ensuite...

_____

_____

_____

_____

_____

_____

_____

_____

**SIGNE WOLINSKI**

## Intégration

$\grave{A}$ *vos écrans!*

**Scène:**   Exprimer ses opinions

**Aperçu:**   Dans cet épisode, Aimée n'aime pas la décision de son amie Sandrine de se marier. Claire essaie de raisonner avec Aimée, mais finalement elle doit trouver un moyen de parler d'autre chose.

Lisez le **Nouveau vocabulaire** et l'activité, puis regardez la vidéo. Regardez-la plusieurs fois, si nécessaire.

| | |
|---|---|
| ma réplique | *my line* |
| T'en fais pas! (Ne t'en fais pas!) | *Don't worry!* |
| salir | *to soil* |

Indiquez si c'est Aimée (**A**) ou Claire (**C**) qui parle.

1. _____ «La cérémonie sera très belle.»

2. _____ «Mais elle est si jeune. Je ne peux pas croire qu'elle se marie déjà.»

3. _____ «Lorsqu'elle avait mon âge, elle était déjà mère de famille!»

4. _____ «T'en fais pas! Elle est comme moi, elle est très rationnelle… »

5. _____ «Il faudra être à l'église à midi. Donc, on partira vers 11 h 30?»

## À l'écoute!

### Aucassin et Nicolette
### Conte anonyme du Moyen Âge

Aucassin était le fils du comte° de Beaucaire. Il aimait Nicolette, une belle femme que le vicomte de la ville avait achetée aux Sarrasins.° Son père lui avait promis de lui laisser épouser Nicolette à son retour de la guerre. Aucassin est donc parti à la guerre, où il a capturé l'ennemi mortel de son père. À son retour, le père d'Aucassin a refusé de tenir° ses promesses.

Nicolette avait très peur du père d'Aucassin et elle s'est cachée dans la forêt. Aucassin l'y a trouvée et les deux amoureux se sont enfuis° ensemble, mais ils ont été capturés par les Sarrasins et mis dans deux bateaux différents. Le bateau d'Aucassin a fait naufrage° et il a pu s'échapper.° À son retour à Beaucaire, comme ses parents étaient morts, il est devenu le comte de Beaucaire.

Le bateau de Nicolette est retourné à Carthage. Quand elle a vu les tours du château, elle s'est rappelée° qu'elle était la fille du roi de Carthage. Elle n'a jamais pu oublier Aucassin. Quand son père a voulu lui faire épouser un roi espagnol, elle s'est enfuie. Finalement, Nicolette est retournée à Beaucaire et a retrouvé Aucassin. Ils se sont mariés et ils ont vécu heureux ensemble jusqu'à la fin de leurs jours. Depuis plusieurs siècles, ce couple représente l'amour fidèle.

*count*

*musulmans (ennemis des chrétiens au Moyen Âge)*

*honorer*

*se… sont partis*

*fait… eu un accident / escape*

*s'est… remembered*

Indiquez si les phrases suivantes sont vraies (**V**) ou fausses (**F**).

1. _____ Nicolette était la reine des Sarrasins.

2. _____ Aucassin a refusé de faire la guerre.

3. _____ Le père d'Aucassin a consenti au mariage d'Aucassin et Nicolette.

4. _____ Le père d'Aucassin a envoyé son fils à Carthage.

5. _____ Aucassin et Nicolette se sont mariés après la mort du père d'Aucassin.

6. _____ Nicolette était la fille d'un roi.

# À vos stylos!

**Situation:** Aujourd'hui, votre groupe international sur Internet parle de la famille. Est-il préférable qu'un parent reste à la maison pour élever les enfants? Le groupe n'est pas d'accord.

**Intention:** Avant de taper votre opinion pour les autres, vous voulez faire un brouillon et corriger vos erreurs.

**Méthode:** Écrivez votre opinion. Ensuite, faites la liste de vos arguments. Pour chaque point, donnez vos raisons. Ensuite, corrigez les fautes.

    MODÈLE: Je crois qu'un parent doit rester à la maison pour élever ses enfants. Avant tout, il faut que l'enfant…

_____

_____

_____

_____

_____

_____

_____

_____

# Rencontres

**Épisode 13:** Délais

**Avant l'écoute.** D'après les informations de l'épisode précédent, indiquez si les phrases suivantes sont vraies (**V**) ou fausses (**F**).

1. _____ Steve et Isabelle ont dîné chez M. et M^me Rémy.

2. _____ Steve a mangé beaucoup de pâtisseries.

3. _____ Steve et Isabelle sont allés danser.

4. _____ Le soir, Steve avait mal à la tête.

**Situation:** Steve ne se sent pas bien après avoir mangé des fruits de mer le soir précédent.

| | |
|---|---|
| se traîner | *to drag oneself* |
| vous n'avez pas l'air dans votre assiette | *you don't look too well* |
| une visite à domicile | *housecall* |
| une intoxication alimentaire | *food poisoning* |
| une ordonnance | *prescription* |
| méfiant(e) | *suspicious, cautious* |
| en profiter | *to take the opportunity* |
| du pastis | *a licorice-flavored alcoholic drink, a favorite in Southern France* |
| un doigt de | *a drop of (lit., a finger of)* |
| l'efficacité | *efficiency* |
| c'est vous qui le dites | *if you say so* |
| sur le point de | *about to* |

**Après l'écoute.** Indiquez si les phrases suivantes sont vraies (**V**) ou fausses (**F**).

1. \_\_\_\_\_ Steve ne se sent pas bien.

2. \_\_\_\_\_ Steve va chez le docteur pour une visite.

3. \_\_\_\_\_ Le docteur pense que Steve a une grippe intestinale.

4. \_\_\_\_\_ Le docteur recommande des antibiotiques et du repos.

5. \_\_\_\_\_ Isabelle suggère à Steve d'être plus prudent lorsqu'il choisit un restaurant.

6. \_\_\_\_\_ Isabelle reste avec Steve pendant qu'il est malade.

7. \_\_\_\_\_ Le garage répare la voiture de Steve et d'Isabelle très rapidement.

8. \_\_\_\_\_ Steve et Isabelle rentrent directement à Toulouse après leur séjour à Nîmes.

## La prononciation et l'orthographe

# *N*umbers (0–20) and liaison

Before you start, take a few moments to review the information on liaison in **Chapitres 2** and **5** of your *Cahier*.

**A. Numbers with three pronunciations.** The numbers **six** and **dix** are pronounced differently depending on the context in which they appear.

- In isolation, the final **x** is pronounced as [s].

  **Écoutez et répétez:** six, dix

- Before a vowel sound, it is pronounced as [z].

  **Écoutez et répétez:** six‿heures, dix‿heures

- Before a consonant sound, it is silent.

  **Écoutez et répétez:** six minutes, dix minutes

**B. Numbers with two pronunciations.** The final consonant of **un, deux,** and **trois** is not pronounced when the number occurs in isolation or before a consonant sound. However, it *is* pronounced before a vowel sound.

**Écoutez et répétez:** un / un garçon / un_homme

deux / deux minutes / deux_heures

trois / trois minutes / trois_heures

Because the number *one* is identical to the indefinite articles **un** and **une**, it is the only number to have both masculine and feminine forms. The feminine form is always pronounced **une**. The masculine form always has a nasalized vowel, but the **n** sound is pronounced before a vowel sound. Listen again: **un_homme**.

C. **Other numbers with two pronunciations.** The final consonant of **huit** is pronounced when the number occurs in isolation or before a vowel sound. Before a consonant sound, it is not pronounced. The **e muet** at the end of **quatre** is not pronounced in isolation or before a vowel. However, it is pronounced before a consonant to avoid having three consonant sounds come together: **quatre minutes.**

**Écoutez et répétez:** huit / huit_heures / huit minutes

quatre / quatre heures / quatre minutes

D. **Numbers with a single pronunciation.** The final consonants of the numbers **cinq, sept,** and **neuf** are pronounced in all contexts. One exception: the final **f** of **neuf** is pronounced **v** in the expressions **neuf_ans** and **neuf_heures.**

**Écoutez et répétez:** neuf_ans / neuf_heures

E. **The numbers 11 to 16.** These numbers all end in **ze**, and the pronunciation is the same in all contexts.

**Écoutez et répétez:** onze / onze heures / onze minutes

douze / douze heures / douze minutes

F. **The numbers 17 to 19.** These numbers are compounds built on **dix** plus another number. The final **x** has the [s] sound before **sept** and the [z] sound before **huit** and **neuf.**

**Écoutez et répétez:** dix-sept / dix-huit / dix-neuf

G. **Intégration.** Pronounce each of the following words and phrases, then listen to the recording for confirmation. Repeat the correct answer.

1. six garçons
2. cinq livres
3. neuf ans
4. dix
5. quatre enfants
6. six heures
7. huit
8. huit chemises
9. sept minutes
10. deux amis
11. six
12. trois étudiants
13. onze heures
14. dix-sept livres
15. dix-neuf dollars

# *D*ictée

**Nathalie Sabatier, lycéenne à Lille, parle de sa famille.** Vous entendrez la dictée trois fois. La première fois, écoutez. La deuxième fois, écrivez ce que vous entendez. La troisième fois, écoutez pour vérifier ce que vous avez écrit.

_____

_____

_____

_____

_____

_____

_____

_____

_____

_____

🎧 _____

# Le verbe français

## *I*rregular subjunctives

In this chapter we work with some verbs whose subjunctive stems cannot be derived entirely from their third-person plural, present tense forms.

**A. Verbs with L-forms.** Verbs with stem vowel changes in the present tense have the same changes in the subjunctive. An example is the verb **venir.** Stop the recording and look over the charts.

PRESENT INDICATIVE

third-person plural: ils viennent →
subjunctive stem: **vienne-**

| venir (subjunctive) | | | |
|---|---|---|---|
| je | vienne | nous | **ven**ions |
| tu | viennes | vous | **ven**iez |
| il/elle | vienne | ils/elles | viennent |

This pattern also applies to first conjugation verbs with spelling changes in their L-forms: **j'espère, je m'appelle.**

Compare the first-person singular and plural present tense forms with the first-person singular and plural subjunctive forms. Note that the only difference between the indicative and subjunctive of the **nous** (and **vous**) forms is the insertion of **i** in the latter. Stop the recording and look over this chart.

| INFINITIVE | SINGULAR INDICATIVE (je) | SINGULAR SUBJUNCTIVE (je) | PLURAL INDICATIVE (nous) | PLURAL SUBJUNCTIVE (nous) |
|---|---|---|---|---|
| se lever | je me lève | je me lève | nous nous levons | nous nous levions |
| s'appeler | je m'appelle | je m'appelle | nous nous appelons | nous nous appelions |
| espérer | j'espère | j'espère | nous espérons | nous espérions |
| envoyer | j'envoie | j'envoie | nous envoyons | nous envoyions |
| voir | je vois | je voie | nous voyons | nous voyions |
| croire | je crois | je croie | nous croyons | nous croyions |
| devoir | je dois | je doive | nous devons | nous devions |
| recevoir | je reçois | je reçoive | nous recevons | nous recevions |
| boire | je bois | je boive | nous buvons | nous buvions |
| venir | je viens | je vienne | nous venons | nous veniòns |
| obtenir | j'obtiens | j'obtienne | nous obtenons | nous obtenions |
| prendre | je prends | je prenne | nous prenons | nous prenions |

**B.** **Verbs with special subjunctive stems.** Several verbs have unique stems in the subjunctive. Here are the most important ones.

- In the four L-forms, the verb **aller** has the stem **aill-** and the verb **vouloir** has the stem **veuill-**.

**Écoutez et répétez:**

| aller | | | |
|---|---|---|---|
| j' | aille | nous | allions |
| tu | ailles | vous | alliez |
| il/elle | aille | ils/elles | aillent |

| vouloir | | | |
|---|---|---|---|
| je | veuille | nous | voulions |
| tu | veuilles | vous | vouliez |
| il/elle | veuille | ils/elles | veuillent |

- Five verbs have unique stems throughout the subjunctive. Stop the recording and observe the subjunctive stems of **faire, pouvoir,** and **savoir.** Then listen to and repeat these verbs.

**Écoutez et répétez:**

| faire | | | |
|---|---|---|---|
| je | **fasse** | nous | **fassions** |
| tu | **fasses** | vous | **fassiez** |
| il/elle | **fasse** | ils/elles | **fassent** |

| pouvoir | | | |
|---|---|---|---|
| je | **puisse** | nous | **puissions** |
| tu | **puisses** | vous | **puissiez** |
| il/elle | **puisse** | ils/elles | **puissent** |

| savoir | | | |
|---|---|---|---|
| je | **sache** | nous | **sachions** |
| tu | **saches** | vous | **sachiez** |
| il/elle | **sache** | ils/elles | **sachent** |

- The verbs **être** and **avoir** have additional irregularities, particularly in the singular endings. Again, stop the recording and look over the charts, then listen to and repeat the verbs.

**Écoutez et répétez:**

| être | | | |
|---|---|---|---|
| je | sois | nous | soyons |
| tu | sois | vous | soyez |
| il/elle | soit | ils/elles | soient |

| avoir | | | |
|---|---|---|---|
| j' | aie | nous | ayons |
| tu | aies | vous | ayez |
| il/elle | ait | ils/elles | aient |

### Vérifions!

Cover the preceding information with a piece of paper, then see whether you can complete the following chart. Then check your work and review any areas of uncertainty.

| | venir | aller | vouloir | pouvoir | faire | être | avoir |
|---|---|---|---|---|---|---|---|
| je (j') | *vienne* | | | | | *sois* | |
| tu | | *ailles* | | | | | *aies* |
| il/elle | | | | | | | |
| ils/elles | | | | | *fassent* | | |
| nous | | | | *puissions* | | | |
| vous | | | *vouliez* | | | | |

## Intégration des verbes

**Un avenir avec ou sans enfant?** Christine Lasalle parle avec son amie Martine qui, avec son mari Jean-Paul, réfléchit à la possibilité d'avoir des enfants. Complétez leur conversation avec le subjonctif du verbe indiqué.

MARTINE: Mes parents veulent absolument que nous _____[1] (avoir) des enfants, mais moi, je ne suis pas sûre.

CHRISTINE: Évidemment, il faut que toi, tu _____[2] (vouloir) vraiment en avoir. Et Jean-Paul, qu'est-ce qu'il en pense?

MARTINE: Il veut que moi je _____[3] (être) contente, alors si moi j'en veux, il est d'accord.

CHRISTINE: Attention! Il ne faut pas qu'il _____[4] (pouvoir) te dire plus tard que c'est toi qui voulais des enfants et pas lui.

MARTINE: Oui, je sais. Il faudra qu'il _____[5] (être) aussi engagé que moi. Je ne pourrais pas tout faire, surtout en travaillant en même temps. Il sera nécessaire non seulement qu'il me _____[6] (soutenir*) indirectement, mais aussi qu'il _____[7] (faire) sa part de travail. D'ailleurs, je tiens vraiment à ce que nous _____[8] (élever†) nos enfants ensemble.

CHRISTINE: Oh oui. Il vaut mieux que vous _____[9] (être) tous les deux décidés à tout partager.

MARTINE: C'est mon père qui est le plus enthousiaste pour les enfants. Si nous avons un garçon, il n'y a aucun doute, il faudra que nous l'_____[10] (appeler) Charles, comme mon père.

---

*to support, conjugué comme **obtenir**
†conjugué comme **lever**

*C H A P I T R E* **14**

# Les enjeux du présent et de l'avenir

---

## Thèmes et grammaire

---

### *L'intégration sociale*

#### Activités de compréhension

**A. Les immigrés.** Sarah et Rachid sont assis à la terrasse d'un café. Ils commencent à discuter des droits et des devoirs des immigrés. Répondez aux questions qui suivent.

NOUVEAU VOCABULAIRE

les beurs    *children born in France of*         s'intégrer    *to become integrated*
                   *North African immigrants*     faire face à    *to confront*

Complétez les phrases.

1. Rachid est né à _____.

2. Rachid fait partie des _____, la deuxième génération des immigrés maghrébins.

3. À la maison, Rachid et sa famille parlent _____ et _____.

4. La religion de Rachid, c'est _____.

Quels sont les quatre droits que Sarah et Rachid jugent normaux pour les immigrés?

1. _____     3. _____

2. _____     4. _____

**B. Vive la différence!** M. Smith est en voyage en France. Il y a beaucoup de choses qui le déconcertent. Il se plaint au concierge de l'hôtel. Écoutez leur conversation, puis recréez la conversation en écrivant les réponses du concierge.

NOUVEAU VOCABULAIRE

| | | | |
|---|---|---|---|
| de frustration en frustration | *from frustration to frustration* | une parfumerie | *perfume shop* |
| s'attendre à ce que | *to expect that* | bousculer | *to jostle* |

M. SMITH: La plupart des gens ne parlent pas anglais.

LE CONCIERGE: _____

M. SMITH: Les gens ne savent pas faire la queue dans les magasins, au cinéma...

LE CONCIERGE: _____

M. SMITH: J'ai voulu acheter quelque chose à la pharmacie à midi et demi et c'était fermé!

LE CONCIERGE: _____

M. SMITH: Il y a beaucoup de gens qui... vous bousculent dans la rue.

LE CONCIERGE: _____

M. SMITH: Et je n'aime pas la cuisine.

LE CONCIERGE: _____

## Activités écrites

**A. Vocabulaire: Termes sociaux.** Trouvez le terme correspondant à chaque définition.

1. _____ qui est d'un patriotisme excessif
2. _____ le contraire de l'inclusion sociale
3. _____ relations qui existent parmi les gens qui partagent la même culture
4. _____ quelqu'un de langue française
5. _____ qui parle deux langues
6. _____ groupe de gens uni par la même langue ou culture
7. _____ avoir du mal à décider entre plusieurs options
8. _____ influences qui viennent d'un autre pays ou d'une autre culture

a. les liens culturels
b. bilingue
c. l'exclusion
d. être déchiré(e)
e. une ethnie
f. chauvin(e)
g. un francophone
h. les influences étrangères

## Attention! Étudier Grammaire 14.1.

**B. Émission sur l'immigration.** Julien Leroux interroge des immigrés qui expliquent certains de leurs problèmes. Complétez leurs propos avec la forme appropriée du verbe **devoir** au conditionnel passé.

MODÈLE:  Nous parlons notre langue chez nous. J'*aurais dû* vivre ailleurs avec des camarades
qui parlent français.

THUY:  Ma cousine se sent très isolée. Elle _____[1] faire un effort pour apprendre
un peu de français.

MILOS:  Moi, j'_____[2] prendre des cours de français dès le début. Je ne fais pas
bonne impression quand j'ai une entrevue de travail.

JULIEN:  Tu dis que tu _____[3] prendre des cours au début, Milos. Est-ce que tu en
prends maintenant?

MILOS:  Oui. Et ça va beaucoup mieux…

JOSÉ:  Un autre ennui, c'est l'argent. Les cousins chez nous sont fauchés. Ils _____[4]
économiser plus d'argent avant de venir.

WAFIK:  Ah oui, l'argent! Nous _____[5] vendre notre maison avant le départ, mais
mes parents espéraient y retourner.

JULIEN:  À votre avis, et je pose la question à tout le monde, est-ce que vous _____[6]
économiser plus d'argent avant de partir?

THUY:  Ça dépend de la situation. Nous avions tellement hâte de fuir la guerre que nous avons eu de
la chance d'emporter même des vêtements!

**C.  Composition: L'intégration sociale.** Quels sont les plus grands obstacles à l'intégration sociale des
immigrés, à votre avis? Qu'est-ce qu'ils devraient faire pour améliorer leur situation? Qu'est-ce
que le pays d'accueil devrait faire pour faciliter leur intégration? Qu'est-ce qui se passe si les
immigrés ne s'intègrent pas dans la nouvelle culture?

MODÈLE:  À mon avis, les plus grands obstacles pour les immigrés sont le racisme et la
pauvreté. Beaucoup de personnes ont peur des nouveaux arrivés…

_____

_____

_____

_____

_____

_____

_____

_____

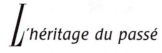

# L'héritage du passé

### Activités de compréhension

**A. Femmes d'hier et d'aujourd'hui.** Claudine Colin vient d'apprendre qu'elle gagne moins d'argent qu'un collègue. Elle en discute avec sa meilleure amie Nicole. Complétez les phrases suivantes d'après la conversation.

NOUVEAU VOCABULAIRE

| | | | |
|---|---|---|---|
| l'inégalité | *inequality* | domaines | *areas* |
| s'améliorer | *to improve* | connu(e) | *famous* |
| obtenu(e) | *obtained* | avoir raison là-dessus | *to be right about that* |

1. «Je sais, l'inégalité des salaires est _____.»

2. «La loi sur l'égalité professionnelle date quand même de _____.»

3. «Et... les femmes n'ont obtenu le droit de vote qu'à la fin de _____

    _____.»

4. « ...Il y a des femmes connues dans le monde de la _____, des

    sports et du cinéma.»

5. «Parce que les femmes sont plus _____ par les lois qu'avant.»

6. «Les femmes ont quand même plus de (d') _____ aujourd'hui.»

**B. Tout aurait pu être différent.** Aujourd'hui, Jean-Yves et Agnès parlent des problèmes qui les concernent le plus et ils essaient d'imaginer ce qu'on aurait pu faire pour ne pas les créer. Cochez (✓) les problèmes sociaux et environnementaux mentionnés par Agnès ou Jean-Yves.

NOUVEAU VOCABULAIRE

| | | | |
|---|---|---|---|
| aurait pu faire | *could have done* | la montée de la violence | *increase in violence* |
| lancer une bombe | *to drop a bomb* | | |
| le trou dans la couche d'ozone | *hole in the ozone layer* | autant | *as much* |
| | | se déprimer | *to make each other depressed* |
| c'est fou | *it's nuts* | | |
| plus tôt | *sooner* | | |

1. _____ le trou dans la couche d'ozone

2. _____ la quantité de déchets dans les rues

3. _____ la pluie acide

4. _____ les émissions toxiques des voitures

5. _____ le bruit

6. _____ la contamination des eaux

7. _____ la vente des armes à feu

8. _____ l'IVG

## Activités écrites

**A. Vocabulaire: L'homme et la nature.** Les sujets suivants sont très discutés aujourd'hui. Rangez-les en trois groupes: questions sociales (**S**), questions écologiques (**É**) ou les deux (**D**).

1. _____ la vente des armes à feu

2. _____ l'IVG

3. _____ la pluie acide

4. _____ le tabagisme (tabac)

5. _____ le trou dans la couche d'ozone

6. _____ la pauvreté

7. _____ la guerre

8. _____ le chômage

9. _____ les échappements d'hydrocarbures

10. _____ la drogue

11. _____ l'extinction des espèces d'animaux

12. _____ les centrales nucléaires

- Lesquels de ces sujets appartiennent à plus d'un groupe, à votre avis?

  _____

  _____

- Lesquelles de ces questions avaient de l'importance il y a 100 ans?

  _____

  _____

## Attention! Étudier Grammaire 14.2.

**B. Qu'est-ce que vous auriez fait?** Est-ce que vous auriez fait la même chose que ces gens ou auriez-vous fait quelque chose d'autre? Pourquoi? Répondez avec le conditionnel passé.

MODÈLE: Emmanuel et ses amis ont laissé leurs verres en plastique par terre au lieu de les emporter. →
Moi, je les aurais emportés. On peut recycler les verres en plastique.

1. Marise Colin a acheté de la laque à cheveux (*hair spray*) en bombe aérosol au lieu de choisir une bouteille à pompe.

   _____

   _____

2. Pendant une promenade en forêt, l'ami de Julien Leroux a jeté une cigarette allumée par terre.

   _____

   _____

3. Sarah Thomas est sortie en laissant les lampes allumées au lieu de les éteindre.

   _____

   _____

4. Francis Lasalle a mis des coccinelles dans son jardin pour contrôler les insectes.

   _____

   _____

5. Claudine Colin est allée au travail en autobus au lieu de conduire.

_____

_____

6. La compagnie de Bernard Lasalle a arrêté de déverser des déchets toxiques dans le fleuve.

_____

_____

C. **Problèmes écologiques.** Qu'est-ce qu'on aurait pu faire pour éviter les problèmes suivants? Employez le conditionnel passé de **pouvoir** dans vos réponses.

VOCABULAIRE UTILE

contrôler les émissions toxiques          utiliser les transports en commun

enlever les déchets                       interdire...

établir plus de centres de recyclage

MODÈLE: On a de plus en plus de difficulté à se débarrasser des ordures. →
On aurait pu voter des lois qui encouragent le recyclage des déchets.

1. Les forêts et les poissons sont en danger à cause de la pluie acide.

_____

2. Les eaux et les plages sont parfois dangereusement polluées.

_____

3. Il y a des quartiers qui sont presque inhabitables à cause des déchets.

_____

4. On ne sait plus où mettre l'excès de déchets.

_____

5. Les habitants de certaines villes sont obligés de respirer un air sale et enfumé.

_____

D. **Composition: Exploration personnelle.** Écrivez un paragraphe dans lequel vous mentionnez certaines décisions que vous avez prises, puis imaginez comment d'autres décisions auraient changé votre vie.

MODÈLE: Si je n'avais pas décidé d'étudier dans cette université, j'aurais... Je n'aurais pas connu... J'aurais peut-être visité...

_____

_____

_____

_____

_____

_____

_____

# *L*es enjeux du XXI<sup>e</sup> siècle

## Activités de compréhension

**A. Le monde de demain.** Francis Lasalle et son voisin et ami Édouard Vincent discutent des problèmes auxquels le pays est confronté aujourd'hui. Trouvez la bonne fin à chaque phrase.

NOUVEAU VOCABULAIRE

| | | | |
|---|---|---|---|
| auxquels | *to which* | épouvantable | *terrible* |
| l'état | *condition* | à l'échelle planétaire | *on the scale of the planet* |
| élevé(e) | *high* | à moitié plein(e) | *half-full* |
| des débouchés (*m.*) | *job openings* | | |

1. _____ «Je te dis, Francis,…

2. _____ «Toi et moi, on a connu…

3. _____ «L'avenir est aux jeunes,…

4. _____ «Pas de débouchés après leurs études,…

5. _____ «C'est vrai, mais tous les pays…

6. _____ «Toi, tu es un optimiste,…

a. la Seconde Guerre mondiale.»
b. mais moi, je suis un réaliste.»
c. la couche d'ozone qui disparaît… »
d. en sont maintenant conscients… »
e. les nouvelles sont de plus en plus mauvaises.»
f. ils ont d'immenses possibilités devant eux.»

**B. Le monde du XXI<sup>e</sup> siècle.** Aujourd'hui, notre ami journaliste Julien Leroux demande aux gens ce qu'ils souhaitent le plus pour ce nouveau siècle. Cochez (✓) les souhaits de ceux qu'interviewe Julien.

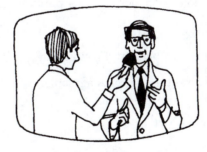

NOUVEAU VOCABULAIRE

| | | | |
|---|---|---|---|
| à tout jamais | *forever* | équitable | *fair, even* |
| les SDF (sans domicile fixe) | *homeless* | la paix | *peace* |
| envisager | *to envision* | | |

1. _____ un remède contre le SIDA et le cancer

2. _____ le moyen de choisir le sexe d'un enfant

3. _____ le moyen de prédéterminer le quotient intellectuel d'un bébé

4. _____ la fin de la pollution de l'environnement

5. _____ le règlement des problèmes économiques

6. _____ la fin du chômage

7. _____ une société équitable

8. _____ la paix sur la terre

## Activités écrites

**A. Vocabulaire: L'avenir de la vie en ville.** Complétez ces prédictions sur la qualité de la vie en ville en vous servant de la conjonction logique.

MODÈLE: Les industries qui contribuent à la pollution urbaine n'arrêteront pas de le faire *à moins que* la pression publique ne les force à arrêter.

| | | |
|---|---|---|
| à moins que | jusqu'à ce que | sans que |
| afin que / pour que | pourvu que | |
| avant que | quoique / bien que | |

1. Nous pourrons améliorer la qualité de l'air _____ les gens acceptent d'utiliser les transports en commun au lieu de conduire partout.

2. Il faudra créer des emplois et des centres d'activités pour les jeunes, _____ ils soient mieux intégrés à la vie de la communauté.

3. Nous devrons recycler autant que possible, _____ ce ne soit pas toujours facile à faire.

4. Les gens continueront à fumer dans les endroits publics _____ on crée des lois qui l'interdisent.

5. Aux États-Unis, l'exode vers les banlieues continuera _____ on trouve le moyen de rendre la vie au centre-ville plus agréable.

## Attention! Étudier Grammaire 14.3 et 14.4.

**B. Qu'est-ce qui se passera?** Complétez ces réflexions sur l'avenir en employant le subjonctif.

MODÈLE: Nous continuerons à avoir des ennuis environnementaux jusqu'à ce que… →
tout le monde comprenne que l'écologie de la planète est vraiment en danger.

1. Les optimistes croient qu'on trouvera le moyen d'arrêter la pollution avant que…

_____

2. Il faudra enseigner les principes de l'écologie à l'école pour que…

_____

3. Le monde deviendra de plus en plus surpeuplé à moins que…

_____

4. On continuera à faire des recherches sur le SIDA jusqu'à ce que…

_____

5. Il sera impossible de réduire la pauvreté sans que…

_____

6. La qualité de notre vie continuera à s'améliorer à condition que…

_____

7. Nous pourrons sauver les animaux africains en danger pourvu que…

_____

C. **Problèmes sentimentaux.** Voici une lettre du «Courrier du cœur» d'un magazine de jeunes. Employez la forme correcte du verbe indiqué: indicatif (présent ou futur) ou subjonctif (présent).

Je n'ai pas de chance. Je suis sûre que mon petit ami _____¹ (sortir) avec d'autres filles, bien qu'il me dise que non. Il est clair qu'il _____² (avoir) envie de me quitter. Je suis certaine qu'il _____³ (trouver) bientôt une nouvelle petite amie. Il est même probable qu'il _____⁴ (connaître) déjà une autre fille avec qui il aimerait sortir. Et je suis sûre que moi, je ne _____⁵ (trouver) personne d'autre. Il est certain que je _____⁶ (s'ennuyer) toute seule chez moi.

Danielle

Chère Danielle,

Il est possible que vous _____⁷ (se tromper), n'est-ce pas? Il n'est pas du tout certain que votre petit ami _____⁸ (avoir) envie de vous quitter. Il faut que vous lui en parliez franchement. Il est possible qu'il _____⁹ (sortir) avec d'autres filles, mais je ne crois pas que ce _____¹⁰ (être) une raison de désespérer. De toute façon, il est impossible que vous et lui _____¹¹ (être) vraiment heureux ensemble si vous ne pouvez pas avoir entièrement confiance en lui. Et même s'il voulait vous quitter, je doute que vous n'_____¹² (avoir) pas l'occasion de sortir avec d'autres garçons. Soyez plus optimiste! Ayez confiance en vous!

D. **Optimiste ou pessimiste?** Lisez les phrases suivantes et dites si vous êtes d'accord ou non en employant ces expressions. Expliquez vos réponses.

CERTITUDE (INDICATIF)

| | |
|---|---|
| c'est certain/sûr/vrai/clair que | je crois/pense que |
| c'est probable que | je suis certain(e)/sûr(e) que |

c'est impossible/impensable/possible que      je doute que

c'est peu probable que      je ne crois pas que

ce n'est pas possible/certain que      …

MODÈLE:    En l'an 2100, les cigarettes n'existeront plus. →
Je doute qu'en l'an 2100 les cigarettes n'existent plus. L'industrie du tabac est trop puissante. (Oui, il est probable qu'en l'an 2100, les cigarettes n'existeront plus. Il faut se battre pour éliminer le tabac.)

1. Les différents groupes ethniques apprendront à vivre en harmonie aux États-Unis et en France.

_____

_____

2. Dans vingt ans, la moitié des membres du Congrès américain seront des femmes.

_____

_____

3. Pour aider les jeunes familles américaines, on établira des crèches gratuites financées par le gouvernement.

_____

_____

4. Avant 2050, l'Europe sera unie politiquement sous un seul chef d'État.

_____

_____

5. L'espagnol aura un jour le statut de deuxième langue officielle des États-Unis.

_____

_____

6. D'ici 2010, on découvrira des remèdes contre le SIDA et le cancer.

_____

_____

E. **Composition: L'avenir est à nous.** Même si nous ne pouvons pas résoudre les grands problèmes environnementaux et sociaux d'aujourd'hui, il faut que nous fassions tous un effort pour améliorer notre monde. Énumérez 6 à 8 choses qu'il est important de faire pour atteindre ce but. Pourquoi? Utilisez des expressions comme: **il faut que, il est important (essentiel… ) que, on voudrait que,** etc.

MODÈLE:    À mon avis, il faut que tout le monde s'engage à éliminer le racisme. Il est essentiel que les gens sachent…

_____

_____

_____

_____

_____

_____

_____

_____

_____

_____

# Intégration

## À vos écrans!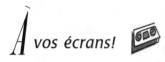

**Scène:** Suggérer et conseiller

**Aperçu:** Dans cet épisode, Claire a mauvaise conscience. Elle vient de refuser son aide à un sans-abri (SDF). Elle explique la situation à Aimée qui lui donne des conseils. Lisez le **Nouveau vocabulaire** et l'activité, puis regardez la vidéo. Regardez-la plusieurs fois, si nécessaire.

NOUVEAU VOCABULAIRE

un clochard   *bum*

des types   *some guys*

Indiquez si les phrases suivantes sont vraies (**V**) ou fausses (**F**).

1. _____ Après son cours, Claire a vu un sans-abri qui lui a demandé de l'argent.

2. _____ Claire a continué à marcher, sans lui dire un mot. Elle était furieuse contre lui.

3. _____ Quand Claire est arrivée chez elle, elle s'est rendue compte qu'elle aurait dû lui donner de l'argent.

4. _____ Claire veut parler à Aimée de son expérience parce qu'Aimée n'hésite jamais à aider quelqu'un qui en a besoin.

5. _____ Aimée suggère que Claire appelle Gérard, le directeur de l'Association des sans-abri. Il peut lui donner des conseils.

**D'où vient le mot *cabou*?**
**D'après Bernard Dadié, Côte-d'Ivoire**

Le directeur,° à cause de sa silhouette toute ronde et de ses longues
moustaches, avait été surnommé° Cabou par les élèves. Ce mot n'avait pas de
sens, mais il sonnait° bien. Chaque fois qu'ils voyaient le directeur, les élèves
murmuraient: «Cabou, Cabou», le nez dans leur livre, sans lever la tête.

    Un jour, le directeur faisait une leçon sur les loupes.° Les élèves se
regardaient, souriaient.° Quelqu'un a murmuré le mot «Cabou» et tous les
élèves le répétaient parmi eux. Le directeur, un Français qui ne comprenait pas
le dialecte local, leur a demandé ce qu'ils appelaient «cabou». Un froid est
passé dans la salle de classe, car le directeur battait° fort.

    Assè, le plus malicieux° des élèves, s'est levé et a expliqué que le mot
«cabou» signifiait «loupe» dans le dialecte local. Le directeur a trouvé cela fort
intéressant et il a noté ce mot sur un carnet. Et voilà pourquoi, bien plus tard,
on pouvait entendre le directeur expliquer à ses collègues que les habitants de
Côte-d'Ivoire appellent la loupe «cabou».

*principal*
*nicknamed*
résonnait

instruments optiques
  grossissants
*/were smiling*

frappait
*mischievous*

Indiquez si les phrases suivantes sont vraies (**V**) ou fausses (**F**).

1. \_\_\_\_\_ Les élèves trouvaient l'apparence du directeur amusante.

2. \_\_\_\_\_ «Cabou» veut dire «bizarre» dans le dialecte local.

3. \_\_\_\_\_ Le directeur parlait bien le dialecte local.

4. \_\_\_\_\_ Le directeur a pris la réponse d'Assè au sérieux.

5. \_\_\_\_\_ Le directeur comprenait bien ses élèves.

Quelle erreur colonialiste peut-on identifier dans ce conte?

_____

_____

À vos stylos! ✏️

**Situation:**   Votre correspondant au Sénégal voudrait savoir si vous êtes content(e) de la politique du
               gouvernement actuel dans votre pays.

**Intention:**   Vous désirez expliquer en quoi vous êtes d'accord avec le gouvernement actuel et en quoi
               vous différez en donnant vos raisons.

**Méthode:**   Avant d'écrire votre réponse, faites le bilan des bonnes et des mauvaises choses que fait le
               gouvernement. Ensuite, décidez pourquoi vous avez fait le classement de chaque point.
               Puis, rangez les points dans l'ordre d'importance pour vous. Enfin, écrivez votre lettre.

    MODÈLE:   Cher Malik,
              Point de vue politique, les choses ne vont pas trop mal aux États-Unis (au Canada).
              Mais je ne suis pas du tout d'accord avec certains aspects de la politique étrangère…

_____

_____

_____

_____

_____

_____

_____

_____

_____

# Rencontres

**Épisode 14:** Mystère résolu

**Avant l'écoute.** D'après les informations de l'épisode précédent, indiquez si les phrases suivantes sont vraies (**V**) ou fausses (**F**).

1. _____ Steve s'est rétabli de sa maladie.

2. _____ Steve et Isabelle ont dû attendre quelques jours pour la réparation de leur voiture.

3. _____ Steve et Isabelle ont passé le reste de leurs vacances à Nîmes.

**Situation:** On est chez les Lefèvre à Toulouse. Annick et Jean-Claude reçoivent un coup de téléphone important.

NOUVEAU VOCABULAIRE

| | |
|---|---|
| être sur la bonne piste | *to be on the right track* |
| le témoignage | *testimony* |
| être à la recherche de | *to be looking for* |
| une bande | *gang* |
| un spot publicitaire | *advertisement* |
| de la pâtée | *food, chow (for animals)* |
| Nous vous devons bien cela! | *It is the least we can do for you!* |

**Après l'écoute.** Indiquez si les phrases suivantes sont vraies (**V**) ou fausses (**F**).

1. _____ La police a retrouvé le portefeuille de Steve avec tous ses papiers.

L'homme à la veste rouge...

2. _____ a été arrêté comme complice dans un trafic de chiens.

3. _____ est un acteur qui joue le rôle d'une femme dans une pièce de théâtre.

4. _____ cherchait des chiens pour jouer dans une pièce de théâtre.

5. _____ a aidé à découvrir un trafic de chiens.

6. _____ Steve se rend compte qu'il a vu la ferme où les chiens étaient en captivité.

7. _____ La police a pu arrêter les trafiquants de chiens.

8. _____ Les Lefèvre refusent que Fido apparaisse dans une publicité.

**Épilogue: Tout est bien qui finit bien!** À la fin de leurs aventures, où en sont nos amis? Associez chaque description à la personne correspondante.

1. _____ Isabelle…

2. _____ Raphaël…

3. _____ Julie…

4. _____ Jean-Claude…

5. _____ Annick…

6. _____ Christelle…

7. _____ Steve…

8. _____ Les Lefèvre…

9. _____ Fido…

a. est retourné à New York.
b. continue sa carrière comme entraîneuse de basket.
c. a trouvé un stage de journaliste.
d. est devenu une star à la télé.
e. voudrait devenir entraîneur de basket.
f. pense ouvrir un restaurant.
g. voit Raphaël régulièrement.
h. fait la promotion d'un nouveau restaurant.
i. pensent voyager aux États-Unis.

# La prononciation et l'orthographe

# *M*ore on numbers (20–1,000) and liaison

A. **Numbers built on *vingt*.** The vowel sound in **vingt** is always nasalized, and the **n** and the **g** are never pronounced. Listen carefully: **vingt.** In addition, **vingt** has several peculiarities of pronunciation.

- In isolation or before a consonant, the final **t** of **vingt** is silent. Before a vowel sound, the **t** is pronounced.

  **Écoutez et répétez:** vingt / vingt livres / vingt_hommes

- The **t** is pronounced in the compounds *twenty-one* through *twenty-nine.*

  **Écoutez et répétez:** vingt_et un / vingt-deux / vingt-trois

- The number *eighty* in French is **quatre-vingts,** or "four twenties." Liaison occurs when **quatre-vingts** appears before a vowel sound, with the final **s** pronounced as [z].

  **Écoutez et répétez:** quatre-vingts / quatre-vingts_îles

- No **s** is added to **vingt** in the compounds *eighty-one* to *eighty-nine,* nor is the **t** of **vingt** ever pronounced in these compounds.

  **Écoutez et répétez:** quatre-vingt-un, quatre-vingt-deux

B. **The numbers built on *cent*.** Cent by itself has normal liaison: the **t** is pronounced only before a vowel sound. In compounds, the **t** is never pronounced.

  **Écoutez et répétez:** cent / cent dollars / cent_ans / cent un / cent onze

C. *Two hundred* to *nine hundred.* The numbers **deux cents, trois cents,** etc., end in **s** and have normal liaison.

**Écoutez et répétez:** deux cen~~ts~~ / deux cen~~ts~~ femmes / deux cen~~t~~s‿hommes

Note that the **s** of **cents** is dropped in compound numbers: **trois cent cinq.**

D. **Intégration.** Pronounce each of the following words and phrases, then listen to the recording for confirmation. Repeat the correct answer.

1. vingt églises
2. vingt fenêtres
3. vingt-deux écoles
4. trente et une femmes
5. quatre-vingts hommes
6. quatre-vingt-deux étrangers
7. quatre-vingt-dix
8. cent Européens
9. deux cent un
10. cinq cents habitants

# *D*ictée

**Une entreprise verte.** Vous entendrez la dictée trois fois. La première fois, écoutez. La deuxième fois, écrivez ce que vous entendez. La troisième fois, écoutez pour vérifier ce que vous avez écrit.

_____

_____

_____

_____

_____

_____

_____

_____

_____

_____

## Le verbe français

# *T*he French perfect tenses

You are already familiar with one of the French compound tenses, the **passé composé.** Recall that it is composed of the present tense of **avoir** or **être** followed by the past participle of the main verb. All of the French compound tenses have this pattern: a form of **avoir** or **être** followed by a past participle.

Stop the recording and take a few moments to review the **passé composé** in **Chapitre 5** of your *Cahier.*

**A.** **The *plus-que-parfait*.** The pluperfect is composed of the imperfect tense of **avoir** or **être** plus the past participle of the main verb. It usually corresponds to the English past perfect, *I had sung*.

**Écoutez et répétez:**

|  | finir |  |  |
|---|---|---|---|
| j' | **avais** fini | nous | **avions** fini |
| tu | **avais** fini | vous | **aviez** fini |
| il/elle | **avait** fini | ils/elles | **avaient** fini |

|  | partir |  |  |
|---|---|---|---|
| j' | **étais** parti(e) | nous | **étions** parti(e)s |
| tu | **étais** parti(e) | vous | **étiez** parti(e)(s) |
| il/elle | **était** parti(e) | ils/elles | **étaient** parti(e)s |

Recall that the past participle of verbs conjugated with **être** (all reflexive verbs and some intransitive verbs) agrees with the subject in gender and number.

**B.** **The past conditional.** The past conditional or conditional perfect is composed of the conditional tense of **avoir** or **être** plus the past participle of a main verb. It generally corresponds to the English form *I would have sung*.

**Écoutez et répétez:**

|  | lire |  |  |
|---|---|---|---|
| j' | **aurais** lu | nous | **aurions** lu |
| tu | **aurais** lu | vous | **auriez** lu |
| il/elle | **aurait** lu | ils/elles | **auraient** lu |

|  | se lever |  |  |
|---|---|---|---|
| je | me **serais** levé(e) | nous | nous **serions** levé(e)s |
| tu | te **serais** levé(e) | vous | vous **seriez** levé(e)(s) |
| il/elle | se **serait** levé(e) | ils/elles | se **seraient** levé(e)s |

**Vérifions!**

Cover the preceding information with a piece of paper, then see whether you can complete the following chart. Check your work, then review any areas of uncertainty.

|  | chanter (PLUS-QUE-PARFAIT) | se laver (PLUS-QUE-PARFAIT) | finir (PAST CONDITIONAL) | sortir (PAST CONDITIONAL) |
|---|---|---|---|---|
| je (j') |  | *m'étais lavé(e)* |  |  |
| tu |  |  |  |  |
| elle | *avait chanté* |  |  |  |
| nous |  |  |  | *serions sorti(e)s* |
| vous |  |  |  |  |
| elles |  |  | *auraient fini* |  |

## Intégration des verbes

**Des vies différentes.** Sarah et Jean-Yves imaginent comment les choses auraient pu se passer autrement dans leur vie. Complétez leur conversation avec le plus-que-parfait (PQP) ou le passé du conditionnel (PC) du verbe indiqué.

JEAN-YVES: Figure-toi, si tu n'_____ pas _____[1] (PQP, apprendre) le français,

tu ne _____ pas _____[2] (PC, venir) en France.

SARAH: Oui, et j'ai choisi d'étudier le français parce que ma mère l'_____[3]

(PQP, étudier). Si elle _____[4] (PQP, faire) de l'allemand, moi

aussi, j'_____ sans doute _____[5] (PC, choisir) l'allemand.

JEAN-YVES: Et tu serais en Allemagne maintenant!

SARAH: Ou peut-être en Espagne ou au Mexique! Si je n'_____ pas _____[6]

(PQP, venir) en France, je n'_____ jamais _____[7] (PC, avoir) le

plaisir de te rencontrer.

JEAN-YVES: Et tu _____[8] (PC, continuer) à penser (comme presque tous les Américains)

que les Français sont froids et impolis et qu'ils n'aiment pas les Américains.

SARAH: Et toi, si tu ne m'_____ pas _____[9] (PQP, connaître), tu

n'_____ pas _____[10] (PC, savoir) à quel point les Américains

peuvent être charmants et intelligents.

JEAN-YVES: Et modestes aussi!

Key   ▲ = Answers vary.

PREMIÈRE ÉTAPE

**Thèmes et grammaire**

*LA COMMUNICATION EN CLASSE* **Activités de compréhension** 6, 5, 8, 7, 4, 1, 2, 3 **Activités écrites** 1. Ouvrez le livre. Lisez. 2. Parlez. 3. Prenez un stylo. Écrivez. 4. Regardez. Lisez. 5. Prenez un livre.

*QUI EST-CE? LES CAMARADES DE CLASSE* **Activités de compréhension** 1. b 2. c 3. a **Activités écrites** 1. Elle s'appelle 2. Je m'appelle 3. Il s'appelle

*COMMENT SONT-ILS? LA DESCRIPTION DES PERSONNES* **Activités de compréhension** 1. Charles Colin 2. Claudine Colin 3. Marie 4. Édouard Vincent **Activités écrites** ▲ 1. Il est grand et brun. Il n'est pas vieux. 2. Elle est petite et blonde. Elle n'est pas brune. 3. Elle est jeune. Elle n'est pas vieille.

*LES VÊTEMENTS ET LES COULEURS* **Activités de compréhension** A. 1 B. 1. V 2. V 3. F 4. F 5. V **Activités écrites** 1. noir 2. bleue, blanc 3. verte, marron 4. rouge/verte/jaune, orange 5. jaune 6. noire, blanc

*LES NOMBRES (0–34)* **Activités de compréhension** C'est un poisson. **Activités écrites** A. 1. cinq 2. douze 3. sept 4. trente 5. seize 6. vingt 7. quinze 8. deux 9. vingt et un 10. huit B. 1. sept 2. cinq 3. huit 4. douze 5. deux 6. quinze 7. vingt et un 8. seize 9. vingt 10. trente

*RENCONTRES* **Activités de compréhension** A. 1. vous 2. tu 3. tu 4. vous 5. tu 6. tu B. **Conversation 1.** b **Conversation 2.** a **Conversation 3.** c **Activités écrites** 1. Comment allez-vous? 2. Enchanté 3. Comment ça va? 4. Au revoir. 5. Je suis un peu fatiguée.

**Intégration**

*JEU*

## DEUXIÈME ÉTAPE

**Thèmes et grammaire**

*QU'EST-CE QU'IL Y A DANS LA SALLE DE CLASSE?* **Activités de compréhension** 1. V 2. V 3. V 4. F **Activités écrites** **A.** ▲ 1. Oui, il y a un grand bureau. (Non, il n'y a pas de… ) 2. Oui, il y a des chaises confortables. (Non, il n'y a pas de… ) 3. Oui, il y a une horloge. (Non, il n'y a pas d'… ) 4. Oui, il y a une encyclopédie. (Non, il n'y a pas d'… ) 5. Oui, il y a des stylos. (Non, il n'y a pas de… ) **B.** 1. Qu'est-ce que c'est? (Comment s'appelle cet objet?) 2. Qui est-ce? (Coment s'appelle cette personne?) 3. Qui est-ce? (Comment s'appelle cette personne?) 4. Est-ce que c'est… 5. Qui est-ce? (Coment s'appelle cette personne?) 6. Qu'est-ce que c'est? (Comment s'appelle cet objet?)

*LA DATE ET L'ALPHABET* **Activités de compréhension** **A.** 1. f 2. a 3. e 4. b 5. c 6. d **B.** ROUET **Activités écrites** 1. août / septembre, mai / juin 2. février 3. mars 4. juillet 5. décembre 6. ▲

*LES NOMBRES DE 40–100 ET L'HEURE* **Activités de compréhension** 1. sept heures dix 2. neuf heures vingt 3. dix heures moins le quart 4. onze heures, treize heures et dix-huit heures 5. toutes les heures **Activités écrites** **A.** 1. C'est le zéro quatre, vingt et un, soixante-quinze, zéro neuf, dix-neuf. 2. C'est le zéro quatre, quatre-vingt-onze, soixante-trois, zéro neuf, zéro zéro. 3. C'est le zéro quatre, trente-sept, vingt, trente-cinq, quinze. 4. C'est le dix-sept. 5. C'est le zéro quatre, quarante-deux, dix-huit, quatre-vingt-treize, quatre-vingt-treize. **B.** 1. Il est huit heures et quart (huit heures quinze). 2. Il est midi (minuit). 3. Il est onze heures vingt-six. 4. Il est une heure dix. 5. Il est onze heures moins dix. **C.** 1. Qui est qui? est à sept heures et quart. 2. Arithmétique appliquée est à six heures moins vingt-cinq. 3. Momies du peuple des nuages est à dix heures. 4. Tutti frutti est à six heures vingt-cinq. 5. Spot cardiaque est à cinq heures cinq. 6. Le journal de la nuit est à minuit moins vingt. 7. La météo est à sept heures moins deux.

*LES COURS* **Activités de compréhension** 1. V 2. V 3. F 4. V 5. F **Activités écrites** **A.** ▲ **B.** 1. Oui, j'ai un ordinateur. (Non, je n'ai pas d'… ) 2. Oui, j'ai une télévision en couleurs. (Non, je n'ai pas de… ) 3. Oui, j'ai des camarades (un[e] camarade) de chambre. (Non, je n'ai pas de… ) 4. Oui, j'ai un bureau. (Non, je n'ai pas de… ) 5. Oui, j'ai une bicyclette. (Non, je n'ai pas de… ) 6. Oui, j'ai une voiture. (Non, je n'ai pas de… ) **C.** 1. ai 2. ont 3. a 4. a 5. avons 6. ont 7. avez 8. as

*LA DESCRIPTION DES AUTRES* **Activités de compréhension** **A.** 1. Louis 2. Daniel 3. Barbara 4. Jacqueline **B.** 1. F 2. V 3. F 4. V 5. F

**C.**

**Activités écrites** **A.** ▲ **B.** ▲

**Intégration**

*JEUX* **A.**

```
P  C  P  I  C  E  R  R  I  C  S  H
R  U  C  A  H  I  E  R  E  R  E  O
O  B  N  K  I  O  P  Y  R  A  D  R
M  U  R  C  F  G  Y  U  I  I  C  L
E  P  L  O  S  T  Y  L  O  E  K  O
S  A  F  T  S  C  R  A  Y  O  N  L
S  P  Q  A  S  A  S  D  R  G  A
E  I  O  B  U  E  E  M  K  T  O  M
U  E  G  L  I  V  R  E  R  E  S  P
R  R  I  E  T  A  B  L  E  A  U  E
```

**B. Horizontalement:** 3. neuf 4. trente-huit 6. soixante 8. quarante 10. vingt **Verticalement:** 1. quatorze 2. trois 4. treize 5. cinquante 7. trente 9. cinq

## CHAPITRE 1

**Thèmes et grammaire**

*LA FAMILLE* **Activités de compréhension** Grand-mère, 79 ans; Grand-père, 81; Sa mère, 48; Son père, 55; Mathieu (frère), 13; Caroline (sœur), 18 1. b 2. a 3. b 4. b 5. a 6. b **Activités écrites A.** 1. Le grand-père; soixante-dix 2. la grand-mère; soixante-neuf 3. La mère; quarante-cinq; la fille 4. le fils; frères, quinze, huit 5. sœurs; dix-neuf; sœurs 6. grand-père, grand-mère, Le père; quarante-sept **B.** 1.a. C'est son père. b. Ce sont ses fils. c. C'est sa fille. 2.a. C'est leur père. b. Ce sont leurs frères. c. C'est leur grand-mère. 3.a. C'est mon grand-père. b. Ce sont mes frères. c. C'est ma sœur. d. C'est ma mère ou ma tante. e. C'est mon père ou mon oncle. f. Ce sont mes grands-parents. **C.** ▲

*GOÛTS PERSONNELS* **Activités de compréhension A.** 1. F 2. V 3. V 4. V 5. F **B.** 1, 3, 4, 6 **Activités écrites A.** ▲ **B.** ▲ **C.** ▲

*ORIGINES ET RENSEIGNEMENTS PERSONNELS* **Activités de compréhension** 1. d 2. c 3. a 4. e 5. b **Activités écrites A.** 1. espagnol, espagnol 2. allemande, allemand 3. chinois, chinois 4. japonais, japonais 5. canadienne, anglais et français 6. américaine, anglais **B.** 1. C'est le zéro un, quarante-huit, soixante-dix-huit, zéro six, quatre-vingt-onze. 2. C'est le zéro un, soixante-quinze, zéro dix-huit. 3. C'est le zéro un, quarante-trois, cinquante-six, soixante-quinze, soixante-treize. 4. C'est le zéro un, trente, trente-huit, soixante et un, soixante-trois. 5. C'est le zéro un, quarante-trois, quatre-vingt-sept, soixante-dix-huit, zéro zéro. 6. C'est le zéro un, quatre-vingt-douze, trois cents. **C.** 1. vient 2. viennent 3. viens 4. venons 5. viens 6. venez **D.** ▲

*LA VIE DE FAMILLE* **Activités de compréhension A.** 1. travaille 2. histoire 3. sœurs, deux 4. actif, jouer 5. grand-mère, bonbons 6. août, la mer **B.** 1. a 2. c 3. d 4. b 5. c **Activités écrites A.** 1. mari, femme 2. la belle-sœur 3. le beau-père, belle-mère 4. le neveu 5. les nièces 6. le beau-fils, belle-fille **B.** 1. habites 2. habite 3. aimez 4. aimons 5. jouent 6. adore 7. regardes 8. regarde 9. adore 10. reste **C.** 1. des 2. de l', de la 3. du 4. de la, du 5. de l' 6. des **D.** ▲ **E.** ▲

**Intégration**

*À VOS ÉCRANS!* 1. V 2. F 3. F 4. F 5. V 6. V 7. F 8. V

*À L'ÉCOUTE!* porter un chapeau, traîner un char, parler français et latin

*RENCONTRES* **Épisode 1 Après l'écoute** 1. V 2. V 3. V 4. F 5. V 6. F 7. F 8. V 9. V

**La prononciation et l'orthographe**

**C.** 1. lampe 2. midi 3. seize 4. gris 5. noir 6. heure 7. long 8. jeune 9. quart 10. stylo

*DICTÉE*  Bonjour! Je m'appelle Christine et j'ai vingt-six ans. Je viens de Montréal au Canada. Nous sommes trois enfants dans ma famille: mon frère René, mon petit frère Pierre-Jean et moi. Moi, j'habite aux États-Unis. Quand nous sommes ensemble, nous aimons beaucoup discuter et rire.

**Le verbe français**

*VÉRIFIONS!*

|  | **parler** | **discuter** | **travailler** |
|---|---|---|---|
| je | *parle* | *discute* | *travaille* |
| vous | *parlez* | *discutez* | *travaillez* |
| Barbara et Denise | *parlent* | *discutent* | *travaillent* |
| nous | *parlons* | *discutons* | *travaillons* |
| Raoul | *parle* | *discute* | *travaille* |
| tu | *parles* | *discutes* | *travailles* |

*INTÉGRATION DES VERBES*  1. reste 2. aime 3. retrouve 4. jouons 5. nageons 6. cherchons 7. dessinent 8. rentrons 9. déjeune 10. cuisine 11. adore

## CHAPITRE 2

*LE TEMPS, LES SAISONS ET LES LOISIRS*  **Activités de compréhension**  **A.** au nord: temps couvert; en Bretagne: nuages, vent; au sud-ouest: soleil; Nice et Marseille: soleil; Paris: pluies  **B.** 1. printemps, camping, tennis 2. été, nager, vélo 3. automne, football 4. hiver, ski  **Activités écrites**  1. Non, il n'y a pas d'orages à Nice. 2. Oui, il y a des nuages à Strasbourg. 3. Non, il ne fait pas de soleil à Paris. 4. Oui, il est très nuageux. 5. Oui, il pleut à Clermont-Ferrand. 6. Non, il ne neige pas en France aujourd'hui. 7. Non, il ne fait pas beau à Toulouse.  **B.** 1. H 2. É 3. É 4. H 5. H 6. É 7. H 8. É  **C.** 1. faisons 2. fais 3. fait 4. font 5. faites 6. fais  **D.** ▲ 1. Oui, beaucoup d'étudiants font du ski en hiver. 2. Oui, je fais des promenades quand il fait beau. 3. Oui, nous faisons des promenades pendant toute l'année scolaire. 4. Oui, mon meilleur ami / ma meilleure amie fait de la gymnastique. 5. Oui, nous aimons faire la fête. **E.** ▲

*LES ACTIVITÉS QUOTIDIENNES*  **Activités de compréhension**  1. Christine 2. Christine 3. Christine 4. Bernard 5. Bernard  **Activités écrites**  **A.** 1. Elle se lève. 2. Elle fait du jogging. 3. Elle se baigne. 4. Elle se sèche. 5. Elle se brosse les dents. 6. Elle s'habille.  **B.** 1. d 2. e 3. a 4. f 5. c 6. b  **C.** ▲ 1. Je me réveille... 2. Oui, je m'habille... (Non, je ne m'habille pas... ) 3. Je me brosse... 4. Je me lave les cheveux... 5. Je me douche... 6. Oui, je me couche... (Non, je ne me couche jamais... ) 7. Je me dépêche...  **D.** 1. nous dépêchons 2. me lève 3. se réveille 4. se lève 5. nous habillons 6. nous promener 7. s'amuse 8. nous reposons 9. me coucher 10. se coucher  **E.** ▲

*LES HABITUDES ET LES PROJETS*  **Activités de compréhension**  **A.** 1. F 2. É 3. F 4. F 5. F 6. É 7. É 8. É  **B.** 1, 3, 6  **Activités écrites**  **A.** ▲ Je vais + 1. au centre commercial. 2. au restaurant. 3. au gymnase. 4. à la campagne. 5. à la piscine. 6. à la discothèque. 7. à la rivière  **B.** ▲ 1. va, s'entraîner 2. allons, dîner 3. vais, faire de la voile 4. allez, regarder des objets d'art 5. vas, faire du ski? 6. vont, se promener  **C.** 1. Il va faire du patin à roulettes et jouer au football. 2. Ils vont sortir avec des amis et danser. 3. On va faire de l'escalade, monter à cheval et prendre des bains de soleil. 4. ▲

*APTITUDES ET RÊVES*  **Activités de compréhension**  **A.** 1. b 2. b 3. b 4. a 5. b  **B.** 1. c 2. f 3. e 4. a 5. d 6. b  **Activités écrites**  **A.** 1. A 2. A 3. B 4. B 5. A 6. B 7. B 8. A 9. B 10. B  **B.** 1. veux, veux 2. veulent, voulez 3. veut 4. veux 5. voulons  **C.** 1. sais, sais 2. savez, savons 3. savent, sait  **D.** 1. Non, vous ne pouvez pas laisser votre bébé dans une nurserie à Isola 2000. 2. Non, vous ne pouvez pas jouer au golf à Risoul 1850. 3. Non, on ne peut pas nager dans toutes les stations des Alpes du Sud.

4. Oui, vos fils peuvent participer à des activités organisées pour enfants à Vars. 5. Vous pouvez nager et faire de la pêche, du canoë, du kayak, du rafting et de l'hydrospeed à Briançon.

## Intégration

*À VOS ÉCRANS!* 1. V 2. V 3. F 4. V 5. V

*À L'ÉCOUTE!* a. 2 b. 5 c. 1 d. 4 e. 3

*RENCONTRES* **Épisode 2** **Avant l'écoute** 1. d 2. f 3. e 4. c 5. g 6. a 7. b **Après l'écoute** 1. F 2. V 3. V 4. F 5. V 6. F 7. F 8. V 9. F

## La prononciation et l'orthographe

*DICTÉE* 1. le blouson noir 2. les cravates rouges 3. les amis français 4. la fenêtre ouverte 5. les horloges françaises 6. la barbe noire 7. les cravates blanches 8. le petit garçon 9. les petites filles 10. les hommes raisonnables 11. les enfants timides 12. les belles femmes

## Le verbe français

*VÉRIFIONS!*

|  | acheter | espérer | payer | manger | commencer | s'appeler |
|---|---|---|---|---|---|---|
| je (j') | *achète* | *espère* | *paie* | *mange* | *commence* | *m'appelle* |
| tu | *achètes* | *espères* | *paies* | *manges* | *commences* | *t'appelles* |
| il/elle | *achète* | *espère* | *paie* | *mange* | *commence* | *s'appelle* |
| nous | achetons | espérons | payons | mangeons | commençons | *nous appelons* |
| vous | achetez | espérez | payez | mangez | commencez | *vous appelez* |
| ils/elles | *achètent* | *espèrent* | *paient* | *mangent* | *commencent* | *s'appellent* |

*INTÉGRATION DES VERBES* 1. commençons 2. commence 3. mangeons 4. s'appelle 5. appelez 6. acheter 7. achète 8. paie 9. espère 10. envoie

## CHAPITRE 3

### Thèmes et grammaire

*S'ORIENTER EN VILLE* **Activités de compréhension** la boutique, *next to the* Restaurant; la papeterie, *next to the* Librairie *and across from the* Boutique; la pharmacie, *between the* Maison de la presse *and the* Commissariat; la poste, *between the* Librairie *and the* Épicerie; le café, *behind the* Église; le lycée, *between the* Bibliothèque municipale *and the* Boulevard Victor Hugo **Activités écrites** **A.** 1. h 2. f 3. a 4. c 5. b 6. g 7. d 8. e **B.** ▲ 1. La place est devant la mairie et à côté de la bibliothèque. 2. L'hôpital est dans l'Impasse Bart, derrière l'école. 3. La boutique est dans l'avenue Foch, entre le restaurant et la discothèque. 4. Le cinéma est dans la rue Gien, derrière le café-tabac. 5. La bibliothèque est dans la rue des Indes, en face du musée et devant la place. 1. Prenez la rue de la Place jusqu'au parc et tournez à droite dans l'avenue Foch. Le café-tabac est entre la banque et le restaurant. 2. Prends l'Impasse Bart et tourne à gauche dans la rue de la Place. Tu continues tout droit jusqu'au parc. 3. Prenez la rue de la Place et tournez à gauche dans l'avenue Foch. Le restaurant est tout droit, en face du musée. 4. Vous traversez la rue. Le musée est juste en face de la banque. **C.** 1. Pourquoi 2. Comment 3. Quand 4. Qu'est-ce que 5. Quel 6. pourquoi 7. Quel 8. Qu'est-ce que 9. Pourquoi

*LA VILLE ET LES TRANSPORTS* **Activités de compréhension** 1. e 2. a 3. d 4. f 5. c 6. b **Activités écrites** **A.** 1. heures de pointe 2. coin de la rue 3. un casque 4. feu rouge 5. les deux sens 6. le feu de signalisation **B.** 1. prends 2. prenons 3. prennent 4. prend 5. prenez 6. prends **C.** 1. il faut 2. il ne faut pas 3. il faut 4. il ne faut pas 5. il faut **D.** ▲ 1. Il doit marcher ou prendre sa bicyclette. 2. Elle doit regarder un plan de la ville. 3. Ils doivent porter un casque. 4. Vous ne devez pas (Tu ne dois pas) garer la voiture dans une zone interdite. 5. Je dois faire attention et regarder dans les deux sens.

*LES ACHATS* **Activités de compréhension** **A.** 1. F 2. V 3. F 4. F 5. F **B.** 1. 19 heures (19 h), oui, 19, poste; 18 heures (18 h), 4, pharmacie **Activités écrites** **A.** ▲ 1. du déodorant, une brosse à dents, du dentifrice, des médicaments et de l'aspirine 2. des biscuits au chocolat et de la limonade 3. des timbres 4. des vêtements 5. des stylos, des enveloppes et du papier à lettres 6. un roman policier **B.** 1. ce 2. cette 3. ces 4. cette 5. cet 6. ces **C.** ▲ 1. Oui, je prends du… / Non, je ne prends pas de… 2. Je prends… 3. Oui, je prends du… / Non, je ne prends pas de… 4. Oui, j'achète de la… / Non, je n'achète pas de… 5. Oui, j'achète… / Non, je n'achète pas de…

*LES DISTRACTIONS* **Activités de compréhension** **A.** 1. sélection 2. derniers 3. meilleure 4. 123 5. 44 6. 89 7. prix 8. catalogue **B.** 1. A, R 2. A 3. R 4. A 5. A, R 6. A, R **Activités écrites** **A.** 1. V 2. V 3. M 4. V 5. V 6. M 7. V 8. M 9. M 10. V **B.** 1. part 2. partent 3. part 4. pars 5. partons **C.** 1. dors 2. dors 3. sortons 4. nous endormons 5. sors **D.** ▲ **E.** 1. V 2. F 3. F 4. F 5. F

## Intégration

*À VOS ÉCRANS!* 1. d 2. b 3. a 4. e 5. c

*À L'ÉCOUTE!* 1, 3, 5

*RENCONTRES* **Épisode 3** **Avant l'écoute** 1. V 2. V 3. V **Après l'écoute** 1. F 2. V 3. F 4. V 5. F 6. V 7. F 8. F 9. V

## La prononciation et l'orthographe

*DICTÉE* Vous aimez le cinéma? Le Vidéo Club vous propose une grande sélection de films. Nous avons des films classiques et tous les derniers films. N'attendez pas! Venez visiter notre magasin au 123, rue Victor Hugo. Vidéo Club, c'est le cinéma à la maison!

## Le verbe français

*VÉRIFIONS!*

|  | sortir | mentir | être | avoir | aller | faire |
|---|---|---|---|---|---|---|
| je (j') | *sors* | *mens* | *suis* | *ai* | *vais* | *fais* |
| tu | *sors* | *mens* | *es* | *as* | *vas* | *fais* |
| il/elle/on | *sort* | *ment* | *est* | *a* | *va* | *fait* |
| nous | *sortons* | *mentons* | *sommes* | *avons* | *allons* | *faisons* |
| vous | *sortez* | *mentez* | *êtes* | *avez* | *allez* | *faites* |
| ils/elles | *sortent* | *mentent* | *sont* | *ont* | *vont* | *font* |

*INTÉGRATION DES VERBES* 1. endormez, endors 2. dormez, dors 3. sortez, sors 4. partez, pars 5. sentez, sens 6. allez, vais 7. Faites, fais 8. est, est 9. Faites, fais 10. Mentez, mens

## CHAPITRE 4

### Thèmes et grammaire

*LES PIÈCES ET LES MEUBLES* **Activités de compréhension** **A.** 1. a 2. b 3. a 4. b **B.** 1. a 2. a 3. b 4. b 5. b **Activités écrites** **A.** 1. une chambre 2. des rideaux 3. une salle de séjour 4. une cuisinière 5. une salle de bains 6. une salle à manger 7. un tableau 8. une cuisine **B.** 1. e 2. a 3. h 4. f 5. g 6. b 7. c 8. d **C.** ▲ **D.** ▲ 1. Il y a plus de chaussures dans la chambre de Raoul ( …moins de chaussures dans la chambre de Daniel). 2. Daniel a plus de lampes que Raoul (Raoul a moins de lampes… ). 3. Raoul a autant de jeans que Daniel. 4. Il y a plus de tables de nuit dans la chambre de Raoul ( …moins de tables de nuit dans la chambre de Daniel). 5. Daniel a autant de fauteuils que Raoul. 6. Raoul a plus de tableaux que Daniel (Daniel a moins de tableaux… ). **E.** ▲ 1. …un four à micro-ondes est plus pratique qu'une cuisinière électrique. 2. …une petite table est moins utile qu'une grande table. 3. …un réfrigérateur est aussi indispensable qu'une cuisinière. 4. …une bibliothèque est plus importante qu'une salle de séjour. 5. …un évier est moins pratique qu'un lavabo. 6. …un lavabo est moins utile qu'une douche.

*LE LOGEMENT* **Activités de compréhension** **A.** 4, 2, 3, 5, 1 **B.** 1. − 2. + 3. + 4. − 5. − 6. + 7. − **Activités écrites** **A.** 1. h 2. e 3. a 4. b 5. g 6. c 7. f 8. d **B.** 1. agissent 2. choisis 3. réfléchissent 4. réussissent 5. bâtit 6. finit 7. choisissent **C.** ▲ Au Villa Daunay, les locataires peuvent faire des courses sans prendre la voiture, rencontrer des amis au café, profiter d'une variété de distractions, dîner au restaurant et prendre les transports en commun pour aller au travail. Au Domaine du Thou, les locataires peuvent se promener à la campagne, jouer au tennis, nager et goûter au calme. **D.** ▲

*LES TÂCHES ET LES LOISIRS* **Activités de compréhension** **A.** 1. A 2. A 3. JY 4. JY 5. A 6. JY **B.** 1. e 2. b 3. a 4. b 5. c 6. d 7. a **Activités écrites** **A.** 1. f 2. g 3. e 4. a 5. d 6. h 7. b 8. c **B.** 1. attends 2. prends 3. entends 4. prenons 5. vend 6. perds 7. prenons 8. attendons 9. perd 10. descendons 11. entendons **C.** ▲ **D.** ▲

*LA VIE DE QUARTIER* **Activités de compréhension** 1, 3, 4, 6 **Activités écrites** **A.** ▲ 1. Nous y regardons un film et nous y mangeons des bonbons et du pop-corn. 2. Nous y lavons et séchons nos vêtements. 3. Nous y achetons nos provisions. 4. Nous nous y promenons et nous y pique-niquons. 5. Nous y achetons des fleurs. 6. Nous y nageons. 7. Nous y laissons nos chaussures pour les faire réparer. 8. Nous y achetons des médicaments. **B.** 1. connais 2. connaît 3. connaissent 4. connaissons 5. connaissez **C.** 1. connaissez 2. Savez 3. connaissent 4. savent 5. connaissons 6. savons 7. connaît **D.** 1. besoin 2. besoin 3. faim 4. envie 5. soif 6. envie 7. de la chance 8. raison 9. l'air 10. honte **E.** ▲

**Intégration**

*À VOS ÉCRANS!* 1. A 2. A 3. C 4. A 5. C 6. C

*À L'ÉCOUTE!* 1. V 2. F 3. F 4. V 5. V 6. V

*RENCONTRES* **Épisode 4** **Avant l'écoute** 1. V 2. V 3. F **Après l'écoute** 1. A 2. JC 3. JC 4. A 5. A 6. JC 7. A 8. A, JC

**La prononciation et l'orthographe**

*DICTÉE* C'est une maison en bois à un étage. Elle est assez vieille et elle a une belle cheminée et de grandes fenêtres. Il y a un salon, une salle à manger et une cuisine au rez-de-chaussée. Au premier étage, il y a deux chambres et une salle de bains. Ma maison me plaît beaucoup.

**Le verbe français**

*VÉRIFIONS!*

|  | réfléchir | dormir | répondre | sortir | ouvrir |
|---|---|---|---|---|---|
| Malik | *réfléchit* | *dort* | *répond* | *sort* | *ouvre* |
| mes amis | *réfléchissent* | *dorment* | *répondent* | *sortent* | *ouvrent* |
| je (j') | *réfléchis* | *dors* | *réponds* | *sors* | *ouvre* |
| Barbara et moi | *réfléchissons* | *dormons* | *répondons* | *sortons* | *ouvrons* |
| vous | *réfléchissez* | *dormez* | *répondez* | *sortez* | *ouvrez* |
| tu | *réfléchis* | *dors* | *réponds* | *sors* | *ouvres* |

*INTÉGRATION DES VERBES* 1. souffrent 2. finissent 3. réussissent 4. choisissent 5. attendent 6. ouvre 7. vend 8. démolit 9. perdent 10. vieillis 11. réfléchis

CHAPITRE 5

**Thèmes et grammaire**

*LA VIE QUOTIDIENNE* **Activités de compréhension** **A.** 1. V 2. F 3. V 4. V 5. V **B.** 1, 2, 5
**Activités écrites** **A.** Part 1: 1. e 2. d 3. a 4. b 5. c Part 2: 1. ne va pas 2. va 3. avant 4. va 5. donne
**B.** ▲ 1. Oui, j'ai étudié… (Non, je n'ai pas étudié…) 2. … dîné… 3. … répondu… 4. … fini…
5. … attendu… 6. … rangé… 7. … séché… 8. … choisi… 9. … acheté… 10. … regardé… **C.** 1. …ont
regardé la télévision tous les jours ou presque. 2. …ont écouté la radio tous les jours ou presque.
3. …ont assisté à un spectacle au moins 5 fois par an. 4. …ont dansé au moins 5 ou 6 fois par an.
5. …ont jardiné tous les jours ou presque à la belle saison. 6. …ont joué aux cartes ou à d'autres jeux
de société chaque semaine ou presque. **D.** ▲

*LES EXPÉRIENCES* **Activités de compréhension** **A.** a. 6 b. 3 c. 2 d. 4 e. 7 f. 1 g. 5 **B.** 1. V 2. F 3. V
4. F 5. F 6. V **Activités écrites** **A.** 1. eu 2. entendu 3. voulu 4. couru 5. dû 6. mis 7. bu 8. appris
9. ouvert 10. offert **B.** *Moi:* 1. ai couru 2. ai pris 3. ai lu 4. ai mis 5. ai conduit 6. ai assisté *Mon ami(e):*
1. a reçu 2. a voulu 3. a été 4. a manqué 5. a fait 6. a vu **C.** ▲

*LE WEEK-END ET LES LOISIRS* **Activités de compréhension** **A.** 1. F 2. V 3. F 4. F 5. V 6. F **B.** 1. e
2. a 3. f 4. b 5. d 6. c **Activités écrites** **A.** 1. est parti 2. est descendu 3. est revenu 4. est rentré, est
retourné 5. est mort **B.** ▲ 1. Je suis allé(e)… 2. Je suis parti(e)… 3. Je suis rentré(e)… 4. Je suis
tombé(e)… 5. Je suis resté(e)… **C.** 1. t'es baigné(e); Oui, je me suis baigné(e) le matin. 2. es arrivé(e);
Je suis arrivé(e) à neuf heures. 3. t'es amusé(e); Oui, je me suis amusé(e) en cours de français. 4. es
allé(e); Non, je ne suis pas allé(e) à un autre cours. 5. es resté(e); Je suis resté(e) jusqu'à ___ h. 6. es
rentré(e); Je suis rentré(e) chez moi à ___ h. 7. t'es promené(e); Non, je ne me suis pas promené(e) le
soir. 8. t'es couché(e); Je me suis couché(e) à ___ h. **D.** ▲ 1. Francis et Marie se sont levés à 7 h du
matin pour regarder une émission sur le jardinage. 2. Emmanuel est resté au lit jusqu'à 10 h 30 pour
lire *La vie de Zinédine Zidane.* 3. Emmanuel est sorti au cinéma puis à la discothèque. 4. Nathalie et
Marie-Christine sont allées au cirque avec leurs parents. 5. Emmanuel est rentré de la discothèque à
2 h du matin. 6. Adrienne est partie en week-end de ski avec des collègues. 7. Francis et Marie se sont
endormis devant la télé samedi soir vers 9 h. **E.** ▲

*FAITS PERSONNELS ET HISTORIQUES* **Activités de compréhension** **A.** 1. V 2. V 3. V 4. F 5. V
6. F **B.** 1. Napoléon 2. Louis XIV **Activités écrites** **A.** 1. ancêtres 2. venus 3. entendu parler
4. accompagné 5. voulu 6. émigrer 7. découvert 8. devenu 9. mythes 10. plat **B.** 1. On ne doit avoir
confiance dans personne. 2. Personne ne dit la vérité. 3. Le gouvernement ne s'intéresse jamais à
l'écologie. 4. Il n'y a rien d'intéressant à la télé. 5. Nous n'avons pas encore découvert les secrets de
l'univers. 6. Nous n'avons jamais conservé nos ressources naturelles. **C.** 1. Non, je n'ai rien fait
d'intéressant. 2. Non, je n'ai rencontré personne. 3. Personne ne m'a téléphoné. 4. Non, je n'ai rien
reçu d'intéressant. 5. Non, je n'ai plus d'argent. 6. Non, je n'ai pas encore fini. 7. Non, je ne l'ai pas
encore retrouvé. 8. Rien n'a marché pour moi aujourd'hui. **D.** ▲

**Intégration**

*À VOS ÉCRANS!* 1. F 2. V 3. V 4. F 5. F 6. V 7. V 8. F

*À L'ÉCOUTE!* 1. F 2. F 3. V 4. V 5. F 6. V 7. V

*RENCONTRES* **Épisode 5** **Avant l'écoute** 1. F 2. V **Après l'écoute** 1. V 2. F 3. V 4. V 5. F 6. F
7. F 8. F

**La prononciation et l'orthographe**

*DICTÉE* Nous sommes dans un joli petit camping au bord d'un grand lac, pas loin de Cannes. Nous
sommes arrivés ici avant-hier après un voyage de cinq heures. Francis a déjà nagé deux fois dans la
piscine, et moi j'ai fait de belles promenades. Ce matin, nous avons fait la connaissance d'une famille
américaine très sympathique. Il est neuf heures, et Francis s'est déjà couché, alors j'y vais aussi.

**Le verbe français**

*VÉRIFIONS!*

| | | | |
|---|---|---|---|
| manger | *mangé* | offrir | *offert* |
| finir | *fini* | mettre | *mis* |
| vendre | *vendu* | faire | *fait* |
| avoir | *eu* | recevoir | *reçu* |
| être | *été* | vouloir | *voulu* |
| venir | *venu* | ouvrir | *ouvert* |
| devoir | *dû* | prendre | *pris* |
| dire | *dit* | boire | *bu* |

*INTÉGRATION DES VERBES*   1. as passé 2. ai été 3. as fini 4. a (pas) eu 5. ai pu 6. as (aussi) pris 7. avons fait 8. as fait 9. ai vu 10. ai écrit 11. ai lu 12. suis restée 13. avons reçu

CHAPITRE 6

**Thèmes et grammaire**

*LES ACTIVITÉS DE L'ENFANCE*  **Activités de compréhension**  1. b 2. c 3. a 4. d 5. e  **Activités écrites  A.** 1. E 2. A 3. E 4. A 5. E 6. A 7. E 8. E   **B.** 1. lis; lis 2. lisent 3. écrivez; écrivons 4. dit; dit; disent; dites 5. avez lu; ai lu; a, écrit; avez dit  **C.** 1. Oui, soixante et onze pour cent aimaient aller à l'école. 2. Vingt et un pour cent n'aimaient pas aller faire des courses avec leurs parents. 3. La plupart préféraient aller à l'école. 4. Ils préféraient jouer avec leurs copains. 5. Probablement, ils jouaient tout seul le moins. 6. ▲  **D.** 1. tondions 2. jouaient 3. mangions 4. faisaient 5. savions, allions 6. avais; bâtissais 7. lisait 8. faisiez, aviez 9. aimais, étais **E.** ▲

*LA JEUNESSE*  **Activités de compréhension**  1. F 2. V 3. V 4. V 5. F  **Activités écrites  A.** 1. e, rire 2. a, est douée 3. f, rouspète 4. d, rêve 5. b, fait le pitre 6. c, se passionne  **B.** ▲  **C.** 1. où 2. que 3. qui 4. qui 5. que 6. où 7. que  **D.** ▲

*LES RAPPORTS AVEC LES AUTRES*  **Activités de compréhension**  1. JY 2. S 3. S 4. JY 5. S 6. JY  **Activités écrites  A.** 1. c 2. h 3. g 4. a 5. e 6. b 7. f 8. d  **B.** ▲ 1. vous; me, qu'ils n'étaient pas du tout contents. 2. leur; leur, presque toujours. 3. Lui; lui, beaucoup de choses. 4. vous; nous, des devoirs tous les jours. 5. vous; nous, seulement le samedi soir. 6. lui; lui, tous les jours.  **C.** ▲  **D.** ▲ 1. Ils se disputaient et ils s'entendaient mal. 2. Il se fâchait. 3. Ils se disputaient. Le jeune homme avait peur de son patron. 4. Elle se préoccupait de ses finances. 5. Il ne s'entendait pas bien avec elle. Ils se battaient. 6. Elle avait peur et elle s'inquiétait.

*SOUVENIRS ET ÉVÉNEMENTS DU PASSÉ*  **Activités de compréhension  A.** 1. M, F 2. M 3. F 4. F 5. M, F 6. M 7. F 8. M  **B.** 1. e 2. b 3. c 4. a 5. d 6. e 7. a  **Activités écrites  A.** 1. e 2. d 3. c 4. h 5. f 6. a 7. b 8. g  **B.** 1. voit 2. croyons 3. croit 4. vois 5. voyons 6. croyez  **C.** ▲  **D.** ▲

**Intégration**

*À VOS ÉCRANS!*  1. crevé 2. une voiture 3. les clous 4. les mobylettes 5. un médecin 6. son casque

*À L'ÉCOUTE!*  a. 2 b. 3 c. 5 d. 1 e. 4.

*RENCONTRES*  **Épisode 6  Avant l'écoute**  1. V 2. V 3. F  **Après l'écoute**  1. g 2. a, e 3. c 4. b, f, j 5. h 6. i 7. d

**La prononciation et l'orthographe**

*DICTÉE*  J'aimais bien l'hiver. J'étais toujours impatient de voir la première neige qui tombait généralement au mois de novembre. C'était très beau, surtout quand il neigeait le soir. Avec toute la famille, on allait faire une promenade pour admirer la neige toute fraîche. Avant de rentrer, on bâtissait un igloo ou un château de neige, mais ce que j'aimais le mieux, c'était le chocolat chaud que maman nous faisait quand on rentrait.

## Le verbe français

*VÉRIFIONS!*

|  | chanter | choisir | rendre | placer | nager | dire | être |
|---|---|---|---|---|---|---|---|
| Paul | *chantait* | *choisissait* | *rendait* | *plaçait* | *nageait* | *disait* | *était* |
| vous | *chantiez* | *choisissiez* | *rendiez* | *placiez* | *nagiez* | *disiez* | *étiez* |
| Ali et moi | *chantions* | *choisissions* | *rendions* | *placions* | *nagions* | *disions* | *étions* |
| les profs | *chantaient* | *choisissaient* | *rendaient* | *plaçaient* | *nageaient* | *disaient* | *étaient* |
| tu | *chantais* | *choisissais* | *rendais* | *plaçais* | *nageais* | *disais* | *étais* |
| je (j') | *chantais* | *choisissais* | *rendais* | *plaçais* | *nageais* | *disais* | *étais* |

*INTÉGRATION DES VERBES* 1. envoyait 2. aimais 3. étais 4. fallait 5. disais 6. préférais 7. restais 8. était 9. faisait 10. avais 11. adorais 12. bougeait 13. était 14. pouvais

## CHAPITRE 7

### Thèmes et grammaire

*LES ALIMENTS ET LES BOISSONS* **Activités de compréhension** 1. F 2. V 3. F 4. F 5. V 6. V 7. F **Activités écrites A.** 1. a 2. c 3. c, d 4. c 5. c, d 6. c **B.** 1. des, de 2. du 3. de la; de 4. un, du, du, des 5. le, de la 6. de, du, de 7. de, la 8. des **C.** ▲ 1. buvez; Je bois de l'eau. 2. boivent; Ils boivent du lait. 3. boit; Il boit du vin. 4. buvons; Oui, nous buvons beaucoup de bière. 5. buvez; Nous buvons du vin et de la bière. **D.** 1. V 2. F 3. F 4. F 5. V

*ON FAIT LES PROVISIONS* **Activités de compréhension A.** 1. sélection, prix, qualité 2. frais 3. 2,80; 7,50; 3,25; 4,50; 12,90 **B.** 1. V 2. F 3. V 4. V 5. F **Activités écrites A.** 1. Les cerises sont des fruits. On peut en acheter chez le marchand de fruits. 2. Le beurre est un produit laitier. On peut en acheter dans une épicerie. 3. Les pommes de terre sont des légumes. On peut en acheter chez le marchand de légumes. 4. Le bœuf est de la viande. On peut en acheter dans une boucherie. 5. Le vin est une boisson. On peut en acheter chez le marchand de vins. 6. Les saucisses sont de la viande. On peut en acheter dans une charcuterie. 7. Les pêches sont des fruits. On peut en acheter chez le marchand de fruits. 8. Le saumon est du poisson. On peut en acheter chez le marchand de poissons. 9. La crème est un produit laitier. On peut en acheter dans une épicerie. 10. Le homard est un fruit de mer. On peut en acheter chez le marchand de poissons. **B.** ▲ **C.** ▲ **D.** 1. Ils en ont consommé plus en 1995. 2. Ils en ont bu beaucoup en 1995. 3. Ils en ont utilisé plus en 1970. 4. Ils en ont mangé moins en 1995. 5. Ils en ont acheté moins en 1970.

*L'ART DE LA CUISINE* **Activités de compréhension A.** 1. b 2. c 3. c 4. a 5. b 6. chinois **B.** 1. b, c, f 2. a, c, d, f **Activités écrites A.** 1. f 2. d 3. g 4. c 5. a 6. b 7. i 8. h 9. j 10. e **B.** 1. Qu'est-ce qui / C'est une crème caramel 2. quoi / du poulet ou du poisson 3. Qu'est-ce qu' / des œufs, du jus de citron et de l'huile 4. Que / une bouillabaisse 5. quoi / du poisson et des fruits de mer 6. Qui / un chef de cuisine **C.** ▲

*AU RESTAURANT* **Activités de compréhension A. Les entrées:** le pâté de campagne, le potage de légumes **Les plats:** la sole meunière, le gigot. **Les desserts:** la tarte aux pommes, les profiteroles au chocolat **B.** 1. F 2. F 3. V 4. F 5. V **Activités écrites A.** 1. Le maître d'hôtel 2. Le sommelier 3. commande 4. un bifteck saignant 5. la serveuse 6. l'addition 7. le service 8. le pourboire **B.** ▲ 1. M. et M^{me} Martin sont en train de choisir leurs plats. 2. Le chef est en train de donner leurs plats au serveur. 3. Le serveur est en train de servir leurs plats. 4. M. et M^{me} Martin sont en train de porter un toast. 5. M. Martin est en train de prendre du fromage. 6. Ils sont en train de manger leur dessert. 7. Ils sont en train de boire du café. **C.** 1. Avant de mettre les couverts, Julien a mis une belle nappe sur la table. 2. Après avoir allumé des bougies, il a éteint les lumières. 3. Avant de servir le vin, il l'a goûté. 4. Après avoir passé les plats et le pain, il a dit «bon appétit». 5. Avant de servir le dessert, il a fait le café. 6. Après avoir offert une liqueur à ses invités, il a porté un toast en l'honneur de Bénédicte. **D.** 1. F; On peut danser au Circus. 2. V 3. V 4. F; On ne peut pas dîner le dimanche à la Pêcherie ni chez Dimitri. 5. V 6. V 7. V 8. F; On peut manger de la bouillabaisse à la Pêcherie. **E.** ▲

### Intégration

*À VOS ÉCRANS!*   1. a 2. b 3. c 4. a 5. c

*À L'ÉCOUTE!*   1. F 2. V 3. F 4. F 5. V

*RENCONTRES*   **Épisode 7**   **Avant l'écoute**   1. F 2. F 3. V 4. F   **Après l'écoute**   1. JC 2. C 3. R 4. A, JC 5. C 6. R 7. A 8. JC 9. A 10. S

### La prononciation et l'orthographe

*DICTÉE*   J'aime la gastronomie et je vais assez souvent au restaurant. Malheureusement, je ne peux pas toujours me permettre d'aller dans des restaurants de deux ou trois étoiles. En général, je vais dans une pizzeria ou dans un restaurant asiatique avec mes amis. Il est impossible de dire ce que je prends d'habitude dans un restaurant, parce que chaque fois, je veux essayer quelque chose d'autre.

### Le verbe français

*VÉRIFIONS!*

|  | écrire | lire | dire | promettre | reconnaître |
|---|---|---|---|---|---|
| je (j') | *écris* | *lis* | *dis* | *promets* | *reconnais* |
| Louis et Albert | *écrivent* | *lisent* | *disent* | *promettent* | *reconnaissent* |
| nous | *écrivons* | *lisons* | *disons* | *promettons* | *reconnaissons* |
| tu | *écris* | *lis* | *dis* | *promets* | *reconnais* |
| Bernard | *écrit* | *lit* | *dit* | *promet* | *reconnaît* |
| vous | *écrivez* | *lisez* | *dites* | *promettez* | *reconnaissez* |

*INTÉGRATION DES VERBES*   1. dis 2. disent 3. permet 4. permettent 5. promets 6. promettent 7. lit 8. lisent 9. reconnaissent 10. admets

## CHAPITRE 8

### Thèmes et grammaire

*EN FRANCE ET AILLEURS*   **Activités de compréhension**   **A.** 1. d 2. b 3. e 4. a 5. b 6. a 7. c   **B.** 1. V 2. F 3. F 4. V 5. V 6. F   **Activités écrites**   **A.** ▲ 1. …il y a des rivières, des glaciers et des forêts. 2. …il y a du sable, des dunes et des déserts. 3. …il y a des falaises, des plages, du sable et des baies. 4. …il y a des rivières, des îles et des cascades. 5. …il y a des falaises, des fleuves, des plages, du sable, des dunes, des palmiers et des cascades. **B.** 1. Tous 2. Toutes 3. Tous 4. Toute 5. Tout 6. Toutes 7. Toute 8. Toute   **C.** 1. On les trouve en Égypte. 2. …en Australie. 3. …au Québec. 4. …au Brésil. 5. …en France. 6. …en Chine. 7. …au Népal.   **D.** 1. Il venait de Chine. Il parlait chinois. 2. Il venait d'Espagne. Il parlait espagnol. 3. Elle venait de France. Elle parlait français. 4. Il venait d'Allemagne. Il parlait allemand. 5. Elle venait du Japon. Elle parlait japonais. 6. Elle venait des États-Unis. Elle parlait anglais. 7. Il venait d'Italie. Il parlait italien. 8. Il venait d'Irlande. Il parlait anglais (et français). **E.** ▲

*QUESTIONS ÉCOLOGIQUES*   **Activités de compréhension**   1. b 2. c 3. e 4. d 5. a   **Activités écrites** **A.** 1. habitat 2. urbanisation 3. écosystème 4. cycle d'eau 5. effet de serre 6. déchets toxiques 7. écoproduit **B.** 1. vivons 2. vivent 3. vis 4. vivez 5. ont survécu 6. a vécu 7. (n')a (pas) survécu   **C.** 1. Oui, il les pratique. 2. Oui, ils leur écrivent des lettres de revendication. 3. Oui, elle les punit. 4. Oui, il lui parle.

5. Non, elle ne le pollue pas. 6. Non, il ne le décourage pas. 7. Oui, il la leur explique. 8. Oui, ils les leur enseignent.

*ÉCOLOGIE HUMAINE* **Activités de compréhension** **A.** 1. Il vient d'entendre un reportage sur l'environnement. 2. Il a pensé au petit lac où sa grand-mère habite. 3. Il utilise toujours son scooter, il jette ses boîtes en aluminium et il gaspille l'eau. 4. Il a décidé de recycler le papier, le verre et l'aluminium. 5. Il vient de jeter une bouteille en verre à la poubelle. **B.** 1. e. 2. d 3. b 4. g 5. j **Activités écrites** **A.** 1. b 2. c 3. e 4. g 5. f 6. d 7. a **B.** 1. devrait 2. devrions 3. devrais 4. devraient 5. devrais 6. devriez **C.** 1. stationnaient 2. pouvaient 3. tombaient 4. avaient 5. voyait **D.** ▲ **E.** 1. faisait, est parti 2. était, sont arrivés 3. faisait, ont commencé 4. déjeunaient, est tombé 5. neigeait, sont arrivés

## Intégration

*À VOS ÉCRANS!* 1. E 2. E 3. J 4. J 5. E 6. E 7. J

*À L'ÉCOUTE!* a. 3 b. 2 c. 4 d. 5 e. 1

*RENCONTRES* **Épisode 8** **Avant l'écoute** 1. F 2. F 3. V 4. V **Après l'écoute** 6, 3, 1, 8, 2, 5, 4, 7

## La prononciation et l'orthographe

1. h non-aspiré 2. h non-aspiré 3. h non-aspiré 4. h aspiré 5. h aspiré 6. h non-aspiré 7. h aspiré 8. h aspiré

*DICTÉE* L'été dernier, j'ai fait un voyage dans l'est des États-Unis avec ma famille. Nous avons conduit du Minnesota à Washington, puis nous sommes allés à New York, et après, nous avons vu les chutes du Niagara. À New York, nous sommes allés voir la statue de la Liberté et Central Park. Je trouve que New York est une ville unique au monde. Mais ce sont les chutes du Niagara qui m'ont les plus impressionnées. C'est une vraie merveille de la nature.

## Le verbe français

*VÉRIFIONS!*

|  | pouvoir | vouloir | devoir | recevoir | boire |
|---|---|---|---|---|---|
| je | *peux* | *veux* | *dois* | *reçois* | *bois* |
| nous | *pouvons* | *voulons* | *devons* | *recevons* | *buvons* |
| Claudine | *peut* | *veut* | *doit* | *reçoit* | *boit* |

|  | venir | voir | croire | savoir | prendre |
|---|---|---|---|---|---|
| vous | *venez* | *voyez* | *croyez* | *savez* | *prenez* |
| tu | *viens* | *vois* | *crois* | *sais* | *prends* |
| les enfants | *viennent* | *voient* | *croient* | *savent* | *prennent* |

*INTÉGRATION DES VERBES* 1. comprends 2. veulent 3. souviens 4. reçoit 5. pouvez 6. devient 7. devons 8. savent 9. dois 10. comprenons 11. peuvent 12. crois

## CHAPITRE 9

### Thèmes et grammaire

*L'ENSEIGNEMENT ET LA FORMATION PROFESSIONNELLE* **Activités de compréhension**
**A.** 1. 1253 2. latin 3. cafés, restaurants, bibliothèques 4. l'avenue 5. village **B.** 1. V 2. F 3. F 4. V 5. V
**Activités écrites** **A.** 1. bac 2. s'inscrire 3. des frais d'inscription 4. assister 5. sèchent 6. bûcher 7. recevoir 8. le DEUG 9. une licence 10. un stage **B.** ▲ 1. C'est vrai. Ils s'y intéressent parce que... 2. Ce n'est pas vrai. Ils n'y prennent pas plaisir parce que... 3. C'est vrai. Ils y participent parce que... 4. Ce n'est pas vrai. Ils y assistent. 5. C'est vrai. Ils y réussissent parce que... 6. Ce n'est pas vrai. Ils n'y

pensent pas parce que... **C.** ▲ 1. Oui, je parle français avec eux. (Non, je ne parle pas... ) 2. Ils sont plus/moins sérieux que moi. 3. Il/Elle s'appelle... Je n'habite pas avec lui/elle. 4. Je les fais avec lui/elle. 5. Je déjeune avec/sans eux. 6. J'aime sortir et bavarder avec eux.

*LE TRAVAIL ET LES MÉTIERS* **Activités de compréhension** **A.** 1. F 2. V 3. F 4. V 5. F **B. celui à gauche:** 150 euros: parle deux langues, tape à la machine; **celui à droite:** 300 euros: parle trois langues, fait de l'ordinateur; **celui au centre:** 1.200 euros: les deux autres l'appellent patron **Activités écrites** **A.** 1. d; Ce sont des chirurgiens/chirurgiennes. 2. a; Ce sont des avocat(e)s. 3. c; Ce sont des coiffeurs/coiffeuses. 4. b; Ce sont des chefs de cuisine. 5. e; Ce sont des fonctionnaires. 6. f; Ce sont des P.D.G. **B.** 1. C'est; Il est; Gérard Depardieu 2. Ce sont; Elles sont; Julia Roberts et Cameron Diaz 3. C'est; Elle est; Naomi Judd 4. C'est; Il est; Stephen Hawking 5. C'est; Il est; Martin Luther King 6. C'est; Il est; Astérix **C.** ▲ **D.** ▲ **E.** ▲ 1. ...agent de police... 2. ...serveur... 3. ...professionnel de secours en montagne... 4. ...médecin aux urgences à l'hôpital...

*L'AVENIR* **Activités de compréhension** **A.** 1. Clarisse—agent de voyages; Marise—pharmacienne; Charles—P.D.G. (président d'une grosse société); Emmanuel—journaliste (au *Figaro*); Joël—aventurier ou agent secret; Camille—actrice; Marie-Christine—écrivain; Nathalie—professeur d'université (de sciences politiques) **B.** 1. d 2. a 3. g 4. e 5. b 6. c 7. f **Activités écrites** **A.** 1. c 2. j 3. h 4. e 5. b 6. d 7. i 8. a 9. g 10. f **B.** 1. sauront 2. découvrirons 3. aura 4. verrons 5. pourra 6. serez 7. sera 8. ferons **C.** a. 6; pourront b. 3; deviendrai c. 5; pourrai; seront d. 1; m'inscrirai; ferai e. 4; deviendrai; pourront f. 2; verra; aurai g. 7; serai; prendrai **D.** ▲ 1. Je chercherai... / Je continuerai... 2. Je voyagerai... / J'irai... 3. J'aurai... / J'achèterai... 4. Je choisirai... 5. Je me marierai... / J'aurai... **E.** ▲

**Intégration**

*À VOS ÉCRANS!* 1. V 2. F 3. V 4. V 5. V

*À L'ÉCOUTE!* 1. F 2. V 3. V 4. V 5. F

*RENCONTRES* **Épisode 9 Avant l'écoute** 1. F 2. V **Après l'écoute** 1. V 2. F 3. F 4. V 5. F 6. V 7. V 8. V 9. V 10. V

**La prononciation et l'orthographe**

*DICTÉE* L'année dernière, je suis allée avec deux amis passer deux mois au Canada et aux États-Unis. Je me souviens très bien du voyage de retour en France. D'abord, une amie a perdu son passeport. Ensuite, notre avion n'est pas parti et nous avons dû prendre un autre vol. Cela a été la catastrophe!

**Le verbe français**

*VÉRIFIONS!*

|  | chanter | réussir | vendre | employer | prendre | avoir | être |
|---|---|---|---|---|---|---|---|
| je (j') | *chanterai* | *réussirai* | *vendrai* | *emploierai* | *prendrai* | *aurai* | *serai* |
| les Colin | *chanteront* | *réussiront* | *vendront* | *emploieront* | *prendront* | *auront* | *seront* |
| Marie | *chantera* | *réussira* | *vendra* | *emploiera* | *prendra* | *aura* | *sera* |
| vous | *chanterez* | *réussirez* | *vendrez* | *emploierez* | *prendrez* | *aurez* | *serez* |
| nous | *chanterons* | *réussirons* | *vendrons* | *emploierons* | *prendrons* | *aurons* | *serons* |
| tu | *chanteras* | *réussiras* | *vendras* | *emploieras* | *prendras* | *auras* | *seras* |

*INTÉGRATION DES VERBES* 1. distinguera 2. sera 3. sera 4. aura 5. sera 6. comprendra 7. aura 8. servira 9. désirera 10. pourra 11. réussira 12. aura 13. accomplira 14. seront

CHAPITRE 10

**Thèmes et grammaire**

*VOYAGES À L'ÉTRANGER*   **Activités de compréhension**   **A.** 1. V 2. F 3. F 4. V 5. V 6. V   **B.** 2, 3, 4, 6   **Activités écrites**   **A.** 1. un vol 2. queue 3. enregistrer 4. emporter 5. la salle d'attente 6. une déclaration de douane 7. douanier 8. déclarer 9. fouiller 10. se débrouiller   **B.** 1. oublies 2. finisses 3. emportiez 4. obéisses 5. achetions 6. mette   **C.** 1. sois 2. prenions 3. boive 4. allions 5. aies 6. fasses 7. ayons 8. fassiez 9. prennes 10. ayez   **D.** ▲

*EN VOITURE!*   **Activités de compréhension**   **A.** 1. F 2. V 3. V 4. F 5. V   **B.** 1, 3, 4, 5, 8   **Activités écrites**   **A.** 1. Les freins 2. essence 3. faire le plein 4. crevé 5. le pare-brise 6. louer 7. le capot 8. le coffre 9. les phares 10. une contravention   **B.** ▲   **C.** 1ère partie: 1. c 2. i 3. g 4. b 5. d 6. e 7. j 8. a 9. f 10. h 2ème partie: 1. h 2. i 3. a 4. d 5. f 6. c 7. b 8. e   **D.** ▲

*COMMENT SE DÉBROUILLER*   **Activités de compréhension**   **A.** 1. b 2. b 3. a 4. a   **B.** 1. V 2. F 3. V 4. V 5. F 6. V 7. F   **Activités écrites**   **A.** 1. g 2. h 3. d 4. b 5. f 6. i 7. a 8. c 9. e   **B.** 1. Oui, on le lui montre. 2. Non, on ne lui en donne pas. 3. Non, on ne le leur dit pas. 4. Non, on ne leur en laisse pas. 5. Oui, on la lui dit. 6. Non, on ne lui en donne pas. 7. Non, on ne le leur dit pas. 8. Oui, il faut les lui donner.   **C.** ▲

*LES ACHATS, LES PRODUITS ET LES MATIÈRES*   **Activités de compréhension**   1. Il lui conseille de ne pas oublier qu'il faut marchander. 2. Au début le masque coûte 475 euros. 3. À la fin elle paie 375 euros. 4. Il demande 200 euros.   **Activités écrites**   **A.** 1. e 2. f 3. h 4. a 5. g 6. b 7. c 8. d   **B.** ▲   **C.** ▲ 1. Lesquels de ces biscuits… / Ceux… 2. Laquelle de ces eaux de cologne… / Celle… 3. Lequel de ces papiers à lettres… / Celui… 4. Laquelle de ces pizza… / Celle…   **D.** 1. La Russie a la meilleure vodka et le meilleur caviar du monde. 2. La Suisse a les meilleurs bonbons au chocolat et les meilleures montres du monde. 3. Le Japon a les meilleurs ordinateurs et le meilleur équipement électronique du monde. 4. La France a le meilleur vin et les meilleures pâtisseries du monde. 5. L'Allemagne a la meilleure bière et les meilleures saucisses du monde.   **E.** ▲

**Intégration**

*À VOS ÉCRANS!*   1. A 2. R 3. R 4. A 5. R 6. R 7. C

*À L'ÉCOUTE!*   a. 2 b. 4 c. 1 d. 5 e. 6 f. 3

*RENCONTRES*   **Épisode 10**   **Avant l'écoute**   1. F 2. V 3. F 4. F 5. V   **Après l'écoute**   a. 9 b. 2 c. 10 d. 3 e. 5 f. 1 g. 6 h. 4 i. 8 j. 7

**La prononciation et l'orthographe**

*DICTÉE*   La saison du ski approche et la SNCF est prête. Il est inutile que vous preniez des risques sur les routes dangereuses. Vous n'avez qu'à prendre le train pour aller dans votre station de ski préférée. À partir du mois prochain, neuf trains supplémentaires par jour vont vous assurer un voyage confortable et sans souci. Profitez de nos réductions pour les enfants, les familles nombreuses, les étudiants et les personnes du troisième âge.

**Le verbe français**

*VÉRIFIONS!*

|  | chanter | réfléchir | attendre | dire | connaître | écrire |
|---|---|---|---|---|---|---|
| je (j') | *chante* | *réfléchisse* | *attende* | *dise* | *connaisse* | *écrive* |
| tu | *chantes* | *réfléchisses* | *attendes* | *dises* | *connaisses* | *écrives* |
| Emmanuel | *chante* | *réfléchisse* | *attende* | *dise* | *connaisse* | *écrive* |
| nous | *chantions* | *réfléchissions* | *attendions* | *disions* | *connaissions* | *écrivions* |
| vous | *chantiez* | *réfléchissiez* | *attendiez* | *disiez* | *connaissiez* | *écriviez* |
| les sœurs | *chantent* | *réfléchissent* | *attendent* | *disent* | *connaissent* | *écrivent* |

*INTÉGRATION DES VERBES* 1. emporte 2. parte 3. dise 4. établissions 5. lise 6. réfléchisse 7. dorme 8. attendions 9. connaisse 10. mangions 11. écrives

CHAPITRE 11

## Thèmes et grammaire

*L'UNIVERS DE L'ÉLECTRONIQUE* **Activités de compréhension** **A. Avantages:** c'est amusant, on peut parler avec le monde entier, on peut faire des recherches sans sortir; **Inconvénients:** on y passe trop de temps, ça enlève le plaisir de recevoir des lettres, on n'a pas le plaisir de parler aux gens en personne **B.** 1. F 2. V 3. F 4. F 5. V **C.** 1. 0800.32.12.48 2. DVD, imprimantes, lecteurs cédérom, logiciels, ordinateurs 3. 48 (quarante-huit) **Activités écrites** **A.** 1. i 2. e 3. j 4. f 5. c 6. a 7. g 8. b 9. h 10. d **B.** 1. écririons 2. se servirait 3. se parleraient 4. auraient 5. ne connaîtrait pas 6. lirais, verrais 7. ferait, ne pourrait pas 8. serais **C.** a. 5 b. 2 c. 3 d. 4 e. 6 f. 1 **D.** ▲

*ON SE DISTRAIT, ON S'INFORME* **Activités de compréhension** **A.** 1, 5, 8 **B.** 1. Victor: regarder la Coupe du Monde à la télé; Claudine: regarder un film d'aventures; Joël: regarder les dessins animés; Clarisse: voir le nouveau clip de Patrick Bruel; Charles: jouer à son nouveau jeu d'ordinateur; Emmanuel: lire une revue et surfer sur Internet; Marise: aller voir un DVD chez Dominique 2. Ils décident de jouer à Trivial Pursuit. **Activités écrites** **A.** 1. e 2. i 3. b 4. d 5. f 6. g 7. a 8. h 9. c **B.** ▲ **C.** 1. oui, ce qui 2. non, ce qu' 3. non, ce qui 4. oui, ce qu' 5. non, ce que 6. oui, ce qu' **D.** ▲

*LES PIÈGES DE L'INFOROUTE* **Activités de compréhension** **A.** 2, 3, 5 **B.** 1. F 2. V 3. F 4. V 5. F 6. V **Activités écrites** **A.** 1. c 2. g 3. h 4. d 5. e 6. b 7. a 8. f 9. i **B.** 1. Parlez-leur après avoir vérifié leur identité. 2. Ignorez-les. 3. Allez-y au lieu de lire les critiques. 4. Achetez-en; ils sont plus durables. 5. Sur Internet, vérifiez-la avant d'utiliser votre carte de crédit. 6. Envoyez-la seulement à quelqu'un que vous connaissez bien. 7. Mettez-le dans un endroit sûr. 8. Lisez-les avant de prendre un médicament. **C.** ▲ 1. Si les gens lisaient le contenu des produits, ils en achèteraient moins. 2. Si la publicité n'existait pas, nous verrions des émissions sans interruption. 3. Si les gens refusaient d'acheter des produits qui contribuent à la détérioration de l'environnement, il y aurait plus d'écoproduits. 4. Si les lois pour la protection du consommateur n'existaient pas, nous aurions plus de produits dangereux. 5. Si les produits duraient plus longtemps, nous en achèterions moins.

## Intégration

*À VOS ÉCRANS!* 1. a 2. c 3. b 4. a 5. c 6. b

*À L'ÉCOUTE!* a. 5 b. 1 c. 4 d. 6 e. 2 f. 3

*RENCONTRES* **Épisode 11** **Avant l'écoute** 1. c 2. b 3. d 4. f 5. e **Après l'écoute** 1. c 2. f 3. d 4. e 5. h 6. b 7. a 8. g

## La prononciation et l'orthographe

*DICTÉE* Le Sicob vous présente cette année une industrie informatique complètement renouvelée: des produits plus sophistiqués mais aussi plus faciles à utiliser, des logiciels plus performants et moins coûteux. Venez nous voir. Vous pourrez essayer, comparer et choisir le matériel qui correspond le mieux à vos besoins. Rendez-vous le 7 avril prochain. Nous vous y attendons.

## Le verbe français

*VÉRIFIONS!* (*The imperative*)

|        | parler  | aller  | manger    | finir     | vendre  | être   | avoir  |
|--------|---------|--------|-----------|-----------|---------|--------|--------|
| (tu)   | *parle*   | *va*     | *mange*     | *finis*     | *vends*   | *sois*   | *aie*    |
| (nous) | *parlons* | *allons* | *mangeons*  | *finissons* | *vendons* | *soyons* | *ayons*  |
| (vous) | *parlez*  | *allez*  | *mangez*    | *finissez*  | *vendez*  | *soyez*  | *ayez*   |

*VÉRIFIONS!* (*The conditional*)

| | chanter | réussir | attendre | devoir | venir | être |
|---|---|---|---|---|---|---|
| je (j') | *chanterais* | *réussirais* | *attendrais* | *devrais* | *viendrais* | *serais* |
| tu | *chanterais* | *réussirais* | *attendrais* | *devrais* | *viendrais* | *serais* |
| il/elle | *chanterait* | *réussirait* | *attendrait* | *devrait* | *viendrait* | *serait* |
| nous | *chanterions* | *réussirions* | *attendrions* | *devrions* | *viendrions* | *serions* |
| vous | *chanteriez* | *réussiriez* | *attendriez* | *devriez* | *viendriez* | *seriez* |
| ils/elles | *chanteraient* | *réussiraient* | *attendraient* | *devraient* | *viendraient* | *seraient* |

*INTÉGRATION DES VERBES* 1. pourrait 2. ferais 3. grillerais 4. trouverais 5. aurait 6. serait 7. aurions 8. embêterait 9. allumerais 10. lirais 11. irais

## CHAPITRE 12

### Thèmes et grammaire

*LA SANTÉ* **Activités de compréhension** **A.** 1. a 2. a 3. c 4. b 5. esprit, corps **B.** 1. F 2. V 3. V 4. F 5. V **Activités écrites** **A.** 1. f 2. b 3. d 4. e 5. g 6. c 7. h 8. a **B.** 1. dorme 2. fasse 3. mangions 4. sorte 5. travailles 6. venions 7. sachiez 8. prenne 9. perde 10. écrivions **C.** ▲ 1. On ne recommande pas qu'on perde trois kilos en une semaine. 2. On ne recommande pas qu'on boive beaucoup d'alcool. 3. Il faut qu'on se détende pendant la journée. 4. On recommande qu'on choisisse des plats qui ne contiennent pas trop de graisse. 5. Il est essentiel qu'on n'omette pas de prendre le petit déjeuner. 6. Il est important qu'on sache ce qui constitue un régime équilibré. **D.** 1. C'est faux. C'est une barre délicieuse. 2. C'est faux. Il est composé de céréales, protéines, fibres, vitamines et minéraux. 3. C'est vrai. 4. C'est vrai. 5. C'est faux. Les machines substituent la répétition à l'effort. 6. C'est vrai. **E.** ▲

*LES MALADIES ET LES TRAITEMENTS* **Activités de compréhension** Les symptômes: 1. b 2. a 3. c 4. d L'heure du rendez-vous: 1. d 2. c 3. a 4. b **Activités écrites** **A.** 1. d 2. e 3. f 4. c 5. b 6. g 7. a **B.** ▲ **C.** 1. attrapais 2. ai, eu 3. ai attrapé 4. avais 5. sentais 6. ai pu 7. avons su 8. est passé 9. ai pleuré 10. avais 11. étais 12. ai dû 13. ai eu 14. suis, cassé 15. ai, dû **D.** ▲

*LES ACCIDENTS ET LES URGENCES* **Activités de compréhension** voulait suivre «les grands»: Sarah; un casse-cou: Jean-Yves; victime d'un accident classique: Agnès; s'est cassé le bras: Jean-Yves; a avalé une arête: Agnès; s'est presque noyé(e): Sarah **Activités écrites** **A.** 1. h 2. g 3. c 4. e 5. b 6. f 7. d 8. i 9. a **B.** 1. Oui, maman, je viens de les prendre avec le dîner. 2. Oui, maman, je viens de le voir la semaine dernière. 3. Oui, maman, je viens de la recevoir hier. 4. Oui, maman, je viens de le lire tout à l'heure. 5. Oui, maman, je viens d'en faire avant le dîner. 6. Oui, maman, je viens d'en prendre il y a dix minutes. **C.** ▲ 1. Médor, le chien de Joël, a été heurté par une voiture. Il poursuivait un chat qui traversait la rue. Il y avait une voiture qui s'approchait. 2. Francis est tombé dans la rivière. Il pêchait dans la rivière et le courant était plus fort qu'il croyait. 3. Christine a eu un accident de voiture. Elle conduisait et la circulation était très intense. L'homme qui conduisait la voiture derrière elle ne faisait pas attention. Il écoutait la radio. **D.** 1. étais 2. voulait 3. savais 4. ai dit 5. avais 6. sommes partis 7. sommes arrivés 8. était 9. étions 10. nageait 11. avais 12. sautais 13. buvais 14. ai eu 15. ai pensé 16. continuais 17. me suis demandée (me demandais) 18. sommes arrivés 19. me suis couchée 20. ai pleuré 21. me suis promis **E.** Partie 1: a. 2 b. 1 c. 7 d. 6 e. 3 f. 9 g. 4 h. 10 i. 8 j. 5 Partie 2: ▲

### Intégration

*À VOS ÉCRANS!* a. 2 b. 5 c. 3 d. 1 e. 4 f. 6

*À L'ÉCOUTE!* 1. P 2. G 3. P 4. G 5. P 6. G

*RENCONTRES* **Épisode 12** **Avant l'écoute** 1. F 2. V 3. V 4. V **Après l'écoute** 1. b 2. a 3. a 4. c 5. b 6. c 7. c 8. b

## La prononciation et l'orthographe

*DICTÉE* La première activité d'hiver au Canada, c'est le patinage. Et pour de bonnes raisons. D'abord, c'est une excellente activité sociale, que vous pouvez pratiquer avec des amis ou avec des membres de votre famille. De plus, c'est une bonne façon de réduire le stress. Le patinage fait travailler tous les groupes musculaires, stimule le cœur et les poumons, accélère la circulation du sang. Patinez pour le plaisir et pour la forme.

## Le verbe français

*VÉRIFIONS!*

|  | manger | obéir | répondre | avoir | être | savoir |
|---|---|---|---|---|---|---|
| *present participle* | *mangeant* | *obéissant* | *répondant* | *ayant* | *étant* | *sachant* |

*INTÉGRATION DES VERBES* 1. jouant 2. descendant 3. arrivant 4. faisant 5. allant 6. courant 7. pleurant 8. voyant

# CHAPITRE 13

## Thèmes et grammaire

*L'AMOUR, L'AMITIÉ ET LA FAMILLE* **Activités de compréhension** **A.** 1. F 2. V 3. V 4. F 5. V 6. V **B.** 1. mariés 2. grands-parents 3. seul 4. idéale 5. fichiers 6. 01.43.20.05.88 7. solitude 8. bonheur 9. Internet **Activités écrites** **A.** 1. e 2. f 3. a 4. c 5. d 6. b **B.** 1. Nous nous regardons. 2. Ils s'admirent. 3. Vous vous mentez. 4. Vous vous téléphonez. 5. Nous ne nous mentons pas. 6. Ils se disent bonjour. 7. Ils ne se comprennent pas. **C.** ▲ 1. Nous nous voyons… 2. Nous (ne) nous disputons (pas)… 3. Nous… pour nous aider. 4. Nous nous faisons des confidences… 5. Nous nous prêtons… **D.** 1. élégamment 2. couramment 3. follement 4. constamment 5. sérieusement 6. brusquement 7. Malheureusement 8. seulement **E.** 1. sérieusement 2. brusquement 3. neurveusement 4. attentivement 5. tardivement 6. discrètement **F.** ▲

*LA VIE DE FAMILLE* **Activités de compréhension** **A.** 1, 4, 6 **B.** 1. f 2. a 3. e 4. b 5. c 6. d **Activités écrites** **A.** 1. d 2. g 3. e 4. a 5. f 6. b 7. h 8. c **B.** 1. lises 2. puisse 3. puisse 4. détruise 5. pensiez 6. veuille 7. qu'il y ait 8. vienne **C.** ▲ 1. LA DAME: Il est déplorable qu'une femme choisisse de travailler au lieu de rester à la maison. VOUS: … 2. LA DAME: Il est honteux qu'un couple décide de ne pas avoir d'enfants. VOUS: … 3. LA DAME: Il est absurde qu'un homme de son âge se remarie. VOUS: … 4. LA DAME: Je m'étonne qu'un homme refuse une promotion. VOUS: … 5. LA DAME: Je suis étonnée qu'un couple n'envoie pas leurs enfants à l'école. VOUS: … 6. LA DAME: Je suis triste qu'une femme mette sa mère malade dans une maison de retraite. VOUS: … **D.** 1. Ils ont très peur de se perdre dans la rue, de mourir et qu'il y ait la guerre. 2. ▲ Ils ne craignent ni le maître ou la maîtresse d'école ni d'être en voiture ni de grandir. 3. ▲

*VALEURS ET DÉCISIONS* **Activités de compréhension** **A.** 2, 4, 5, 8 **B.** 1. V 2. V 3. V 4. V 5. F 6. F **Activités écrites** **A.** 1. e 2. d 3. a 4. c 5. b **B.** ▲ 1. Sa mère avait abandonné ses études et s'était mariée très jeune. 2. Son père avait abandonné ses études et était devenu apprenti. 3. Ses parents avaient divorcé. 4. Leurs parents avaient eu une famille nombreuse. 5. Ses parents l'avaient privé de dîner quand il était désobéissant. 6. La mère de Georges était restée à la maison avec ses enfants. 7. Sa mère avait gardé sa propre mère chez elle. 8. Ses parents ne lui avaient pas permis de regarder les dessins animés. **C.** 1. la tienne 2. les nôtres 3. les miennes, les leurs, les siennes 4. les vôtres 5. la leur 6. la vôtre **D.** ▲

**Intégration**

*À VOS ÉCRANS!*  1. A 2. A 3. C 4. C 5. C

*À L'ÉCOUTE!*  1. F 2. F 3. F 4. F 5. V 6. V

*RENCONTRES*  **Épisode 13**  **Avant l'écoute**  1. F 2. F 3. V 4. V  **Après l'écoute**  1. V 2. F 3. F 4. V 5. V 6. F 7. F 8. F

## La prononciation et l'orthographe

*DICTÉE*  Nous ne sommes que quatre. J'ai un petit frère de neuf ans, Matthieu. Nous sommes très différents tous les deux. Matthieu ressemble plutôt à mon père, et moi à ma mère. Bien que ma mère travaille beaucoup, nous ne nous sentons pas abandonnés: elle arrive à combiner son travail et son rôle de mère. Bien sûr, parfois je m'occupe de Matthieu, mais c'est normal. De toute façon, cela ne perturbe ni mon travail scolaire ni mes loisirs ni mes relations avec mes amis.

## Le verbe français

*VÉRIFIONS!*

|  | venir | aller | vouloir | pouvoir | faire | être | avoir |
|---|---|---|---|---|---|---|---|
| je (j') | *vienne* | *aille* | *veuille* | *puisse* | *fasse* | *sois* | *aie* |
| tu | *viennes* | *ailles* | *veuilles* | *puisses* | *fasses* | *sois* | *aies* |
| il/elle | *vienne* | *aille* | *veuille* | *puisse* | *fasse* | *soit* | *ait* |
| ils/elles | *viennent* | *aillent* | *veuillent* | *puissent* | *fassent* | *soient* | *aient* |
| nous | *venions* | *allions* | *voulions* | *puissions* | *fassions* | *soyons* | *ayons* |
| vous | *veniez* | *alliez* | *vouliez* | *puissiez* | *fassiez* | *soyez* | *ayez* |

*INTÉGRATION DES VERBES*  1. ayons 2. veuilles 3. sois 4. puisse 5. soit 6. soutienne 7. fasse 8. élevions 9. soyez 10. appelions

# CHAPITRE 14

## Thèmes et grammaire

*L'INTÉGRATION SOCIALE*  **Activités de compréhension**  **A.** *Part 1:* 1. Paris 2. beurs 3. arabe, français 4. l'Islam *Part 2:* 1. le droit de voter 2. le droit de recevoir une éducation 3. le droit de trouver du travail 4. le droit de ne pas avoir à faire face au racisme  **B.** ▲

| | |
|---|---|
| M. SMITH: | La plupart des gens ne parle pas anglais. |
| LE CONCIERGE: | Ce n'est pas un problème, vous parlez bien français. |
| M. SMITH: | Les gens ne savent pas faire la queue dans les magasins, au cinéma… |
| LE CONCIERGE: | C'est vrai, mais vous êtes finalement passé. Alors, ça n'a pas beaucoup d'importance. |
| M. SMITH: | J'ai voulu acheter quelque chose à la pharmacie à midi et demi et c'était fermé! |
| LE CONCIERGE: | C'est normal, en France on rentre déjeuner tranquillement chez soi entre midi et deux heures. |
| M. SMITH: | Il y a beaucoup de gens qui… vous bousculent dans la rue. |
| LE CONCIERGE: | C'est un peu typique de toutes les grandes villes du monde. |
| M. SMITH: | Et je n'aime pas la cuisine. |
| LE CONCIERGE: | Vous n'avez pas eu de chance dans votre choix de restaurant. |

**Activités écrites**  **A.** 1. f 2. c 3. a 4. g 5. b 6. e 7. d 8. h  **B.** 1. aurait dû 2. aurais dû 3. aurais dû 4. auraient dû 5. aurions dû 6. auriez dû  **C.** ▲

*L'HÉRITAGE DU PASSÉ*  **Activités de compréhension**  **A.** 1. injuste 2. 1983 3. la Deuxième Guerre mondiale 4. littérature 5. protégées 6. possibilités  **B.** 1, 3, 6, 7  **Activités écrites**  **A.** ▲ 1. S 2. S 3. É 4. S 5. É 6. S 7. É 8. S 9. É 10. S 11. É 12. D  **B.** ▲  **C.** ▲  **D.** ▲

*LES ENJEUX DU XXIᵉ SIÈCLE*  **Activités de compréhension**  **A.** 1. e 2. a 3. f 4. c 5. d 6. b  **B.** 1, 5, 6, 7, 8  **Activités écrites**  **A.** 1. pourvu que 2. afin qu' / pour qu' 3. quoique / bien que 4. à moins qu' / jusqu'à ce qu' 5. à moins qu, / jusqu'à ce qu'  **B.** ▲  **C.** 1. sort 2. a 3. trouvera 4. connaît 5. trouverai 6. m'ennuierai 7. vous trompiez 8. ait 9. sorte 10. soit 11. soyez 12. ayez  **D.** ▲  **E.** ▲

## Intégration

*À VOS ÉCRANS!*  1. V 2. V 3. F 4. V 5. V

*À L'ÉCOUTE!*  1. V 2. F 3. F 4. V 5. F

*RENCONTRES*  **Épisode 14  Avant l'écoute**  1. V 2. V 3. F  **Après l'écoute**  1. V 2. F 3. V 4. F 5. V 6. V 7. V 8. F  **Épilogue**  1. c 2. e 3. g 4. f 5. b 6. h 7. a 8. i 9. d

## La prononciation et l'orthographe

*DICTÉE*  Peut-on combiner la lutte pour l'environnement et la réussite dans les affaires? Anita Roddick, patronne de la société anglaise The Body Shop, donne la preuve que les entreprises vertes existent. Le premier but de Roddick était de changer l'industrie de la beauté qui exploite la femme et les animaux. Les produits de beauté de cette compagnie sont des produits naturels non testés sur les animaux. Mais en plus, Roddick lutte pour la protection de la forêt tropicale.

## Le verbe français

*VÉRIFIONS!*

|  | chanter (PLUS-QUE-PARFAIT) | se laver (PLUS-QUE-PARFAIT) | finir (PAST CONDITIONAL) | sortir (PAST CONDITIONAL) |
|---|---|---|---|---|
| je (j') | *avais chanté* | *m'étais lavé(e)* | *aurais fini* | *serais sorti(e)* |
| tu | *avais chanté* | *t'étais lavé(e)* | *aurais fini* | *serais sorti(e)* |
| elle | *avait chanté* | *s'était lavée* | *aurait fini* | *serait sortie* |
| nous | *avions chanté* | *nous étions lavé(e)s* | *aurions fini* | *serions sorti(e)s* |
| vous | *aviez chanté* | *vous étiez lavé(e)(s)* | *auriez fini* | *seriez sorti(e)(s)* |
| elles | *avaient chanté* | *s'étaient lavées* | *auraient fini* | *seraient sorties* |

*INTÉGRATION DES VERBES*  1. avais… appris 2. serais… venue 3. avait étudié 4. avait fait 5. aurais… choisi 6. étais… venue 7. aurais… eu 8. aurais continué 9. avais… connue 10. aurais… su